COMPREHENSIVE QUALITY
AND DEVELOPMENT OF
COLLEGE STUDENTS IN THE
NEW ERA

新时代大学生综合素养与发展

张珍真 焦红红 / 主　编
王晓敏 黄　珍 / 副主编

图书在版编目（CIP）数据

新时代大学生综合素养与发展 / 张珍真, 焦红红主编；王晓敏, 黄珍副主编. — 北京: 企业管理出版社, 2022.12

ISBN 978-7-5164-2801-6

Ⅰ.①新… Ⅱ.①张… ②焦… ③王… ④黄… Ⅲ.①大学生—素质教育 Ⅳ.①G640

中国版本图书馆CIP数据核字（2022）第255406号

书　　名：	新时代大学生综合素养与发展
书　　号：	ISBN 978-7-5164-2801-6
作　　者：	张珍真　焦红红　王晓敏　黄　珍
责任编辑：	张　羿
出版发行：	企业管理出版社
经　　销：	新华书店
地　　址：	北京市海淀区紫竹院南路17号　　邮　编：100048
网　　址：	http://www.emph.cn　　电子信箱：26814134@qq.com
电　　话：	编辑部（010）68456991　　发行部（010）68701816
印　　刷：	北京虎彩文化传播有限公司
版　　次：	2022年12月第1版
印　　次：	2022年12月第1次印刷
开　　本：	710mm×1000mm　1/16
印　　张：	20
字　　数：	314千字
定　　价：	88.00元

版权所有　翻印必究・印装错误　负责调换

本书编委会

主　编：张珍真　焦红红

副主编：王晓敏　黄　珍

编　委（按姓氏拼音排序）：

　　　　高志洋　黄　珍　焦红红

　　　　王晓敏　谢美婧　张珍真

人的综合素质的全面提高是社会发展的一般要求和必然趋势，而对于新时代新征程中的青年大学生来说，综合素养的提升显得尤为迫切。

到大学阶段，青年学生开始进入人生成长、成才的关键时期，无论是学业还是思想、心理、生活等各个方面，都将迎来全新的感受和变化。在这一时期加强大学生政治思想素养、科学文化素养、身体健康素养、艺术素养、心理素养和职业素养等方面的全面引导和培养，对于广大青年学生成长成才具有重要作用。

《新时代大学生综合素养与发展》一书从广阔的文化背景出发，融会了哲学、文学、社会学、心理学、经济学、信息学等各类学科知识，紧扣指引当代大学生成长成才这一主题，以文艺、心理、财经、信息以及职业等五方面综合素养的提升为切入点，进行了较为深入的理论分析，并结合当代大学生认知特点，在每个专题模块中都设置了真实典型的素养提升案例，其中包括历史经典案例、名人故事以及优秀大学生典型事例，理性教育与感性教育相结合，使课程学习更具感染力和说服力，在一定程度上增加了本书的可读性。

书中的5个专题模块，都是根据新时代大学生通识素养提升与综合发展的需要设置的，包括文艺素养模块、心理素养模块、财经素养模块、信息素养模块以及职业素养模块。每个模块由知识学习、能力发展、素养提升三个单元组成，并且设置了案例导入、自主学习、探索学习以及合作学习等学习活动。

本书是团队共同努力的成果。其中，王晓敏负责本书的策划、沟通和定稿，以及第四模块的编写；张珍真和焦红红分别承担第一模块、第五模块的编写，并负责全书的统稿和主要校对；黄珍承担第二模块的主要编写工作并负责本书的部分校对工作；高志洋主要负责第三模块的编写；谢美婧承担第二模块的部分编写工作。

值本书付梓之际，首先要感谢编写组所有成员的辛勤付出，其次，本书在编写过程中引用了许多相关理论、文献，在此向这些研究者们一并表示感谢。由于编者水平有限，书中难免有不足和疏漏之处，敬请广大专家学者和读者批评指正。

编　者

2022 年 5 月 1 日

001 | 拓展学习活动明细表

005 | 模块一　文艺素养

　　学习导航 / 005

　　知识学习单元：走近文艺殿堂 / 005

　　　一、文学世界的探索 / 006

　　　二、艺术世界的遨游 / 022

　　能力发展单元：品味文艺之美 / 027

　　　一、如何进行文学赏析 / 029

　　　二、如何品味艺术之美 / 042

　　素养提升单元：走进文艺世界 / 048

　　　一、遨游文学之海 / 049

　　　二、感悟艺术之美 / 060

066 | 模块二　财经素养

　　学习导航 / 066

　　知识学习单元：财经基础知识 / 066

一、初识财经素养：财经素养为何物 / 068

二、劳动、收入、消费 / 070

三、储蓄、信贷、投资 / 078

能力发展单元：信贷与财务规划 / 080

一、宏观调控与财经生活 / 080

二、收益率、货币时间价值和利率 / 087

三、做好你的财务规划 / 097

素养提升单元：投资与风险管理 / 104

一、风险与管控 / 104

二、投资行为与风险 / 108

三、家庭保险：基本生存与生活品质的保证 / 120

四、现代人需要的财经法律智慧 / 128

133 | 模块三　信息素养

学习导航 / 133

知识学习单元：漫话信息与信息素养 / 133

一、信息及其相关概念 / 136

二、简话信息社会 / 139

三、细说信息素养 / 144

能力发展单元：配置你的信息素养能力 / 148

一、信息的检索与获取 / 149

二、日常实战：微信 App 检索 / 158

三、信息的评价与使用 / 160

素养提升单元：有效信息对你的帮助 / 165

一、信息社会的个人信息管理与保护 / 167

二、大数据时代与数字素养 / 169

三、"互联网＋"与网络素养 / 172

175 | 模块四　心理素养

学习导航 / 175

知识学习单元：心理科学的探索 / 175

一、心理学是什么 / 179

二、心理学发展简史 / 180

能力发展单元：心理障碍的识别与应对 / 190

一、心理健康连续体 / 193

二、抑郁症的识别与应对 / 196

三、焦虑障碍的识别与应对 / 203

素养提升单元：积极心理的促进 / 216

一、积极情绪 / 218

二、积极自我 / 229

三、积极关系 / 243

248 | 模块五　职业素养

学习导航 / 248

知识学习单元：职业世界面面观 / 249

一、职业概念 / 250

二、职业特征 / 251

三、职业生涯 / 252

四、职业素养 / 254

能力发展单元：职业规划我做主 / 257

一、职业目标的确立 / 257

二、职业发展路径的探索 / 263

三、职业信息的获取 / 274

素养提升单元：综合能力要培养 / 278
  一、个人能力的完善：塑造自己的良好形象 / 278
  二、内在素养的养成：职业道德是职业成功的必要保证 / 282
  三、方法能力的提高：掌握必要的就业面试技巧 / 284
  四、社会能力的提升：学会职场人际交往与团队协作 / 293

拓展学习活动明细表

专题模块	主题单元	自主学习项目	探索学习项目	合作学习项目
文艺素养	知识学习单元：走近文艺殿堂	1-1 阅读《千字文》（节选） 1-2 阅读《诗经·子衿》 1-3 拓展阅读：世间奇男子——李白 1-4 什么是意识流小说	1-1 朱自清《背影》赏析 1-2 我眼中的唐代诗人与诗作 1-3 "前、后《赤壁赋》"赏析 1-4 青春版《牡丹亭》赏析	1-1 我当故宫策展人
	能力发展单元：品味文艺之美	1-5 朦胧诗派 1-6 书法小知识 1-7 鉴赏油画的要点	1-5 阅读并赏析《孤独的声音》（刘亮程） 1-6 阅读并赏析《最后一片叶子》 1-7 阅读并赏析《我喜欢你是寂静的》 1-8 思考与探索：何为"气韵生动"	
	素养提升单元：走进文艺世界	1-8 能救命的思维方式 1-9 想象小幽默两则 1-10 品读《乡愁》二首	1-9 观察方法辨析 1-10 定向口述 1-11 怪字藏诗 1-12 联想写作练习 1-13 留白艺术	

续表

专题模块	主题单元	自主学习项目	探索学习项目	合作学习项目
财经素养	知识学习单元：财经基础知识	2-1 案例：挥霍无度的纣王	2-1 生活中的消费者剩余	2-1 金融危机的宏观调控政策
	能力发展单元：信贷与财务规划	2-2 央行降准	2-2 案例：24美金就买下了整个曼哈顿？ 2-3 真实利率的计算	
	素养提升单元：投资与风险管理		2-4 读懂债券产品 2-5 看懂你的工资条 2-6 假如你是法官	2-2 定制投资方案
信息素养	知识学习单元：漫话信息与信息素养	3-1 信息焦虑病症轻重分级	3-1 信息超载的时代，请关注"信息疲倦症候群" 3-2 思考与练习	3-1 网络安全圆桌
	能力发展单元：配置你的信息素养能力		3-3 辨析：信息检索、查找与搜索 3-4 思考与练习	
	素养提升单元：有效信息对你的帮助	3-2 数字时代需要"数字素养"		
心理素养	知识学习单元：心理科学的探索	4-1 扩展阅读：心理学中的经典动物实验 4-2 关键知识小测验	4-1 这是心理学吗 4-2 思想实验：建立你的心理学实验室 4-3 今日心理学	4-1 关爱清单：可以为身边的心理障碍患者做些什么 4-2 心理健康素养小调查
	能力发展单元：心理障碍的识别与应对	4-3 DSM-5心理障碍主要类别 4-4 你的焦虑是正常的吗 4-5 双相障碍，两面人生	4-4 测一测：PHQ-9健康问卷 4-5 案例探讨：焦虑障碍的识别	
	素养提升单元：积极心理的促进		4-6 测一测：积极和消极情感量表 4-7 放松练习 4-8 感恩日志	

续表

专题模块	主题单元	自主学习项目	探索学习项目	合作学习项目
职业素养	知识学习单元：职业世界面面观	5-1 想想十年后的自己		5-1 群策群力
	能力发展单元：职业规划我做主	5-2 瑞克·李特"逐梦技巧训练" 5-3 两难选择，分析利弊 5-4 岛屿经纪人的生涯	5-1 该走哪条路 5-2 职业搜索	
	素养提升单元：综合能力要培养	5-5 面试时的服饰礼仪 5-6 良好人际关系在职场的重要作用	5-3 更好地了解自我 5-4 职业兴趣探索 5-5 人际关系测试 5-6 团队合作能力测试	

模块一 文艺素养

学习导航

伟大的思想家帕斯卡尔曾经写道：人只不过是一根苇草，是自然界最脆弱的东西，但他是一根能思想的苇草。用不着整个宇宙都拿起武器来才能毁灭他，一口气、一滴水就足以致他死命了。然而，纵使宇宙毁灭了他，人却仍然要比致他于死命的东西高贵得多，因为他知道自己要死亡，以及宇宙对他所具有的优势，而宇宙对此却是一无所知。因而，我们的全部尊严就在于思想。

人文通识部分的学习，便是一次精神上、思想上的探索与游历。在这一模块我们将徜徉于中外文学艺术之海，撷取瀚海之贝，充实我们的精神世界。让我们一起学习何为文学、何为艺术，通过文学与艺术作品的鉴赏来充实我们的精神人格，塑造我们的心灵。

知识学习单元：走近文艺殿堂

【案例导入】郭沫若解怪字

20世纪50年代末，一些日本友人在我国有关人士陪同下登临泰山。中途见到盘山路西侧石壁上镌刻着两个字："虫二"（见图1-1）。日本友人便问陪同人员，"虫"字上加一撇是什么字，与"二"字凑在一起是什么意思。但没人能回答得上来。

图 1-1 泰山石刻

回去之后，有关人士翻书查卷，多处走访，均没有结果。有人想到郭沫若多识博学，便去中国科学院请教。郭沫若沉思片刻，提笔在那两个字外边各加两笔，便成了"風月"。他笑道："这两个怪字应读作'风月无边'，不过是古代名士的文字游戏而已。"原来这是繁体的"風"和"月"字去了框，取"风月无边"之意。

看完上面这个小故事，你有什么感悟呢？文学艺术的世界浩瀚如海，只有走进它，我们才能从中撷取智慧之珠。

一、文学世界的探索

（一）文学的基础概述

1. 什么是文学

文学是一种艺术的基本样式，也称语言艺术。它是以语言文字为载体来创造文学艺术作品，文学所涵盖的内容既包括现实社会生活，也包括人们的精神世界。

以范畴分类，文学可以分为广义文学和狭义文学。广义文学泛指一切口头或者书面的文学作品，包含哲学、历史等形式；狭义文学专指艺术手法，比如散文、诗歌等，都属于狭义文学的范畴。①

2. 文学的社会作用

按照社会作用划分，文学具有认知作用、教育作用及审美作用。②

（1）文学具有认知作用。

文学作品的产生离不开时代的孕育，不同的时代产生不同的文学作品，这些文学作品就如同博物馆里的一件件展品，在文字的艺术表现形式下，展现的是时代下的社会、经济、文化以及人们的思想与生活方式等。

故此，文学的认知作用是通过文学作品真实地再现以人为中心的社会生活，塑造鲜明的艺术形象，正确地反映社会生活的本质或本质的某些方面，从而帮助读者从中了解和认识社会生活。

通过阅读文学作品，读者可以了解不同时代、不同社会形态、不同国家的社会风貌、人文环境以及历史发展脉络，从而加深读者对社会发展的认识。

【自主学习1-1】阅读《千字文》（节选）

天地玄黄，宇宙洪荒。日月盈昃，辰宿列张。寒来暑往，秋收冬藏。闰余成岁，律吕调阳。

云腾致雨，露结为霜。金生丽水，玉出昆冈。剑号巨阙，珠称夜光。果珍李柰，菜重芥姜。

海咸河淡，鳞潜羽翔。龙师火帝，鸟官人皇。始制文字，乃服衣裳。推位让国，有虞陶唐。

练一练：想象这段《千字文》所描绘的景象，如果有可能，将它画出来并

---

① 车俊.大学生人文素养[M].北京：化学工业出版社，2016.
② 宋成倩.人文素养综合教程[M]北京：化学工业出版社，2015.

进行展示。

（2）文学具有教育作用。

文学的教育作用在文学作品中广泛存在。比如，相传是古希腊奴隶伊索所著的《伊索寓言》，通过300多则短小精炼的故事，刻画出一个个鲜明生动的人物形象，描绘了一则则情节跌宕起伏的小故事，并且这些故事都蕴含着哲理或者揭露和批判社会矛盾，让读者分辨何为真、善、美，这是文学教育作用的生动体现。

（3）文学具有审美作用。

朱自清在《谈美》一书的序中写道：青年们往往将杂志当水火，当饭菜；他们从这里得着美学的知识，正如从这里得着许多别的知识一样。而杂志便是文学作品的载体。因此读者在阅读文学作品的同时，可以从文学作品当中获得审美的作用，这种审美的感受可以给人带来精神上的满足和愉悦，使人得到美的享受。

不同的文学作品具有不同的艺术魅力，好的文学作品能够塑造丰满的人物形象，并且使作品具有一定的情感性、想象性、创造性。它能够让读者在阅读的同时感受到文学的美感，从而影响自己的社会生活。也正如朱光潜所说：景物变动不居，情趣亦生生不息……把这种生命流露于语言文字，就是好文章；把它流露于言行风采，就是美满的生命史。

【探索学习1-1】朱自清《背影》赏析

"我看见他戴着黑布小帽，穿着黑布大马褂，深青布棉袍，蹒跚地走到铁道边，慢慢探身下去，尚不大难。可是他穿过铁道，要爬上那边月台，就不容易了。他用两手攀着上面，两脚再向上缩；他肥胖的身子向左微倾，显出努力的样子。"

练一练：《背影》是朱自清的散文代表作之一，请结合以上文字，赏析其文学之美。

（二）一起学中国文学

中国的文学史脉络悠长，始终没有中断过。郑振铎在《插图本中国文学史》中对中国文学做了分期，分别为：上古期、中古期、近古期、现代文学。①接下来我们就顺着历史长河而下，从古至今，走进文学的分野。

1. 上古期：先秦两汉（公元 3 世纪以前）

先秦是中国文化初创时期，是中国文学上古期的第一段。先秦文学呈现出三个特征，首先是创作主体经历了由群体到个体的演变，例如《诗经》里的诗歌大都是群体的歌唱，随后出现了文学史上的第一位诗人屈原。其次是文学形态上的文史哲不分。最后是诗乐舞结合，当时的诗歌，最初是和音乐、舞蹈结合在一起的，《诗经》《楚辞》中的很多诗歌都与乐舞有很大的关系，《诗》三百零五篇都可以和乐歌唱，《楚辞》中的《九歌》则是用于祭祀的、与乐舞配合的歌曲。

除此之外，春秋战国时期文化学术思想空前活跃，形成了诸子百家争鸣的局面。于是探索宇宙人生、进行哲学思辨和关注社会政治、讨论治国之道的诸子散文成熟了，例如《左传》《国语》等叙事散文以及《论语》《老子》《孟子》《庄子》等说理散文，成为我国散文创作的典范，影响了后世文学的创作。

秦汉文学属于上古期的第二段，它呈现出与先秦文学不同的特点，由于创作主体多聚集在皇帝或诸侯王周围，使汉赋的创作有了土壤。汉代文学讲究以大为美，因此不再像先秦文学那般生动活泼、多姿多彩，而形成了格式化、凝重板滞的特点，汉乐府民歌在此时大放异彩，并且对后世产生了巨大的影响。

【自主学习 1-2】阅读《诗经·子衿》

青青子衿，悠悠我心。纵我不往，子宁不嗣音？

---

① 袁行霈，聂石樵，李炳海. 中国文学史（第一卷）[M].3 版. 北京：高等教育出版社，2014.

青青子佩，悠悠我思。纵我不往，子宁不来？

挑兮达兮，在城阙兮。一日不见，如三月兮！

思考：文中诗句运用了哪些描写手法，对于全诗起到了什么作用？你可以用你的曲调唱出它吗？

2. 中古期：魏晋至明中叶（公元 3 世纪至 16 世纪）

这个时期的文学发展可以大致分为三个阶段，第一个阶段是从魏晋到唐代中叶，第二个阶段是从唐代中叶到南宋灭亡，第三个阶段是从元代至明代中叶。

这个时期，中国文学开始走向成熟完整，各种文体都有了长足发展，诗词曲到达鼎盛期，文言小说也在唐代成熟，白话小说在宋代开始繁荣。

（1）第一篇章：魏晋南北朝文学。

魏晋南北朝期间，文学发生了巨大的变化，开始进入文学的自觉时代，文学理论和文学批评繁荣。由于当时战乱和分裂的时代背景特征，魏晋南北朝文学是典型的乱世文学，故此不少文学作品中带有悲剧性基调。并且当时玄学对文学的影响很深，从阮籍、嵇康、刘勰、陶渊明等人的作品当中都能看到玄学的影子。

魏晋南北朝文学的发展历程中经历了一个重要阶段，即建安文学，也就是汉献帝建安年间和魏朝前期的文学。当时诞生了一批具有鲜明风格的文人，如曹操、曹丕、曹植、王粲、刘桢、蔡琰等。他们的作品写于乱世，带有浓烈的个人色彩、政治理想以及对人生短暂的哀叹，被称之为"建安风骨"。到了曹魏后期，时局混乱黑暗，诞生了以阮籍、嵇康等人为代表的诗人，被称为"竹林七贤"，这些正始时期的诗人的作品与建安诗歌有着巨大的不同，更多的是抒发个人忧愤，诗歌与玄理结合，并对后世产生了重大影响。在两晋诗坛中，又诞生了左思、张协、刘琨、潘岳以及陶渊明等一批著名诗人。南北朝民歌也是这个时期的文学成就之一，南朝民歌《西洲曲》和北朝民歌《木兰诗》分别代表了南北朝民歌的最高成就。其中南朝是中国诗歌史上的重要时期，谢灵运在此期间开创山水诗,把美景引入诗中,使山水成为独立审美对象,而鲍照的乐府诗对后世诗歌的发展也有着积极的意义。

(2)第二篇章:盛唐气象。

盛唐指的是开元、天宝年间,此时经济繁荣、国力强盛、政治开明、文化开放,对外交流频繁。在这个阶段,涌现出了一大批优秀诗人,他们带领着中国诗歌迎来了鼎峰时期,使唐诗成为后世仰望的一座高峰,并且出现了众多流派,例如"田园诗派"与"边塞诗派"等,其中的代表诗人有王维、孟浩然、王昌龄、崔颢、高适、岑参、李白、杜甫等。唐诗的创作进入了全面繁荣的局面。特别是诗人李白,他的诗豪放飘逸、行云流水、变幻莫测,带有深厚的浪漫主义色彩,一直传诵至今。

唐代文学不仅在诗歌上有所成就,散文、小说、词也都有全面发展。传奇小说在唐代出现,这标志着我国文言小说作为一种文体的成熟。与此同时,随着唐代城市经济的发展,词作为一种新文体,开始出现并迅速发展。

【自主学习1-3】拓展阅读:世间奇男子——李白

据记载,李白小时,梦见手中的笔头开了花,以后果然才华横溢。但他于天宝初年到京城长安,却无人赏识,一时非常困顿。他听说秘书监贺知章既有文名,又喜欢喝酒,就把自己写的诗文送去,请贺知章阅览。

当贺知章读到《蜀道难》这首诗时,惊叹不已。从此二人经常饮酒赋诗,贺知章曾把身上佩戴的贵重饰物"金龟"解下来换酒,与李白相交甚乐,后来贺知章等人又向唐玄宗推荐,玄宗叫他做了翰林供奉。

李白做了翰林供奉以后,本来应该谨慎小心,随时听从皇帝召唤起草诏书,但他仍然成天到处喝酒。杜甫曾在《饮中八仙歌》中说他:"李白斗酒诗百篇,长安市上酒家眠。天子呼来不上船,自称臣是酒中仙。"

又据《唐才子传》记载,李白离开朝廷,浮游四方。他想登华山,乘醉骑着驴子经过华阴县的衙门。按当时的规矩,经过县衙门是要下马的。县令不认识李白,大怒,叫人把李白带到庭下,说:"你是什么人?胆敢如此无礼!"

叫李白认罪画押。李白不写，说："曾令龙巾拭吐，御手调羹，贵妃捧砚，力士脱靴。天子门前，尚容走马；华阴县里，不得骑驴？"这一席话吓得县令又惊又愧，连忙拜谢说："不知是李翰林到此，实在对不起。"李白仰天大笑而去。

【探索学习1-2】我眼中的唐代诗人与诗作

请从下面选取你最感兴趣的一位诗人，搜索了解其生平与作品，并分享诗人让你印象最深刻的一个生命故事，以及你最喜欢的一个作品。

【李杜】

大李杜指李白和杜甫，小李杜指李商隐和杜牧。

【唐代诗人别称】

诗仙——李白；诗圣——杜甫；诗魔——白居易；诗囚——孟郊；诗杰——王勃；诗骨——陈子昂。

【初唐四杰】

王勃、杨炯、卢照邻、骆宾王。

【贺知章】

越州永兴（今浙江萧山）人。人称诗狂。其诗富于感情，不拘一格，清新自然。代表作《咏柳》《回乡偶书》。

【张九龄】

韶州曲江（今广东韶关）人。直言敢谏，唐朝开元年间名相。代表作《照镜见白发》《感遇》《望月怀远》。

（3）第三篇章：宋代文学。

宋代文学对唐代文学有着一定的沿袭。宋朝崇文抑武，理学盛行，并且宋王朝十分重视文治教化，宋朝文学家关注国家与社会的发展，议论成分强，同时宋朝一直处于内忧外患之中，因此忧患意识与爱国成为当时文学创作的两大主题，这样的时代背景直接影响了宋代文学的总体发展。①诗歌方面少了盛唐气象，更加贴近社会现实，内容题材更加通俗化。而词这种在唐朝出现的新文体，在宋朝迎来了黄金时期。散文则吸取了唐代古文的经验，更加多样化，并且在宋朝超越了唐文。

宋朝崇文抑武，士大夫的地位较高，且宋朝经济繁荣、城市兴盛，滋生了各类文艺休闲活动，词便在这样的背景下发展起来。词在宋代的发展达到了顶峰。总体而言，宋词的兴盛与宋朝城市繁荣以及娱乐产业发展密切相关。在文学成就方面，宋词艺术性更强，确定了小令与长调等词调，并且扩宽了词的题材与风格，词的声律、句法也更加严密。

宋词基本可以分为豪放派与婉约派两大类，豪放派的代表词人有苏轼、辛弃疾、张元干、张孝祥等，词的风格大多气象恢弘、雄奇壮阔、气势豪迈，具有丰富的想象力。婉约派的代表词人有柳永、晏殊、周邦彦、李清照等，词的内容更加侧重情感的抒发，重视音律，语言清丽柔美。

【探索学习1-3】"前、后《赤壁赋》"赏析

《赤壁赋》写于苏轼一生最为困难的时期之一——被贬谪黄州期间。元丰五年（1082年），苏轼曾于七月十六日和十月十五日两次泛游赤壁，写下了两篇以赤壁为题的赋，后人因称第一篇为《前赤壁赋》，第二篇为《后赤壁赋》。

请阅读《前赤壁赋》和《后赤壁赋》，思考苏轼两次泛游赤壁心境有何变化，对比两篇《赤壁赋》谈谈你的感想。

（4）第四篇章：元剧散曲。

元代的历史较为短暂，但文学的发展迎来新的局面，叙事文学占据了文坛的主要位置。在元代，戏剧演出频繁，有庞大的观众基础，因此戏剧艺术开始走向成熟，元代剧本创作代表了当时的最高文学成就。戏剧包括杂剧与南戏，

---

①袁行霈，罗宗强．中国文学史（第二卷）[M].3版．北京：高等教育出版社，2014.

两者在体制、剧本、唱腔上有着明显的区别。到了元成宗元贞、大德年间，杂剧的创作进入鼎盛时期，代表文人有关汉卿、王实甫、马致远和白朴等。①

关汉卿（约1220—1300年）是元代剧坛最杰出的代表之一，"元曲四大家"之首。号已斋、已斋叟。汉族，解州（今山西运城）人，与马致远、郑光祖、白朴并称为"元曲四大家"。以杂剧的成就最大，最著名的有《窦娥冤》。他的作品大多深刻揭露元代社会的腐败与黑暗。

王实甫，名德信，大都（今北京）人。元代著名戏曲作家，杂剧《西厢记》的作者，生平事迹不详。王实甫与关汉卿齐名，其作品全面地继承了唐诗宋词精美的语言艺术，又吸收了元代民间生动活泼的口头语言，创造了文采璀璨的元曲词汇，成为中国戏曲史上文采派的杰出代表。著有杂剧14种，现存《西厢记》《丽春堂》《破窑记》3种。《破窑记》写刘月娥和吕蒙正悲欢离合的故事，有人怀疑不是王实甫的手笔。另有《贩茶船》《芙蓉亭》2种，各传有曲文一折。

元代的文学以戏曲、散曲为代表，主要以叙事性文学为主，而明代的传奇则是对其的传承与发展，元末明初的《三国演义》《水浒传》标志着长篇小说的发展。

3. 近古期：明中叶至五四运动（公元16世纪至20世纪初期）

朝代的更迭对文学的创作产生了巨大的影响，明代经济的发展、市民阶层的壮大、科技的进步、商业的繁荣让文学发生了与前朝完全不同的变化，这包括了文学的题材、内容、创作者以及阅读群体等。市民文化的发展，让文学更加贴近生活，情感更加自由与强烈，我们可以在这个时期看到通俗文学的发展。在《三国演义》《水浒传》之后，吴承恩的《西游记》、吴敬梓的《儒林外史》、曹雪芹的《红楼梦》、蒲松龄的《聊斋志异》的成书，标志着中国古典长篇小说发展到了成熟阶段。戏曲方面，在承袭元代的基础上，也有着长足的发展，例如汤显祖的"临川四梦"、洪昇的《长生殿》、孔尚任的《桃花扇》等。

---

① 袁行霈，莫砺锋，黄天翼.中国文学史（第三卷）[M].3版.北京：高等教育出版社，2014.

清朝后期的鸦片战争给当时的时局带来震动，从此中国由封建社会沦为半封建半殖民社会，这对当时文学的发展造成一定的冲击。西方文化开始进入中国，文学的观念也发生了变化，国外翻译作品开始出现在当时国人的视线中，五四运动后，文学进入了新的发展阶段，同时也到达了中国古代文学的终点。

【探索学习1-4】青春版《牡丹亭》赏析

青春版《牡丹亭》是由两岸三地艺术家携手打造的经典昆曲剧目。制作团队根据现代的审美观，保持昆曲古典写意，用现代技术让这部经典昆曲以青春靓丽的形象重现在观众面前。请同学们了解并观看青春版《牡丹亭》，谈谈自己的感受。

4. 现当代文学（1917—1997年）

中国现代文学以五四文学革命为起点，拉开了现代化的序幕，之后经历了30余年的迅猛发展。这场文学革命带来文学观念、内容、语言形式等全方面的革新与解放，这是与当时的历史背景分不开的。此时文学的观念发生了巨大的变化，具体体现在小说界革命、文界革命、诗界革命以及话剧开始萌芽发展；小说开始追求社会意义，这是为人生服务的现实主义创作的先声；文界突破了桐城派古文的藩篱，便于表达新的思想；诗界要求诗歌有新意境、新语句。[①]

故此，将1917—1949年这一时期，划分为当代文学的发展期，同时又可将这30余年细分为三个阶段。

第一阶段（1917—1927年）为五四文学，也称20年代文学。这一时期诞生的杂志《新青年》成为新文化阵营向旧文化挑战、进击的主要阵地。同时出现了新文学的代表作——鲁迅《狂人日记》《阿Q正传》等，新诗集——郭沫若《女神》、胡适《尝试集》、徐志摩《志摩的诗》、闻一多《红烛》等，同时

---

① 朱栋霖，朱晓进，吴义勤.中国现代文学史1917—2013[M].3版.北京：高等教育出版社，2014.

也涌现了一大批优秀作家,例如20世纪20年代的问题小说代表作家冰心、叶绍钧、许地山等,乡土小说代表作家许杰、许钦文、鲁彦等,浪漫抒情派代表作家郁达夫、郭沫若、叶灵凤等。20年代也出现了许多文学社团,包括文学研究会、创作社、新月社、语丝社等。

第二阶段(1928—1937年)为左联文学,也称30年代文学。这个时期中国现代文学从文学革命转向革命文学,在思想和艺术上走向成熟。重大事件有1930年3月2日左联成立,这是中国共产党领导下的文艺团体,其中有茅盾、田汉、蒋光慈、柔石、丁玲、殷夫等作家。

这个时期也出现了一大批优秀的作家,包括老舍、巴金、曹禺、洪深、沈从文、萧乾、张爱玲、钱钟书,以及京派、海派、新感觉派,如刘呐鸥、施蛰存、穆时英等。

第三阶段(1937—1949年)为战争文学、也称40年代文学。包括了抗日战争和解放战争时期的文学。前一阶段是抗战初期的文学,围绕抗日救亡运动,出现了大量通俗明快、短小精悍的文艺作品。后一阶段是在解放区,毛泽东的《在延安文艺座谈会上的讲话》明确了文艺为工农兵服务的方向,解决了文艺大众化等一系列五四运动以来重要的文艺理论和实践问题,开辟了无产阶级革命文学的新阶段。国统区很多作品在艺术风格上也努力向民族形式和大众化的方向发展,并取得了可喜的成绩。

中国当代文学指的是1949年以来的中国文学,这个时期的文学有以下几个特点。

(1)题材内容不断扩大。现代文学时期常见的以工农兵、知识分子、小市民的生活为题材;当代文学时期还出现工业题材、少数民族生活题材、知青题材、新武侠题材、科幻题材、体育题材、国际题材的作品等新题材。

(2)人物形象的塑造多姿多彩。

(3)表现形式与手法日益多样化。在当代文学创作中还出现了各有追求的表现形式和手法技巧,比如运用象征、通感、意象等手法反映生活,使诗的意境显得朦胧而深远;使用意识流手法表现人的心理意识,展示人物的内心世界等。

（4）形成了一支老中青结合的作家队伍。一是由现代文学时期跨越而来的文坛老将，如赵树理、周立波、丁玲、老舍、曹禺、艾青、郭沫若、贺敬之、汪曾祺等。二是中华人民共和国成立后成长起来的作家，如梁斌、杨沫、杜鹏程、李准、王蒙、刘绍棠、高晓声、谌容、张洁等。三是经历过上山下乡运动的一代作家，如王安忆、梁晓声、阿城、叶辛、铁凝、张抗抗、史铁生、舒婷、竹林、王小鹰等。四是20世纪60年代以后出生的年轻一代作家，如苏童、余华等。

这一时期的代表作有：丁玲的《太阳照在桑干河上》、张爱玲的《金锁记》、赵树理的《李有才板话》、舒婷的《致橡树》、史铁生的《我与地坛》等。

（三）一起学西方文学

1. 古希腊和古罗马文学

（1）古希腊文学发展的四个阶段。

第一阶段（公元前11世纪至公元前9世纪），被称为荷马时代或英雄时代，主要文学样式有史诗和神话传说。希腊神话是古代希腊人于原始社会集体创作的口头文学，是欧洲最早的文学形式。①

第二阶段（公元前8世纪至公元前6世纪），这一时期是希腊奴隶制城邦国家的形成和繁荣时期，称为古风时代。主要文学成就有叙事诗、抒情诗和寓言。代表作有《荷马史诗》《伊索寓言》等。

第三阶段（公元前5世纪至公元前4世纪），是希腊社会奴隶制发展的全盛时期，也是戏剧的繁荣时期，故称古典时期。主要文学成就有戏剧与散文、文艺理论。文艺理论界出现了柏拉图与亚里士多德两位杰出代表。

第四阶段（公元前4世纪晚期至公元前2世纪中期），是希腊化时期，主要文学成就是田园诗与新喜剧。代表作有米南德的《恨世者》《萨摩斯女子》等。

---

① 郑克鲁，蒋承勇. 外国文学史（上）[M].3版.北京：高等教育出版社，2015.

（2）古罗马文学。

古罗马文学承袭古希腊的古典文化，大致可以分为早期（公元前3世纪至公元前2世纪）、中期（公元前1世纪至1世纪初）、晚期（1世纪至5世纪中叶）三个发展阶段。代表作家有维吉尔，为古罗马最伟大的诗人，其史诗《埃涅阿斯纪》是西方文学史上第一部文人史诗。

2. 中世纪文学

中世纪文学通常指公元5世纪后半叶到14世纪初期文艺复兴运动开始前这一时期的文学，历时1000年之久。中世纪文学的主要特点有：基督教思想浓厚，宣扬爱国主义与英雄主义，出现了阶层文学。

中世纪文学占据统治地位的是以圣经故事为代表的基督教文学，例如根据个人体验写出的作品——圣奥古斯丁的《忏悔录》。同时，在文学上与宗教文学形成对立的是骑士文学、英雄史诗和市井文学。中世纪的骑士传奇和骑士抒情诗是对基督教禁欲主义的反抗。14世纪初，意大利人但丁写作的《神曲》成为继《荷马史诗》之后西方文学的第二座里程碑。

3. 文艺复兴时期的文学

欧洲文艺复兴运动发生于14—17世纪初期，是欧洲国家由新兴资产阶级发动的一场反封建、反教会的思想解放运动，也是一场文化革新运动，它对欧洲乃至全人类社会的历史发展产生了极其重大且深远的影响。文艺复兴表现为对古希腊罗马的文学艺术的复兴。人文主义是文艺复兴中重要的指导思想，它包括：以人为中心，反对神的权威；宣扬个性解放，反对禁欲主义；崇尚理性，反对蒙昧等。

这一时期的代表作家有：彼特拉克（《歌集》），薄伽丘（《十日谈》），拉伯雷（《巨人传》），塞万提斯（《堂吉诃德》），以及伟大的戏剧家和诗人莎士比亚。

4. 17世纪文学

17世纪的欧洲，资本主义与封建主义持续斗争，两者的矛盾始终存在，这对各国文学都产生了深刻的影响。总体而言，17世纪文学主要包括巴洛克文学、法国新古典主义文学和英国文学。

（1）巴洛克文学。

巴洛克风格在文学作品中体现为场面宏大、情节丰富多彩且扑朔迷离等。弥尔顿、高乃依、拉辛等作家的作品中都带有巴洛克风格。

（2）法国新古典主义文学。

17世纪，主流文学倡导复兴古罗马的艺术传统，称为新古典主义时期。新古典主义文学的特点有：其一，拥护王权，赞美开明君主，抨击和嘲讽腐朽愚昧的封建主和宗教势力；其二，标榜崇尚理性，这个理性带有很强的封建色彩；其三，形式上、语言上强调严整、典雅，对戏剧来说，要恪守"三一律"。三一律指的是一部戏剧的故事要发生在一个地点，长度不能超过一昼夜，并且线索只能有一个。

这个时期，悲剧大师高乃依和拉辛都创造了不朽的作品，而喜剧大师莫里哀则把新古典主义推向了高峰。莫里哀是17世纪法国最伟大的古典主义喜剧家，作为剧作家、演员、导演、剧团班主即演出制作人，莫里哀共创作了33部剧作，代表作有《无病呻吟》《伪君子》等。

（3）英国文学。

17世纪是英国历史上最为动荡的时期，由于社会生活及社会结构的巨大改变，最终贵族王室与英国资产阶级之间的强烈冲突导致1642—1649年的内战，即英国历史上的资产阶级革命。

诗人、思想家弥尔顿是这一时期英国文学最杰出的代表，其巨著包括《失乐园》《复乐园》和《力士参孙》。

骑士派和玄学派是17世纪上半叶英国诗歌的两个主要流派。骑士派具有文艺复兴时期人文思想的因素，诗句流畅工整、音调优美，代表诗人有罗伯特·赫立克、托马斯·布鲁、约翰·萨克金等。玄学派代表诗人有约翰·多恩、乔治·赫伯特、理查德·克拉肖等。

约翰·班扬和约翰·德莱顿也是 17 世纪英国文学的代表作家。约翰·班扬名作《天路历程》采用梦幻寓意的写法，广泛地描绘了英国社会现实。约翰·德莱顿是诗人、剧作家、文学评论家，他所创立的"英雄双韵体"为英语诗歌的发展做出了重要贡献。

5. 18 世纪启蒙主义文学思潮

18 世纪的欧洲，封建社会开始向资本主义过渡，社会制度的变革对政治、经济、文化带来的冲击十分强烈。随后进步的资产阶级思想家发动启蒙运动，这是继文艺复兴后，又一场波及全欧的思想解放运动。

这一时期的代表作家有：卢梭（《忏悔录》《新爱洛依丝》），博马舍（《费加罗的婚礼》），笛福（《鲁滨孙漂流记》），斯威夫特（《格列佛游记》），歌德（《少年维特之烦恼》《浮士德》），席勒（《阴谋与爱情》）等。

6. 19 世纪初期浪漫主义文学

欧洲浪漫主义文学思潮最早产生于英国和德国。真正开创英国浪漫主义的是湖畔派的三位诗人：华兹华斯、柯勒律治和骚塞。

浪漫主义文学充满了自由，弘扬个性，肯定自我，让读者可以通过作品看到作者丰富的情感世界，作品充满了反抗精神。浪漫主义文学强调主观性，着力表达个人的情感，注重个人的内心世界，且语言绚丽多彩，运用了大量的比喻。

这一时期的代表作家有：拉马丁（《沉思集》），夏多布里昂（《勒内》），拜伦（《唐璜》），雪莱（《解放了的普罗米修斯》），济慈（《夜莺颂》），雨果（《巴黎圣母院》《悲惨世界》），梅里美（《卡门》）等。

7. 19 世纪中期现实主义文学

19 世纪中叶，欧洲现实主义文学开始形成。现实主义作为一种创作原则，它的基本含义是要求文学艺术真实地反映客观生活。它提倡冷静地观察、精确地描绘客观现实，力求再现典型环境中的典型人物。

这一时期的代表作家有：英国的奥斯丁（《傲慢与偏见》《理智与情感》）、夏洛蒂·勃朗特（《简·爱》）、狄更斯（《大卫·科波菲尔》《双城记》《雾都孤儿》），法国的司汤达（《红与黑》）、巴尔扎克（《人间喜剧》），美国的马克·吐温（《百万英镑》）、杰克·伦敦（《野性的呼唤》）、德莱塞（《美国悲剧》），俄国的普希金（《叶甫盖尼·奥涅金》）、莱蒙托夫（《当代英雄》）、果戈里（《死魂灵》《钦差大臣》）、屠格涅夫（《父与子》）、契诃夫（《变色龙》《装在套子里的人》）。其中代表 19 世纪现实主义文学最高峰的是俄国的两位作家：列夫·托尔斯泰（《安娜·卡列尼娜》《战争与和平》《复活》）、陀思妥耶夫斯基（《穷人》《卡拉马佐夫兄弟》）。

8. 20 世纪现代主义与后现代主义文学

20 世纪上半叶现实主义运动从音乐、绘画领域扩散至文学领域。现代主义文学具有反传统倾向，前期现代主义是 19 世纪末至 20 世纪诞生并流行于 20 世纪的许多文学流派的总称，主要包括象征主义、表现主义、未来主义、超现实主义、意识流小说等 10 多种文学流派。代表作家作品有卡夫卡《变形记》、福克纳《喧哗与骚动》等。

后现代主义主要包括存在主义、荒诞派戏剧、新小说派、垮掉的一代、黑色幽默、魔幻现实主义等。代表作家作品有贝克特《等待戈多》、海勒《第二十二条军规》、马尔克斯《百年孤独》等。

【自主学习 1-4】什么是意识流小说

意识流这一词汇本来是心理学术语，最早是美国实用主义哲学家、心理学家威廉·詹姆士提出来的。他认为一个人的意识会在某个时刻不停地变化，也就是说我们的意识无时无刻都在不停地变化。后来这一理论被用到文学上。意识流文学完全不同于过去的作品，它对于人物内心的描写远多于人物的外在描写。它可以打破时空界限，进行立体交叉式的描写，具有较大的浓缩性和凝聚力。概括而言，唯主观、反理性是其总的特点。这一流派的代表作家作品主要有：普鲁斯特《追忆似水年华》、福克纳《我弥留之际》、伍尔夫《到灯塔去》《墙上的斑点》。

二、艺术世界的遨游

（一）艺术的起源

艺术的起源主要有以下 5 种说法。

1. 艺术起源于模仿

早在两千多年前，古希腊哲学家德谟克利特就认为艺术是对于自然的模仿。在他之后的亚里士多德也认为模仿是人的本能。

艺术可以通过不同的媒介、不同的对象、不同的呈现方式进行创作。艺术是语言的重要补充方法，舞蹈家用手舞足蹈表现欢快、激昂、哀婉，并将感情传递给观众；画家通过塑造人物形象感染观者，明快的色彩、遒劲的线条都可以作为艺术语言；建筑师通过不同质感的石材、板材、木材体现质感，艺术的生命力勃然而发。同时，艺术是富有创造性的，在模仿自然的同时，也通过人的主观能动性思索艺术，呈现艺术的价值。

2. 艺术起源于游戏

18 世纪的德国哲学家席勒和 19 世纪的英国哲学家斯宾塞提出了这种说法，后来的艺术史家曾把艺术起源的这种说法称为"席勒 – 斯宾塞理论"。

3. 艺术起源于表现

艺术的表现说首推 19 世纪末 20 世纪初意大利美学家克罗齐，"直觉即表现"是其美学思想的核心。克罗齐认为艺术归根结底是情感的表现。

4. 艺术起源于巫术

1871 年，英国著名人类学家爱德华·泰勒在《原始文化》中最早提出艺术起源于巫术的理论主张。

英国著名人类学家弗雷泽也持此观点，他在他的名著《金枝》一书中，认为山川草木、鸟兽虫鱼在原始人看来都是有灵的，都起源于交感巫术。

原始的艺术活动虽然具有明显的巫术动机或目的，但归根结底还是离不开人类的实践活动，尤其是物质生产活动。艺术生产随着社会物质生产的变化而不断变化。

5. 艺术起源于劳动

普列汉诺夫提出"劳动先于艺术"，恩格斯也指出劳动对于猿的脑髓逐渐地变成人的脑髓的重要性。

以图 1-2 所示的汉代画像石《弋射收获图》（砖高 39.6 厘米、宽 46.6 厘米，1972 年出土，重庆中国三峡博物馆藏）为例，它表现了弋射和挑担割穗的劳动场景，具有浓厚的生活气息。

图 1-2 弋射收获图

对于艺术的起源有多种说法，结合实际作品和表现形式，我们应当从多个方面、从更加广泛深入的层面去探究艺术作品背后的价值。

(二）简说中国美术

1. 先秦、秦汉时期

先秦、秦汉时期，是中国古代文化艺术大发展的时期。这一发展是对先秦文化艺术成就的总结和升华，又为此后两千多年的封建文化的发展奠定了基础。这一时期的文字在金文、籀文（大篆）的基础上发展出秦篆（小篆）；万里长城文化带孕育了众多文化艺术瑰宝，如敦煌石窟、云冈石窟、麦积山石窟的壁画、雕塑，为中华艺术宝库留下绚烂财富，也被评为世界文化遗产。

2. 魏晋南北朝、隋唐时期

魏晋南北朝继承和发扬了汉代绘画艺术，呈现出丰富多彩的面貌。唐代继隋之后，各方面的文化成就得到进一步的发展，并与边地各族文化融合，形成了光辉灿烂的唐文化。这一时期美术获得了全面发展，善于吸取优良技艺的中国艺术家丰富传统、不断创造，把文化和艺术推向了一个新的时代高峰。书法、绘画创作呈现繁荣的景象，一时人才辈出。书法家包括王羲之、王献之、欧阳询、虞世南、褚遂良、颜真卿与柳公权等；画家包括顾恺之、展子虔、李思训、阎立本等。

3. 宋、辽、金、元时期

宋、辽、金、元时期，中国艺术进入全面发展的阶段。社会安定、经济繁荣有助于艺术文化的发展，人们的欣赏品位也逐步提高，出现了反映社会现实、民俗面貌的艺术作品，这一时期的艺术作品更加接近大自然，反映生活在各阶层的人物现实。

绘画作品涌现出众多传世佳作，包括《千里江山图》《清明上河图》《文姬归汉图》等描绘壮美河山与人文历史的艺术作品。

4. 明、清时期

明、清时期，艺术进入繁荣发展期。文人画的发展为工艺美术提供了丰富题材和创作资源。以天坛、故宫、拙政园、颐和园为代表的园林及建筑，为中华文明留下宝贵财富。涌现出董其昌、祝允明、吴昌硕等杰出书法家和画家，对后世书画艺术的发展产生了深远影响。明代成化青花瓷凭借胎质细密、胎体秀美而闻名于世，具有极高的声誉。

5. 中国现代美术

中国现代美术通常是指 1911 年辛亥革命以来的中国美术。与古代美术相比，现代社会文化环境、社会经济与审美都发生了深刻变化，在继承传统文化引入西方文化的背景下，涌现出以徐悲鸿、林风眠、蒋兆和、董希文等为代表的艺术家，发展出独特的东方艺术气质。

这一时期，蓬勃发展的美术教育与蔡元培倡导的"以美育代宗教说"有很大关系，20 世纪初，以上海为中心的洋画运动让中国美术吸收西方造型艺术的特征，各种画会、研究会、私人画室不断举办展览、出版刊物，介绍西方美术，为中国美术长足发展、勇于吸收、形成民族特色奠定了基础。

（三）浅说外国美术

外国美术经历史前美术、古希腊古罗马时期、文艺复兴、17—19 世纪以及 20 世纪至今等发展阶段，不断地在探索中前行。

1. 史前美术

史前美术通常指没有文字记载的历史时期的美术作品，一般来说，包括旧石器时代和新石器时代创作完成的作品。旧石器时代晚期的《威伦道夫的维纳斯》雕像、法国的拉斯科洞窟壁画、西班牙的阿尔塔米拉洞窟壁画是这一时期的代表作品。

1940 年，法国西南部多尔多涅省的 4 个少年，他们在追捉野兔的过程中，无意中发现了拉斯科洞窟壁画，里面有史前人类留下的大量洞窟壁画。壁画线条简练、造型传神，描绘了包括人物造型、抽象图案、野牛、野马和鹿等形象。这些用石器等工具磨刻在石头上的史前文化遗产，具有非常重要的史料价值和科研价值。

2. 古希腊罗马时期

古希腊罗马时期美术主要包括古代爱琴海美术、古代希腊美术、古代罗马美术。

克诺索斯王宫建筑是古代爱琴海美术的杰出代表，其布局奇巧、厅堂错落，在希腊神话中被誉为"迷宫"。

古代希腊美术是西方美术的杰出代表，阿历山德罗斯的《米洛斯的维纳斯》、米隆的《掷铁饼者》等作品深深地影响着后世雕塑技艺。

古代罗马建筑艺术形式多样，丰富了建筑艺术手法，代表作品有罗马斗兽场、万神庙等。

3. 文艺复兴时期

达芬奇、米开朗基罗和拉斐尔是文艺复兴时期的"美术三杰"，《蒙娜丽莎》《创世记》《雅典学派》等作品成为美术史上的典范之作。同时期的代表画家还有乔托、马萨乔、韦罗基奥、波提切利等。

4. 17—19 世纪美术

17 世纪首先在意大利出现了巴洛克美术，后影响至全欧。其特点是注重强烈情感气氛和装饰风格。鲁本斯、伦勃朗、委拉斯贵支等绘画均具有巴洛克的特色。

18 世纪洛可可风格在法国兴起，随后在其他欧洲国家也相继得到发展。洛可可美术的特点是追求华丽纤巧和繁复精致，代表画家有布歇和弗拉戈纳尔。这一时期浪漫主义也悄然兴起，席里柯的《梅杜萨之筏》、德拉克洛瓦的《自由引导人民》是其中的经典之作。

19 世纪中期现实主义画家库尔贝的《奥南的葬礼》体现了法国民俗和普通民众形象，具有重要的历史和艺术价值。米勒的《拾穗者》歌颂了辛勤劳作的农民，作者深入麦田描绘农民的艰辛。德国女版画家柯勒惠支，也创作了工人和农民题材的系列铜版画和石版画。俄国的批判现实主义画家列宾创作的《伏尔加河上的纤夫》体现了画家对农奴悲惨生活的同情。

19世纪后期的印象派,以马奈、莫奈、雷诺阿、毕沙罗等为代表,受到光学和色彩学的启示,探索艺术与自然,创作出崭新的艺术作品。后印象派被誉为第一个西方现代艺术流派,代表画家有塞尚、梵高和高更。

5. 20世纪至今的外国美术

现代美术流派迭起,不断焕发新活力,马蒂斯的野兽派、毕加索的立体派、康定斯基的抽象艺术、达利的超现实主义、安迪沃霍尔的波普艺术等都通过异彩纷呈的艺术表现,丰富着美术的发展历程。

在艺术与设计的实践过程中,古今中外艺术家们不断发挥自己的创造力,用艺术语言创造作品,为艺术史留下了宝贵财富。

能力发展单元:品味文艺之美

【案例导入】读书苦乐(杨绛)

读书钻研学问,当然得下苦功夫。为应考试、为写论文、为求学位,大概都得苦读。陶渊明好读书,如果他生于当今之世,要去考大学,或考研究院,或考什么"托福",难免会有些困难吧?我只愁他政治经济学不能及格呢,这还不是因为他"不求甚解"。

我曾挨过几下"棍子",说我读书"追求精神享受"。我当时只好低头认罪。我也承认自己确实不是苦读。不过,"乐在其中"不等于追求享受。这话可为知者言,不足为外人道也。

我觉得读书好比串门儿——"隐身"的串门儿。

要参见钦佩的老师或拜谒有名的学者,不必事前打招呼求见,也不怕搅扰主人。翻开书面就闯进大门,翻过几页就升堂入室;而且可以经常去、时刻去,如果不得要领,还可以不辞而别,或者干脆另找高明,和他对质。

不问我们要拜见的主人住在国内国外,不问他属于现代古代,不问他什么专业,不问他讲正经大道理或是聊天说笑,都可以挨近前去听个足够。

我们可以恭恭敬敬旁听孔门弟子追述夫子的遗言,也不妨淘气地笑问"言必称'亦曰仁义而已矣'的孟夫子",他如果生在和我们同一个时代,会不会又是一位马列主义老先生呢?

我们可以在苏格拉底临刑前守在他身边,听他和一位朋友谈话;也可以对斯多葛派伊匹克悌忒斯(Epictetus)的《金玉良言》产生怀疑。我们可以倾听前朝列代的种种遗闻逸事,也可以领教当代最奥妙的创新理论或有意惊人的故作高论。反正只要话不投机或言不入耳,不妨及早抽身退场,甚至砰一下推上大门——就是说,啪地合上书面——谁也不会嗔怪。

这是书以外的世界里难得的自由!

壶公悬挂的一把壶里,别有天地日月。每本书——不论小说、戏剧、传记、游记、日记,以至散文诗词,都别有天地,别有日月星辰,而且还有生存其间的多个人物。我们很不必巴巴地赶赴某地,花钱买门票去看些仿造的赝品或"栩栩如生"的替身,只要翻开一页书,走入真境,遇见真人,就可以亲亲切切地观赏一番,别说些什么"欲穷千里目,更上一层楼"!

我们连脚底下地球的那一面都看得见,而且顷刻可到。尽管古人把书说成"浩如烟海",但书的世界却是真正的"天涯若比邻",这话绝不是唯心的比拟。

世界再大也没有阻隔。佛说"三千大千世界",可算大极了。书的境地呢,"现在界"还加上"过去界",也带上"未来界",实在可以算是包罗万象,贯通三界。而我们却可以足不出户,在这里随意阅历,随时拜师求教。是谁说读书人目光短浅、不通人情、不关心世事呢!

这里可得到丰富的经历,可认识各时各地、各种各样的人。

经常在书里"串门儿",至少也可以脱去几分愚昧,多长几个心眼儿吧?我们看到道貌岸然、满口豪言壮语的大人先生,不必气馁胆怯,因为他们本人家里尽管没开放门户,没让人闯入,他们的亲友家我们总到过,自会认识他们虚架子后面的真嘴脸。

一次,我乘汽车驰过巴黎塞纳河上宏伟的大桥,看到了栖息在大桥底下那群捡垃圾为生、盖报纸取暖的穷苦人。不是我的眼睛还能拐弯儿,只因为我曾到那个地带去串过门儿啊。可惜我们串门只能隐身,隐而犹存的身毕竟只是凡胎俗骨。

我们没有如来的慧眼,把人世间几千年积累的智慧一览无余,只好时刻记住庄子"生也有涯而知也无涯"的名言。

我们只是朝生暮死的虫豸(还不是孙大圣毫毛变成的虫儿),钻入书中世界,这边爬爬,那边停停,有时遇到心仪的人,听到惬意的话,或者对心上悬挂的问题偶有所得,就好比开了心窍,乐以忘言。

这个"乐"和"追求享受"该不是一回事吧?

阅读是一场旅行,书本能带领我们到达脚步丈量不到的地方,它是我们的精神食粮,我们的好朋友,是我们通往世界的一把钥匙。

在这个单元,我们将学习如何进行文学作品的鉴赏。正如杨绛在文中所说:"壶公悬挂的一把壶里,别有天地日月。每本书——不论小说、戏剧、传记、游记、日记,以至散文诗词,都别有天地,别有日月星辰。"不同的文体,它的艺术表现方式是不同的,那么我们的鉴赏也会随之变化。接下来就让我们打开作品,与书为伴吧。

一、如何进行文学赏析

文学赏析是在阅读文学过程中对文学作品中所创造的形象进行感受和评价。文学赏析的过程可以分为以下三个阶段:情感艺术感受阶段、作品形象审美判断阶段、领悟深化阶段。

首先,情感艺术感受阶段是在阅读文学作品时,初步接触文学作品中塑造的形象。比如,柳宗元在《江雪》中以"千山鸟飞绝,万径人踪灭。孤舟蓑笠翁,独钓寒江雪"描绘冷寂的意境,"绝、灭、孤、独"等字深入刻画了作者内心的苍凉独白,让读者也感同身受。

其次，作品形象审美判断阶段是在艺术感受的基础上，对作品中塑造的形象有了总体把握，加深了对鉴赏对象的理解。例如，《红楼梦》通过诗词、对话以及草蛇灰线式叙事等方式，立体刻画了个性鲜明的人物形象，给读者留下了深刻的印象，成为文学作品中的经典。

最后，在艺术感受和审美判断的基础上，能够对作品中反映的社会现实、作者心境、创作背景等方面反复思索回味，达到审美的享受。

三个阶段是相辅相成、相互联系且彼此独立的，要结合实际作品来建立文学鉴赏的完整评价。

不同的文学体裁给我们带来的文学感受是不同的。文学体裁指的是文学作品的具体样式，即各种文学形式上的类别。文学作品离不开文学体裁，它是作品的载体，没有体裁的作品是不存在的。而在文学发展史上，文学的体裁呈现为不断发展丰富的过程，不同的文学体裁通过其文体特征对作品的思想内容有不同的表达方式。常见的文学体裁有诗歌、散文、小说、通讯、剧本等。

文学作品通常按特点、类型进行分类。例如，诗歌按时间为序，可以分为古诗、现代诗，按特点分类又可以分为抒情诗、叙事诗等；散文按类别分类，可以分为叙事散文、抒情散文以及议论散文等；小说根据篇幅，可以分为长篇小说、短篇小说、中篇小说等。文学体裁分类众多，本单元将选取现代散文、现代诗歌、短篇小说这几种常见文体进行赏析。

（一）散文鉴赏

散文泛指注重主观抒写的文体。《辞海》认为：中国六朝以来，为区别韵文与骈文，把凡不押韵、不重排偶的散体文章（包括经传史书），统称"散文"。

散文从古至今都受到文人骚客的钟爱，我国散文的最早源头可以追溯到甲骨卜辞。从殷商到战国，散文由萌芽而至成熟。由于我国古代史官文化十分发达，记载历史事件的叙事散文在散文史上首先成立。《左传》《国语》《战国策》等历史散文的出现，标志着叙事文的成熟。先秦时期，说理散文从萌芽到成熟，对后世产生了重大的影响。随后在东汉又出现政论散文，散文的内涵得到不断的拓展。如今抒情散文、写景散文等都有着长足的发展。

散文的表现方法灵活多变，可以融叙事、描写、抒情议论于一体，也可以夹叙夹议、状物写景，不要求有完整的故事情节和完整的人物形象。而散文根据内容和表达方式的不同，可以分为叙事、抒情、议论三类。

那么我们应该如何鉴赏散文？在阅读散文的时候，我们如何感悟文本之美？

首先我们应该了解散文的特点。总体而言，散文的特点可以概括为：取材广泛多样，联想丰富奇巧，不受时空地域限制，篇幅短小精炼，立意深远，语言风格凝练优美。

散文有诗般的语言，而语言背后又蕴藏着作者深刻的思考，因此体会散文的语言魅力、感悟文本背后的立意是鉴赏散文中最为重要的。

【案例精讲】《茶花赋》（杨朔）

久在异国他乡，有时难免要怀念祖国的。怀念极了，我也曾想：要能画一幅画儿，画出祖国的面貌特色，时刻挂在眼前，有多好。我把这心思去跟一位擅长丹青的同志商量，求她画。她说："这可是个难题，画什么呢？画点零山碎水、一人一物，都不行。再说，颜色也难调。你就是调尽五颜六色，又怎么画得出祖国的面貌？"我想了想，也是，就搁下这桩心思。

今年二月，我从海外回来，一脚踏进昆明，心都醉了。我是北方人，论季节，北方也许正是搅天风雪、水瘦山寒，云南的春天却脚步儿勤，来得快，到处早像催生婆似的正在催动花事。

花事最盛的去处数着西山华庭寺。不到寺门，远远就闻见一股细细的清香，直渗进人的心肺。这是梅花，有红梅、白梅、绿梅，还有朱砂梅，一树一树的，每一树梅花都是一树诗。白玉兰花略微有点儿残，娇黄的迎春却正当时，那一片春色啊，比起滇池的水来不知还要深多少倍。

究其实这还不是最深的春色。且请看那一树，齐着华庭寺的廊檐一般高，油光碧绿的树叶中间托出千百朵重瓣的大花，那样红艳，每朵花都像一团烧得正旺的火焰。这就是有名的茶花。不见茶花，你是不容易懂得"春深似海"这句诗的妙处的。

想看茶花，正是好时候。我游过华庭寺，又冒着星星点点细雨游了一次黑龙潭，这都是看茶花的名胜地方。原以为茶花一定很少见，不想在游历当中，时时望见竹篱茅屋旁边会闪出一枝猩红的花来。听朋友说："这不算稀奇。要是在大理，差不多家家户户都养茶花。花期一到，各样品种的花儿争奇斗艳，那才美呢。"

我不觉对着茶花沉吟起来。茶花是美啊。凡是生活中美的事物都是劳动创造的。是谁白天黑夜，积年累月，拿自己的汗水浇着花，像抚育自己儿女一样抚育着花秧，终于培养出这样绝色的好花？应该感谢那为我们美化生活的人。

普之仁就是这样一位能工巧匠，我在翠湖边上会到他。翠湖的茶花多，开得也好，红彤彤的一大片，简直就是那一段彩云落到湖岸上。普之仁领我穿着茶花走，指点着告诉我这叫大玛瑙，那叫雪狮子；这是蝶翅，那是大紫袍……名目花色多得很。后来他攀着一棵茶树的小干枝说："这叫童子面，花期迟，刚打骨朵，开起来颜色深红，倒是最好看的。"

我就问："古语说：看花容易栽花难——栽培茶花一定也很难吧？"

普之仁答道："不很难，也不容易。茶花这东西有点特性，水壤气候，事事都得细心。又怕风，又怕晒，最喜欢半阴半阳。顶讨厌的是虫子。有一种钻心虫，钻进一条去，花就死了。一年四季，不知得操多少心呢。"

我又问道："一棵茶花活不长吧？"

普之仁说："活得可长啦。华庭寺有棵松子鳞，是明朝的，五百多年了，一开花，能开一千多朵。"

我不觉噢了一声：想不到华庭寺见的那棵茶花来历这样大。

普之仁误会我的意思，赶紧说："你不信么？大理地面还有一棵更老的呢，听老人讲，上千年了，开起花来，满树数不清数，都叫万朵茶。树干子那样粗，几个人都搂不过来。"说着他伸出两臂，做个搂抱的姿势。

我热切地望着他的手，那双手满是茧子，沾着新鲜的泥土。我又望着他的脸，他的眼角刻着很深的皱纹，不必多问他的身世，猜得出他是个曾经忧患的中年人。如果他离开你，走进人丛里去，立刻便消逝了，再也不容易寻到他——他就是这样一个极其普通的劳动者。然而正是这样的人，整月整年，劳心劳力，拿出全部精力培植着花木，美化我们的生活。美就是这样创造出来的。

正在这时，恰巧有一群小孩也来看茶花，一个个仰着鲜红的小脸，甜蜜蜜地笑着，唧唧喳喳叫个不休。

我说："童子面茶花开了。"

普之仁愣了愣，立时省悟过来，笑着说："真的呢，再没有比这种童子面更好看的茶花了。"

一个念头忽然跳进我的脑子，我得到一幅画的构思。如果用最浓最艳的朱红，画一大朵含露乍开的童子面茶花，岂不正可以象征着祖国的面貌？我把这个简单的构思记下来，寄给远在国外的那位丹青能手，也许她肯再斟酌一番，为我画一幅画儿吧。

赏析：这篇散文，有诗歌般的语言，清丽曼妙，又有着曲折的叙事性，娓娓道来。本文写茶花，而通过梅花、玉兰进而烘托，布局十分精巧。同时全文起承转合，步步深入写出题旨：通过茶花托物言志，写出对在万千劳动人民的建设下日新月异、鹏程万里的祖国热爱之情。

语言上，杨朔认为"好的散文就是一首诗"，他曾说过："我在写每篇文章时，'常常在寻求诗的意境'"，并明确提出了散文"诗化"的主张。而这篇散文连散文家冰心也由衷赞许："称得上一清如水，朴素简洁，清新俊逸，遂使人低徊吟诵，不能去怀。"

【探索学习1-5】阅读并赏析《孤独的声音》(刘亮程)

有一种鸟，对人怀有很深的敌意。我不知道这种鸟叫什么。它们常站在牛背上捉虱子吃，在羊身上跳来跳去，一见人便远远飞开。

还爱欺负人，在人头上拉鸟屎。

它们成群盘飞在人头顶上，发出悦耳的叫声。人陶醉其中，冷不防，一泡鸟屎落在头上。人莫名其妙，抬头看天上，没等看清，又一泡鸟屎落在嘴上或鼻梁上。人生气了，捡一个土块往天上扔，鸟便一飞不见了。

还有一种鸟喜欢亲近人，对人说鸟语。

那天我扛着锨站在埂子上，一只鸟飞过来，落在我的锨把上，我扭头看着它，是只挺大的灰鸟。我一伸手就能抓住它。但我没伸手。灰鸟站稳后便对着我的耳朵说起鸟语，声音很急切，一句接一句，像在讲一件事、一种道理。我认真地听着，一动不动。灰鸟不停地叫了半个小时，最后声音沙哑地飞走了。

以后几天我又在别处看见这只鸟，依旧单单的一只。有时落在土块上，有时站在一个枯树枝上，不住地叫。还是给我说过的那些鸟语。只是声音更沙哑了。

离开野地后，我再没见过和那只灰鸟一样的鸟。这种鸟可能就剩下那一只了，它没有了同类，希望找一个能听懂它话语的生命。它曾经找到了我，在我耳边说了那么多动听的鸟语。可我，只是个种地的农民，没在天上飞过，没在高高的树枝上站过。我怎会听懂鸟说的事情呢？

不知那只鸟最后找到知音了没有。听过它孤独鸟语的一个人，却从此默默无声。多少年后，这种孤独的声音出现在他的声音中。

练一练：本文短小精悍却意味无穷，请从语言风格、文章结构、表现手法等方面进行赏析。

（二）小说鉴赏

小说与诗歌、散文、戏剧并称"四大文学体裁"。小说是以塑造人物形象为中心，通过完整的故事情节和具体的环境描写，展示人物的思想情感和性格特征，从而广泛而深刻地反映社会生活的一种文学体裁。根据篇幅的长短，小说可分为长篇、中篇、短篇以及微型小说。根据内容的不同，小说可以分为历史小说、科幻小说、武侠小说等。

"小说"一词最早出现于《庄子·外物》："饰小说以干县令，其于大达亦远矣。"中国古代小说有两个系统，即文言小说系统和白话小说系统，魏晋时期只有文言小说，白话小说成熟的形态是宋元话本。①

情节、人物和环境是小说的三大要素。故事情节是小说的第一要素，情节是人物性格发展的历史，是展现人物性格，行为、思想、感情和心理状态的重要手段。塑造人物是小说的重要任务，经典的人物形象会让读者更好地进入小说的情境当中。而环境描写则包括历史背景、时代特征、人情风俗、自然景物等方面。小说的人与情节总是处在特定的环境中，因此环境描写与小说人物、情节的描写相互作用、相互影响。

与其他文学样式相比，小说的容量较大，它可以细致地展现人物性格和人物命运，可以表现错综复杂的矛盾冲突，同时还可以描述人物所处的社会生活环境。其优势是可以提供整体的、广阔的社会生活。

【案例精讲】《静》（沈从文）

女孩子岳珉年纪约十四岁左右，有一张营养不良的小小白脸，穿着新上身不久长可齐膝的蓝布袍子，正在后楼屋顶晒台上，与北生倚在朽烂发霉摇摇欲堕的栏杆旁，数天上的大小风筝。晒楼后面是一道小河，河水又清又软，很温柔地流着。河对面有一块碧绿的大坪，上面还绣得有各样颜色的花朵。大坪远处，可以看到好些菜园同一个小庙。菜园篱笆旁的桃花、同庵堂里几株桃花，正开得十分热闹。

日头十分温暖，景象极其沉静，两个人一句话不说，望着远处。小孩子快乐得如痴，女孩子似乎想到很远的一些别的东西。

他们是逃难来的，这地方并不是家乡，也不是所要到的地方。母亲，大嫂，姐姐，姐姐的儿子北生，小丫头翠云。一群人中，就只五岁大的北生是男子。他们要去的地方被围困了，过上海或过南京的船车全已不能开行。

他们不能前行但又不能再回去，因此照妈妈的主张，就找寻了这样一间屋子权且居住下来，打发随来的兵士过宜昌，去信给北京同上海，等候各方面的

---

①袁行霈，罗宗强. 中国文学史（第三卷）[M].3版. 北京：高等教育出版社，2014.

回信。爸爸是一个军部的军事代表。大哥也是个军官。

母亲原是一个多病的人,到此一月来各处还无回信,路费剩下来的已有限得很,身体原来就很坏,加之路上又十分辛苦,自然就更坏了。

想着母亲的病和一直没有消息的爸爸,岳珉的眼神落在了外面的河上。河中有一只渡船,懒懒地搁在滩上。常常半天还不见一个人过渡。守渡船的人,这时正躺在大坪中大石块上睡觉。那船在太阳下,灰白憔悴,也如十分无聊十分倦怠的样子,浮在水面上,慢慢地在微风里滑动。

"为什么这样清静?"女孩岳珉心里想着。这时节,对河远处却正有制船工人,用钉锤敲打船舷,发出硺硺庞庞的声音。还有卖针线飘乡的人,在对河小村镇上,摇动小鼓的声音。声音不断地在空气中荡漾,正因为这些声音,却反而使人觉得更加分外寂静。

岳珉到房里去时,看到躺在床上的母亲,静静的如一个死人,很柔弱很安静地呼吸着,又瘦又狭的脸上,为一种疲劳忧愁所笼罩。母亲像是已醒过一会儿了,一听到有人在房中走路,就睁开了眼睛。

岳珉望到母亲日益消瘦下去的脸,同那个小小的鼻子,女孩岳珉说:"妈,妈,天气好极了,晒楼上望到对河那小庵堂里桃花,今天已全开了。"

病人不说什么,微微地笑着。

"你咳嗽不好一点吗?"

"好了好了,不要紧的,人不吃亏。早上吃鱼,喉头稍稍有点火,不要紧的。"

这样问答着,女孩便想走过去,看看枕边那个小小痰盂。

病人忙说:"珉珉你站着莫动,我看看,这个月你又长高了!"

女孩岳珉害羞似的笑着,"我不像竹子罢,妈妈。我担心得很,人太高了,要笑人的!"

静了一会,母亲记起什么了。

"珉珉我做了个好梦,梦到我们已经上了船,三等舱里人挤得不成样子。"

其实这梦还是病人捏造的,因为记忆力乱乱的,故第二次又来说着。

女孩岳珉望到母亲同蜡做成一样的小脸,就勉强笑着,"我昨晚当真梦到大船。今早上喜鹊叫了半天,我们算算看,今天爸爸会不会有信来。"

"今天不来明天应来了!"

两人故意这样乐观地说着,互相哄着对面那一个人,口上虽那么说着,女孩岳珉心里却那么想着:"妈妈的病怎么办?"

病人自己也心里想着:"这样病下去真糟。"

姐姐同嫂嫂从城北回来了,两人正在天井里悄悄地说着话。

病人在房里咳嗽不止,姐姐同大嫂便进去了。女孩岳珉在天井中看了一会日影,走到病人房门口望望。只见到大嫂正在裁纸,大姐坐在床边,想检察那小痰盂,母亲先是不允许,用手拦阻,后来大姐仍然见到了,只是摇头。女孩岳珉不知为什么,心里尽是酸酸的,站在天井里,同谁生气似的,红了眼睛,咬着嘴唇。她上了晒楼,仍然在栏杆边傍着,眺望到一切远处近处,心里慢慢地就平静了。

这时听到隔壁有人拍门,有人互相问答说话。女孩岳珉心里很希奇地想到:"谁在问谁?莫非爸爸同哥哥来了,在门前问门牌号数罢?"这样想到,心便骤然跳跃起来,忙匆匆地走到二门边去,只等候有什么人拍门拉铃子,就一定是远处来的人了。

可是,过一会儿,一切又都寂静了。

女孩岳珉便不知所谓地微微地笑着。日影斜斜的,把屋角同晒楼柱头的影子,映到天井角上,恰恰如另外一个地方,竖立在她们所等候的那个爸爸坟上一面纸制的旗帜。

赏析:《静》这篇小说是沈从文先生在1932年写的早期短篇小说之一。著名文学评论家夏志清在评点《静》时说:"三十年代的中国作家,再没有别人能在相同的篇幅内,写出一篇如此有象征意味如此感情丰富的小说来。"在这篇小说中沈从文利用描写情景的印象派手法,淡化了情节,淡化了时间,反而给人内心更深层次的震撼。同时小说运用诗一般的语言讲述战争中的人与事,散文化的行文,被称为"糅散文和小说故事为一""成为现代中国小说一格""自成一个新的型式"。

小说的艺术特征有以下几点。

首先，是悲剧氛围的营造。小说的题目是《静》，"静"表面上指的是景色、气氛，实际上象征这个逃难人家的困境和岳珉寂寞的内心。愤怒被艺术化，藏在农村静穆的和平里。作者巧妙地运用了衬托的手法，尽管小说发生的背景有着秀美的风光、安详的风土人情，读者还是感到一种压抑且悲凉的氛围。并且在两者的对比中更凸显了这种气氛。

其次，《静》的特点表现在情节的淡化及含蓄的技巧上。这篇小说几乎没有严格意义上的故事，更没有事件，多的只是场景和细节的刻画。作者巧妙地运用小姑娘的视角，将外面的世界和家中的天地、逃难的原因和当下的状态有机地结合起来，使其成为一个完美的整体。《静》的感情是内敛的。结尾小姑娘"不知所谓地微微地笑"戛然而止，没有把她们将遭受的悲惨结局呈现给读者，给读者留下无穷的想象余地，使文章的内涵更加丰富。情节淡化使小说线索单纯，人物视角的插入有利于内容的完整表达及内敛情感，含蓄的表达技巧让文章充满一种节制的美感。

最后，沉重的主题隐藏在牧歌式的生活图景背后，丰厚的内容融合在含蓄的技巧之中，而把战乱和死亡埋在如此华美的外衣下，是一种反衬或衬托，令人唏嘘不已。

【探索学习1-6】阅读并赏析《最后一片叶子》

请阅读欧·亨利的短篇小说《最后一片叶子》，从创作背景、语言风格、主题思想等方面对小说进行鉴赏。

（三）诗歌鉴赏

诗歌是一种充满节奏、韵律的语言，它充满诗人的情感与想象，以凝练的语言与适时的断句，高度集中地抒发诗人思想情感与反映社会现实。因前面的知识单元已经对古代诗歌作品有较充分的讲述，在此部分仅以现代诗鉴赏举例。现代诗歌与古体诗最大的区别在于，现代诗的形式与内容更加自由，打破了古体诗格律的束缚。因此，鉴赏现代诗歌需要把握以下几个方面。

第一，品味诗歌的语言。现代诗语言凝练含蓄，意境的营造、艺术形象的塑造、诗人想要抒发的情感，都通过语言来传递，因此诗歌是需要反复吟诵，感受诗歌韵律的。例如诗人张枣在《镜中》写道：望着窗外，只要想起一生中后悔的事，梅花便落满了南山。诗人冷静如铁的语言中，情感却如大雪般浓烈。

第二，体会诗歌的意象与意境。意象是诗人为表达自己的情感把客观事物经过重新提炼组合产生的一种含有特定意义的艺术形象。例如海子的诗歌《德令哈》：今夜青稞只属于她自己 / 一切都在生长 / 今夜我只有美丽的戈壁 空空 / 姐姐，今夜我不关心人类，我只想你。诗中的"姐姐"是诗人的寄情对象，也是诗歌中的意象，她的内涵是丰富的，通过"姐姐"，诗人的精神得到慰藉，表达了诗人孤独又复杂的情感。

除了意象，诗歌的意境也是迷人的。诗歌的意境是透过意象营造的，它蕴含着诗歌的思想情感与诗人的感受。意境是作者在诗作中所创造的一幅画面，这幅画面凝聚着作者独特的情思，它是读者获得审美趣味的基石。例如胡适在《鸽子》中写道：云淡天高，好一片晚秋天气 / 有一群鸽子，在空中游戏 / 看它们三三两两，回环来往，夷犹如意 / 忽地里，翻身映日，白羽衬青天，十分鲜丽！作者抓住鸽子飞翔的动态，使诗歌具有极其亮丽的色彩之美，意境恬静优美，读后给人以审美的快感。

第三，把握诗歌的情感。诗歌是抒情的艺术，情感是诗歌的基础。因此阅读诗歌时，走进情感的世界能够让人感受到诗歌之美。同时诗歌与其他文学作品一样，都是反映现实生活的，所以不同的时代也会表现不同的思想情感，因此理解诗歌的情感还需要考虑诗歌的类别、风格流派、时代背景等因素，例如现实主义诗歌与浪漫主义诗歌在情感表达上就有一定的区别。

第四，了解诗歌创作的艺术手法。诗歌创作的艺术手法同其他文学作品有相同的地方，包括拟人、比喻、夸张、对比、象征以及虚实结合、托物言志等。例如冰心在《春水·三三》中写道：墙角的花 / 你孤芳自赏时 / 天地便小了。诗人用拟人的手法，将花朵比作人生，告诉我们要把眼界放宽、切莫孤芳自赏。因此，在诗歌鉴赏的时候要把握诗人创作时的艺术手法，才能准确体会到诗歌的内涵与蕴意。

【案例精讲】《致橡树》（舒婷）

> 我如果爱你——
> 绝不像攀援的凌霄花，
> 借你的高枝炫耀自己；
> 我如果爱你——
> 绝不学痴情的鸟儿，
> 为绿荫重复单调的歌曲；
> 也不止像泉源，
> 常年送来清凉的慰藉；
> 也不止像险峰，
> 增加你的高度，衬托你的威仪。
> 甚至日光，
> 甚至春雨，
> 不，这些都还不够！
> 我必须是你近旁的一株木棉，
> 作为树的形像和你站在一起。
> 根，紧握在地下；
> 叶，相触在云里。
> 每一阵风过，
> 我们都互相致意，
> 但没有人，
> 听懂我们的言语。
> 你有你的铜枝铁干，
> 像刀，像剑，也像戟；

我有我红硕的花朵,

像沉重的叹息,

又像英勇的火炬。

我们分担寒潮、风雷、霹雳;

我们共享雾霭、流岚、虹霓。

仿佛永远分离,

却又终身相依。

这才是伟大的爱情,

坚贞就在这里:

爱——

不仅爱你伟岸的身躯,

也爱你坚持的位置,足下的土地。

赏析:《致橡树》是舒婷于1977年3月创作的一首爱情诗,是朦胧诗派的代表作之一,作为新时期文学的发轫之作,《致橡树》在文学史上的地位是不言自明的。

诗人以"木棉"和"橡树"作为象征,表达了一个更深刻的主题:通过木棉树对橡树的"告白",来否定世俗的、不平等的爱情观,呼唤自由、平等独立、风雨同舟的爱情观,喊出了爱情中男女平等、心心相印的口号,发出新时代女性的独立宣言,表达了一种人格独立与尊严的肯定。正如她自己所说的:"今天,人们迫切需要尊重、信任与温暖。我尽可能用诗来表现我对'人'的一种关怀。"

【自主学习1-5】朦胧诗派

从1980年开始,诗坛出现了一个新的诗派,被称为朦胧诗派。朦胧诗派并没有形成统一的组织形式,也未曾发表宣言,然而却以各自独立又呈现出共性的艺术主张和创作实绩,构成一个"崛起的诗群"。朦胧诗派的新老代表有:

北岛、顾城、舒婷、食指、江河、杨炼、梁小斌、芒克、海子、牧野等。

【探索学习 1-7】阅读并赏析《我喜欢你是寂静的》

《我喜欢你是寂静的》这首诗选自诗歌集《二十首情诗和一首绝望的歌》，这本诗集是聂鲁达最广为人知的作品。这些诗作讲述了爱情对人的折磨，主人公永远在拥有与失去间徘徊，维持他的是对爱情的渴望与对痛苦的强烈感知。请从诗歌的语言风格、诗歌情感、艺术创作手法等方面对这首诗歌进行赏析。

二、如何品味艺术之美

（一）书法鉴赏

如何鉴赏书法作品？当代书家白蕉说："学习的标准，就可以作为欣赏的标准。"

书法的点画线条具有无限的表现力，要求具有力量感、节奏感并对字的空间结构、神采气韵有特殊要求。

1. 力量感

点画线条的力量感是线条美的要素之一。早在汉代，蔡邕《九势》就对点画线条做出了专门的研究，指出"藏头护尾，力在字中""令笔心常在点画中行"。点画有往必收、有始有终，便于展示力度。欣赏时，既要注意起止的承接和呼应，又要注意笔画行笔过程的浑圆淳和。

2. 节奏感

由于在创作过程中运笔用力大小以及速度快慢不同，产生了轻重、粗细、长短、大小等不同形态的有规律的交替变化，使书法的点画线条产生了节奏。一般而言，静态的书体（如篆书、隶书、楷书）节奏感较弱，动态的书体（如行书、草书）节奏感较强，变化也较为丰富。

3. 空间结构

单字的结体要求整齐平正、长短合度、疏密均衡，整行上下承接、呼应连贯，书法作品中集点成字、连字成行、集行成章，并由此构成了书法作品的整体布局。

4. 神采气韵

南朝书家王僧虔在《笔意赞》中说："神采为上，形质次之，兼之者方可绍于古人"，可见书法作品的形神兼备是艺术审美的重中之重。

【案例精讲】陆机《平复帖》

《平复帖》是晋代文学家、书法家陆机创作的书法作品（见图1-3），牙色麻纸墨迹，现收藏于北京故宫博物院。

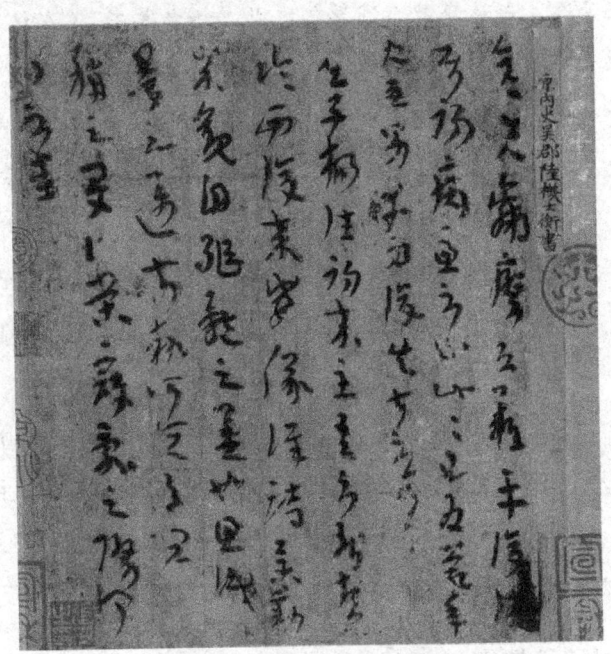

图1-3　陆机《平复帖》

《平复帖》是陆机写给一个身体多病、难以痊愈的友人的一个信札，因其中有"恐难平复"字样，故名。它是作者用秃笔写于麻纸之上，其笔意婉转，风格平淡质朴。从通篇空间结构来看，排版布局上下承接，字态因势而变，错落有致，气韵贯通而生动。

【自主学习1-6】书法小知识

汉字在形成和发展的过程中产生了5种主要字体：真、草、隶、篆、行。

真书，又称楷书。真书方便书写、标准固定、结构严密、形体方正、易认易识，为人们所乐于接受。真书的应用范围广泛，书写时可大可小，又有小楷、中楷、大楷、榜书等不同的功用和称呼。代表书法家有欧阳询、颜真卿、柳公权、赵孟頫等。

草书，在隶书基础上演变而来，始于汉初，其特点是"存字之梗概，损隶之规矩，纵任奔逸，赴速急就，因草创之意，谓之草书"（东汉许慎《说文解字》）。代表书法家有张旭、怀素等。

隶书，是从篆书演变而来的一种字体。它简化了篆书的繁难字形，书写时比篆书方便，为以后真书的发展打下了基础。代表作品有《曹全碑》《张迁碑》等。

篆书，一般包括大篆与小篆两种字体，大篆包括甲骨文、金文、籀文、石鼓文等，小篆是秦国宰相李斯的书法精品，也是秦始皇实施"书同文"所采用的字体。

行书，介于真书和草书之间，比真书书写起来迅速，比草书字体容易认识，在日常应用和书法活动中被大量使用。王羲之的《兰亭序》被赞誉为"天下第一行书"，颜真卿的《祭侄文稿》被称为"天下第二行书"，苏轼的《黄州寒食帖》被称为"天下第三行书"。

（二）中国画鉴赏

南朝齐画家、理论家谢赫在《古画品录》中，依据创作实践归纳整理的绘画社会功能以及品评绘画的 6 条标准，被称为"六法"，分别为：气韵生动、骨法用笔、应物象形、随类赋彩、经营位置、传移模写。

【探索学习 1-8】思考与探索：何为"气韵生动"

在前面我们提到了南朝书家王僧虔提出的"神采为上，形质次之，兼之者方可绍于古人"，请试以齐白石的"蛙声十里出山泉"中国画为例，说一说什么是"气韵生动"。

【案例精讲】倪瓒的画

元末明初画家、诗人倪瓒善画山水和墨竹，师法董源，受赵孟頫影响，早年画风清润，晚年变法，平淡天真。

《渔庄秋霁图》为倪瓒创作的一幅纸本水墨画，现藏于上海博物馆（见图1-4）。画面描绘江南渔村秋景。近处六株树木挺劲，参差有致。中景为水平如镜的湖面。远景描摹平缓的山峦，和近处的树木遥相呼应，在烟雾的笼罩下，只露出半截山头，或隐或现。

图 1-4　倪瓒《渔庄秋霁图》

图上有题画诗：江城风雨歇，笔研晚生凉。囊楮未埋没，悲歌何慨慷。秋山翠冉冉，湖水玉汪汪。郑重张高士，闲披对石床。

当代书画家陈振濂评价《渔庄秋霁图》是倪瓒艺术格局中的定鼎之作，也是他的技法发挥得最称极致的得意之作。

总之，中国画是中国民族传统绘画，凝聚着中华民族的智慧、性格和气质。按题材可分为人物、山水、花鸟等，按技法可分为工笔和写意。

（三）油画鉴赏

油画按创作体裁，可以分为风景画、人物肖像画、静物画等。造型与色彩是油画鉴赏的核心要素。油画造型艺术通过颜料、画布等媒介塑造物体特有形象，创作出可视的视觉形象。绘画中色彩的艺术调和、构图、节奏韵律等方面也是鉴赏油画的切入点。

油画主要是由造型、光线和色彩来表现物象。油画颜料覆盖力强，颜料可以逐层覆盖，使绘画产生立体感。

【自主学习 1-7】鉴赏油画的要点

油画艺术既可以通过客观再现进行创作，也能以主观表现为主来传递作者的内心独白。那么，鉴赏油画有没有规律可循？我们可以通过以下要点来进行探索。

第一，观察画面时，从整体效果和光影感受来分析画作，结合艺术鉴赏经验来分析造型特征。

第二，了解作品的创作背景，结合时代特征及流派来进行深入解读，客观评价，并建构立体的鉴赏评价体系。

第三，了解作者传达的意图，寻找共鸣。

素养提升单元：走进文艺世界

【案例导入】《怪作家：从席勒的烂苹果到奥康纳的甜牙》（[美]西莉亚·布鲁·约翰逊）

那种气味，对席勒有益，对我则像毒药。

——歌德《歌德谈话录》

据歌德说，他与席勒截然相反，甚至在写作习惯上。席勒去世二十年后，他向传记作者艾克曼回忆起两人的不同。他讲了一个非常奇怪的事情，来反映这种差异有多大。

有一次，他顺道去拜访席勒，发现这位朋友出去了，便决定等他回来。这一小段等待的空闲，多产的诗人没有浪费，而是坐在席勒的书桌前，匆匆记下些笔记。这时，一股奇怪的恶臭使他不得不停下。不知怎的，有一股难闻的气味渗入了这个房间。

歌德循着气味找到了源头，实际上就在他坐着的地方。气味散发自席勒书桌的一个抽屉。歌德弯腰打开抽屉，发现里面有一堆烂苹果。迎面扑来的气味如此有冲劲，把歌德弄得头晕。他赶紧走到窗户跟前，去呼吸新鲜空气。对于发现的垃圾，歌德自然很好奇，但席勒的妻子夏洛特提供的实情只能令人咋舌：席勒有意将苹果放坏。这种"芳香"不知怎的，能带给他灵感。而据他的配偶说，"没有它，他就没法生活或写作"。

……

为了确保奋笔疾书时无人突然造访，席勒通常在晚上写作。在星辰升起、可能的来访者熟睡之时，他会工作上数小时。他的身体对上夜班发出抗议，睡意不可避免，但疲倦的痛苦不是他的对手。夜里写作时，他会用浓烈的咖啡来提神。有时，如果实在困极了，就需要采取更极端的行为。为避免在桌子上睡着，席勒会将双脚放进一桶冷水里。

如果听到席勒为了在夜里保持清醒这么费周折，他的邻居可能会吃惊。1797年，席勒在德国耶拿西郊买了一栋房子。花园里有一座两层的塔楼，夏天的几个月，他在这里工作。他的书房就在这座方形建筑的二楼。深夜，邻居们会听到席勒一边大声说话，一边来回踱步，思索着他的下一行诗。这种活跃的写作过程，会持续到大约凌晨三点到五点。

席勒并不总在夜里写作。如果在白天拿起笔，他会把房间弄得很昏暗。书房的红窗帘依然闭掩。阳光透过织物照进来，为工作提供了一个亮度很低的环境。在塑造环境以适合他的创作需要方面，席勒是个大师。窗帘、苹果、咖啡……都可以成为这位剧作家写作时的"道具"。随着红窗帘在书房的起与落，各色作品在纸上登场。

……

罗伯特·弗罗斯特在夜晚写作，同样是被创造力驱使，尽管他骨子里害怕黑暗。这种恐惧症困扰了弗罗斯特整整一生，以致他都十几岁了，还要睡在母亲的房间。多年以后，已经成年的弗罗斯特在走进自家大门之前，还要别人先为他开灯。不过，尽管有着惊恐，他却选择在夜里写作。

一、遨游文学之海

文学离我们远吗？我们也可以进行文学创作吗？其实文学离我们并不远，当我们有一颗善于思考的心、一双爱观察的眼睛，创作的情思就会在侧耳倾听时、四时更迭时、日落日升时涌现。

通过阅读上面的小故事，可以看出文学作品的诞生与作家有着密不可分的关系，文学作品凝结着作者的思想结晶。对此你有什么想法呢？在这个单元，我们在学习了文学史、文学相关知识后，将开始探索如何进行文学创作，将自己对于生命的思考落于纸面。

（一）如何进行文学创作

1. 写作与文学创作

写作是人类特有的一种传播行为，是人以语言文字为手段，把对客观世界的思想、感情和认识表现出来的一种创造精神产品（文章）的思维活动。

写作有广义与狭义之分。广义的写作是指一切运用书面语言表情达意的传播行为，包括用不同的文体、不同的篇幅写成的文章或作品；狭义的写作专指文学创作，即诗歌、散文、小说和剧本等创作。[①]而我们要学习的便是狭义的写作，即文学创作。

2. 文学创作的意义

法国作家埃莱娜·西苏曾写道：为了留住那逝而不返的一切，人必须通过写作或相当于写作的任何工作，想方设法向已逝的一切伸出救援之手。因此，写作乃是一个生命与拯救的问题。写作像影子一样追随着生命。延伸着生命，倾听着生命，铭记着生命。写作是一个终人之一生一刻也不放弃对生命观照的问题，这是一项无边无际的工作，因此写作是一项重要的生命活动。人类具有表达与倾诉的本能，文学创作也是一种生理性的需要，在这个文字愈来愈密集的社会，我们需要一定的读写技巧。同时它还有信息性需要，例如通过写作来促进认识、传播、交流，以及心理性需要，即获得个体性的自我表现与满足感。"情动于中，故形于声，声成文"，我们总能有感而发，这是实践性需要。最后是成就性需要，通过写作可以让我们实现社会性的自我认定与群体认同，在现实生活中，写作实现了个体介入社会、参与改造、塑造现实的意义。

那么，在文学创作之前我们需要准备什么，具备什么样的素养呢？

3. 文学创作主体素养

20世纪50年代《人民日报》发表过一篇诗作，其中一句是"熊熊的高炉迸射出钢花"。过了三天，《人民日报》刊出一封技术员的来信，指出：高炉并

[①] 尹相如. 写作教程 [M]. 2版. 北京：高等教育出版社，2016.

不炼钢，炼的是铁；炼钢的是平炉或转炉。郭雪波的小说《沙狐》开篇渲染科尔沁的荒凉，说"一千三百万平方公里的瀚海"，他忘了，编辑也没记住，整个中国的版图只有九百六十万平方公里！

看到这两则小故事，你有什么感想？

素质通常是指一个人通过综合的精神状态和行为方式所表现出来的素养。文学创作素养就是作者围绕文章的选材、运思、表达等活动表现出的素养，它是写作主体思想意识、文化水平、价值观念、思维方式、生活积累的综合反映。写作主体的素质主要包括生活素养、学识修养、人格品位和审美理想四个方面。①

写作主体要具有一定的生活素养，扩大视野、丰富阅历，加深对事物的认识，写起文章来才会得心应手。同时写作主体还应广泛涉猎，勤加学习提高学识修养。《红楼梦》之所以被称为中国社会的"百科全书"，就是因为这部巨著几乎涉及了社会生活各个方面的知识，除了故事情节外，大凡诗词歌赋、琴棋书画、建筑装饰、花鸟鱼虫等无不应有尽有。没有深厚的文化知识素养，曹雪芹就无法写出这样的巨著。而写作主体的人格品位以及审美理想，则会直接关系到作品的品位以及审美。

4. 文学创作的过程

对于写作动机，不同的作家有着不同的诠释。英国作家威廉·博伊德在采访中说：我写作，因为我乐意写。许久之前，还在我十四五岁之时，就萌发了想当一名作家的强烈念头。这些年来，我总不相信我具有写作能力，仅仅是梦想罢了。所以说，首次发表作品，使梦想一下子变为现实，这是多么的重要。我认为，写作的真正原因，并不在已成为作家的声言中，而存在于其青春时代的梦幻中。还有作家说：我写作，是因为我愿把内心深处无声的痛苦用文字表达出来。而作家巴金则说：我写作不是我有才华，而是我有感情。

文学创作的过程分为两个阶段：首先是写作动机，其次是材料收集。

---

① 尹相如. 写作教程 [M]. 2 版. 北京：高等教育出版社，2016.

写作动机是一种内驱力，它是驱使作家投入文学创作活动的内在动力。它具有自发性与自觉性的双重心理特征。

材料的收集也就是写作素材的收集，这种收集十分重要，因为材料是形成正确认识的前提。列宁就曾指出："《资本论》不是别的，正是'把堆积如山的实际材料总结为几点概括的、彼此紧相联系的思想'。"达尔文曾环球旅行5年，亲自考察了世界各地的生物，掌握了大量第一手资料，经过分析、研究，逐步获得对物种起源的科学认识，才写出了《物种起源》等科学论著。

那么，要如何进行材料的收集？

（1）善于观察。

福楼拜曾经训练他的学生莫泊桑："当你走过一个坐在自己店门前的杂货商面前，走过一个吸着烟斗的守门人面前，走过一个马车站面前时，请你给我描绘一下这个杂货商和这个看门人，他们的姿态，他们整个的身体外貌，要用画家的手腕传达出他们全部的精神本质，使我不至于把他们和任何别的杂货商人、任何别的守门人混同起来。还请你用一句话就让我知道马车站有一匹马和它前后五十来匹是不一样的。"

这说明了什么问题？观察是写作主体必须掌握的一种最基本的能力，它对文学创作具有特殊的作用，它是收集创作材料的重要途径，它能激发写作动机和灵感。但文学创作者的观察并不是漫无目的的，而是基于一定的写作动机、写作目的而进行的有目标的观察。观察的对象与写作的目标具有一定的对应性。

观察的方法有以下几种。

一是敏感地捕捉事物的特征。首先我们可以点带面，观察事物要抓住重点，也要具有整体感、立体感；其次我们要着眼特殊，观察事物要抓住特征，把握细节，追求细节的圆满。

二是比较观察。是指将某一观察对象与其他观察对象进行比较，从而获得更准确的观察结果。比较观察有两种形式，一种是横比，即比较不同观察对象在同一时期或同一环境之下的异同，另一种是纵比，即比较同一事物在不同时期的异同。

三是定位观察。即写作主体确立某一观察点，从这一特定的位置、角度对事物做观察。例如余秋雨的《这里真安静》就是采用这种定位观察法。常用的观察点有鸟瞰式、分解式和聚焦法。

四是移位观察。即写作主体变换观察的距离与角度，例如刘白羽的《长江三日》。①

【探索学习1-9】观察方法辨析

（祥林嫂第一次死了丈夫，来到鲁镇。）

有一年的冬初，四叔家里要换女工，做中人的卫老婆子带她进来了，头上扎着白头绳，乌裙，蓝夹袄，月白背心，年纪大约二十六七，脸色青黄，但两颊却还是红的。卫老婆子叫她祥林嫂，说是自己家的邻舍，死了当家人，所以出来做工了。四叔皱了皱眉，四婶已经知道了他的意思，是在讨厌她是一个寡妇。但看她模样还周正，手脚都壮大，又只是顺着眼，不开一句口，很象一个安分耐劳的人，便不管四叔的皱眉，将她留下了。试工期内，她整天地做，似乎闲着就无聊，又有力，简直抵得过一个男子。

……

（祥林嫂第二次死了丈夫，再到鲁镇。）

她仍然头上扎着白头绳，乌裙，蓝夹袄，月白背心，脸色青黄，只是两颊上已经消失了血色，顺着眼，眼角上带些泪痕，眼光也没有先前那样精神了。

……

（祥林嫂被赶出鲁家，沦为乞丐后。）

五年前的花白的头发，即今已经全白，全不象四十上下的人；脸上瘦削不堪，黄中带黑，而且消尽了先前悲哀的神色，仿佛是木刻似的；只有那眼珠间或一轮，还可以表示她是一个活物。她一手提着竹篮，内中一个破碗，空的；一手拄着一支比她更长的竹竿，下端开了裂，她分明已经纯乎是一个乞丐了。

（鲁迅：《祝福》）

---

①尹相如. 写作教程[M]. 2版. 北京：高等教育出版社，2016.

想一想：以上文章片段，使用了什么样的观察方法？

（2）调查收集。

调查也是材料收集中非常重要的一种方式。它是一种通过向他人了解情况来获得写作素材的采集方式。写作主题可以通过调查问卷、采访、提问等方法进行调查收集。

（3）阅读整理。

阅读是写作的基础。阅读可以让写作主体获取各类写作材料，同时涉猎广泛可以拓宽写作主体视野，提高写作能力。朱光潜在《谈读书》中说："书籍是过去人类的精神遗产的宝库，也可以说是人类文化学术前进轨迹上的里程碑……读书是要清算过去人类成就的总账，把几千年的人类思想经验在短促的几十年内重温一遍，把过去无数亿万人辛苦获来的知识教训，集中到读者一个人身上去受用。有了这种准备，一个人才能在学问途径上作万里长征，去发现新的世界。"

最后，当我们明确了写作动机，并且进行材料的收集后，我们便可以开始文学的创作。因此可以把文学创作的过程概括如下：摄取阶段（物）→运思阶段（意）→成文阶段（文）。

（二）文学创作思维培养

苏格拉底曾说过："诗人写诗并不是凭智慧，而是一种天才和灵感。"在了解文学创作的过程之后，我们将开始进行创作思维的训练。思维是人的大脑对客观事物的一种间接的、概括的、能动的反映，它以感觉、知觉为基础，以语言为工具，通过分析、综合、概括等形式，来揭示事物的本质和规律。

1. 创造性思维的培养

写作是一种创造性行为，那么从事写作便需要具备创造性思维。什么是创造性思维？它是突破已有的思维定势与方法，能在揭示事物本质的基础上向人们提供异于他人、优于他人的新思路、方法、认识、成果的思维。创造性思维能力的培养，可以从以下几个方面进行。

（1）发散思维。

发散思维就是作者以一个信息为圆心向四周进行发散性思考的思维活动（见图1-5），又称多向思维、求异思维，强调思维的灵活和知识的迁移，以求得与众不同的思维结果。英国女作家伍尔芙的小说《墙上的斑点》，就是运用辐射扩散的思维方式进行写作的。

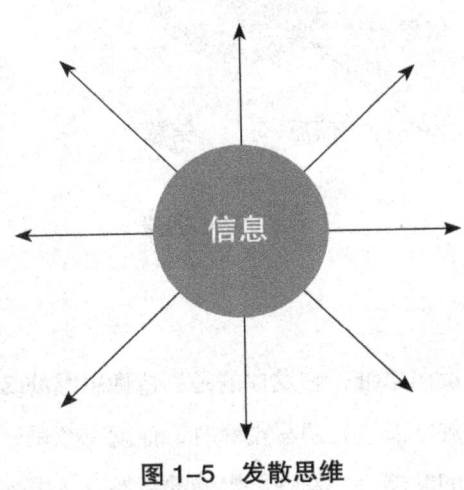

图1-5 发散思维

【探索学习1-10】定向口述

一人手持一本书，急匆匆地进入校门，一脸的不安……（什么人？为什么？）

定向口述：根据提供的材料，想象事情的来龙去脉。

（2）辐合思维

辐合思维就是作者从若干个不同的信息源开始，由外向内地向一个中心集中的思考活动（见图1-6）。即思维主体把从不同渠道得到的各种信息聚合起来，重新加以组织，像车辐集中于车毂一样，故又称集中思维，也称求同思维。如巴金的《家》：觉新与梅、瑞珏，觉民与琴，觉慧与鸣凤的爱情故事；

诸葛亮神人身份的形成；等等。①

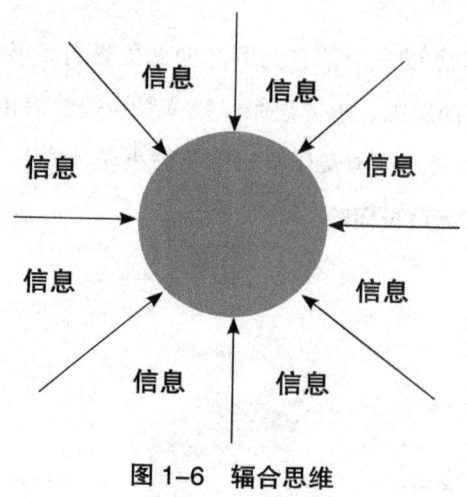

图 1-6　辐合思维

（3）求异思维。

又叫逆向思维、反向思维，它发挥的是创造性思维的多向性特点，打破传统思维定势，悖逆常规常态。杨朔写蜜蜂时，他就有意避开了前人的思路，运用求异思维，寻找新的突破口，发现了蜜蜂的新特点，提炼出了新的主题，写下了《荔枝蜜》这篇散文。

【自主学习 1-8】能救命的思维方式

古希腊哲学家阿那克西米尼跟随亚历山大远征波斯，军队占领莱普沙克斯时，他急于想拯救他的故乡，使它免遭兵燹。一天，他为此进谒国王。可亚历山大早就知道他的来意，未等他开口便说："我对天发誓，决不同意你的请求。""陛下，我请求您下令毁掉莱普沙克斯！"哲学家大声回答说。莱普沙克斯终因他的智慧幸免于难。

你知道这个故事中的哲学家阿那克西米尼运用了什么思维方式吗？

---

① 尹相如 . 写作教程 [M].2 版 . 北京：高等教育出版社，2016.

2. 想象力的开发

【探索学习 1-11】怪字藏诗

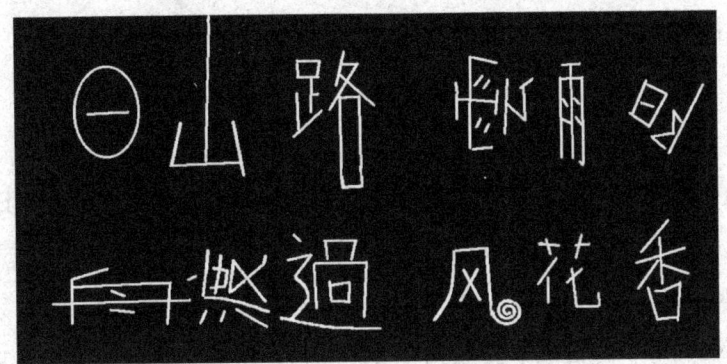

上图的怪字中藏着四句诗句，你能猜出是什么诗句吗？请发挥你的想象力。

德国著名哲学家狄尔泰曾在《论德国诗歌和音乐》一书中写道："最高意义上的诗是在想象中创造一个新的世界。"爱因斯坦也说过："想象力比知识更重要，因为知识是有限的，而想象力概括着世上的一切，推动着知识的进步，并且是知识的源泉。"由此可见，想象力对于写作者来说是非常重要的一项能力。

那么，什么是想象？

想象是人们在头脑中依据现实而构想的奇妙的思维活动，通过想象可以"创造"一个奇妙的精神世界。

【自主学习 1-9】想象小幽默两则

苏轼、苏小妹相互戏谑

小妹额头突出，东坡笑曰："未出前庭三五步，额头先到画堂前。"

小妹又嘲笑东坡下颌之长："去年一点相思泪，今年始流到腮边。"

数字笑话

一天0和8在街上相遇，0不屑地看了8一眼，说:"胖就胖呗，还系什么裤腰带啊!"

0对5说:"你该把肚皮收一收了!"

0碰到9（大吃一惊）:"哎，兄弟，怎么截肢了?"

如何培养想象力?

首先要以丰富的生活为基础，细致观察，掌握事物的特性，在自己的脑海里存储更多的信息，以供想象选择组合。其次要运用创造性思维广泛思考，并且大量阅读，做好知识储备，在写文章的时候，可以运用所存储的表象，多用修辞，多做训练。丰富表象就能提高设想能力，设想能为想象提供真实性，给人以如临其境、如闻其声的感受。设想能丰富想象的内容，为想象的展开提供依据。就如老舍《出口成章》中所写的:"我是一班人，独自扮演许多人物，手舞足蹈，忽男忽女""而有的作家，当他写自己的主人公骑马在森林里游行，风吹得黄叶飒飒飘落的时候，他会感到自己就是马，就是风"。最后，想象要大胆而有新意，具有时代性的同时但也要注意合理。

【自主学习 1-10】品读《乡愁》二首

乡愁（席慕蓉）

故乡的歌是一支清远的笛

总在有月亮的晚上响起

故乡的面貌却是一种模糊的怅惘

仿佛雾里的挥手别离

离别后

乡愁是一棵没有年轮的树

永不老去

乡愁（余光中）

小时候

乡愁是一枚小小的邮票

我在这头

母亲在那头

长大后

乡愁是一张窄窄的船票

我在这头

新娘在那头

后来啊

乡愁是一方矮矮的坟墓

我在外头

母亲在里头

而现在

乡愁是一湾浅浅的海峡

我在这头

大陆在那头

所给两首诗同样写了乡愁，细细读来各有千秋，想想这两首诗都采用了哪些想象？

【探索学习1-12】联想写作练习

请你选一个汉语拼音字母，展开合理的想象和联想，以《"_____"的联想》为题，写一篇作文。

范例："F"的联想（片段）

"F"像一面迎风飘扬的小红旗，那是胜利；"F"像一棵向阳生长的小松树，那是希望；"F"更像爷爷手中的拐杖，那是什么呢？您还得听我说……

二、感悟艺术之美

如果把阅读形容为一场旅行，书本能带领我们到达脚步丈量不到的地方，那么欣赏经典名画则是透过各个窗口去感受世界的多维。接下来，在这个单元我们将对美术作品进行赏析，体会美术作品中的家国情怀、事理哲思以及生命情调。

（一）感受美术作品中的家国情怀

当我们望着祖国的山河，当我们感受家国的日新月异，有一种力量便喷涌而出，这股力量有人将它写在诗里，有人将它展现在画卷上，这股力量就是家国情怀。从古至今，文人骚客都在作品里留下了对于家国的浓烈情感，例如"但使龙城飞将在，不教胡马度阴山""国破山河在，城春草木深"，等等。当我们纵观美术作品，也能发现有很多作品都体现着浓浓的家国情怀，比如詹建俊的《狼牙山五壮士》，如图 1-7 所示。

图 1-7　詹建俊《狼牙山五壮士》油画

美术评论家邵大箴点评道："1959 年詹建俊先生创作了油画《狼牙山五壮士》。画作描绘的是抗日战争时期五位八路军战士在寡不敌众的情况下顽强战斗，直到打光最后一颗子弹毅然砸枪跳崖的英勇场面。

在《狼牙山五壮士》的创作中，詹建俊先生选用了金字塔式的三角构图：把共产党员、班长马宝玉放在画面最前面，以表现他宁死不屈的精神；将副班长葛振林置于最高处，以体现出他不可征服的气概；并在对胡德林、胡福才、宋学义三名战士的刻画中强调了对于敌人的仇恨与蔑视。

通过这样的人物组合，《狼牙山五壮士》凝聚成整个群像大义凛然的英雄气魄。同时，由于前排两个人物的站姿也相应构成了两个三角形，呈现出强烈的稳定感和雕塑感，从而呈现出一种纪念碑式的壮美。

革命历史画《狼牙山五壮士》是命题创作……他选择了英雄们跳崖牺牲前的一瞬间，深入刻画人物的英雄气概……在金字塔式的构图上，面对残暴敌人顶天立地的五位英雄大义凛然、宁死不屈的气概，形成鲜明的英雄主义基调。在统一的气势中，不同人物的动作、眼神又巧妙地富有变化，作为背景的峻峭雄伟的山峰与人物群像融为一体，犹如刻在大自然中与世长存的纪念碑。《狼牙山五壮士》中他用粗放有力的笔触，用坚实的形体语言，用沉着、浑厚的色彩，赋予人物形象以纪念碑雕塑的感觉。他在形式美感和色彩上的努力，受到了油画界同行们的关注。"

（二）领悟美术作品中的事理哲思

人为什么活着？我们应该如何生活？生命的智慧是什么？我们怎样与世界、与自然相处，安顿自己的人生？这些关于人生与哲学的命题，也是许多艺术家在创作时所思考的。我们会发现，许多艺术家在作品中都体现了自己的哲思，特别是中国画的留白艺术，体现的人生哲理就如《小窗幽记》所言"凡事留不尽之意则机圆，凡物留不尽之意则用裕，凡情留不尽之意则味深，凡言留不尽之意则致远，凡兴留不尽之意则趣多，凡才留不尽之意则神满"，这是古人在画卷中留下的人生智慧。

1. 八大山人的"墨点与泪点"

八大山人并不是八个人，而是一个人，他是中国绘画史上的一代宗师朱耷，原名朱统，字刃庵，号八大山人、雪个、个山、人屋、道朗等。

朱耷的身世并不简单，他是明太祖朱元璋第十七子朱权的九世孙。明代灭亡后，他颠沛流离，最后削发为僧，潜居山野，继而改名八大山人，一生以明遗民自居。至于为何改名八大山人，有几种说法：有人认为八大二字有似哭字、笑字，山人二字有似之字，合而读之，类哭之笑之，皆隐约有玩世之意。亦有将朱耷去之"牛耳"而写作"八大"之说。

八大山人自幼受到良好的家庭教育，传闻八岁能作诗，十一岁能提笔作画，但世事的变迁让他一生不得志，他的妻儿早他离世，作为前朝皇室宗亲，为保全自己皈依佛门，过上亦僧亦道的生活，内心多有苦闷，年过半百的他曾愤懑撕裂僧服走回老家南昌。一腔积绪只得诉诸画上，于是他在书画上倾注了毕生心血。而他的画在绘画史上也是独树一帜，他善画花鸟，以水墨写意为主，笔法十分简洁，用墨极少，但简洁之处又蕴含无穷韵味。代表作品有《六君子图》《水木清华图》等。

八大山人写画恣意纵情，少有繁复之笔，干净的画面中却有深意。同时他常以书入画，又以情入书。他的一生坎坷与不甘都呈现在书画之中。他曾在一首题画诗中说："墨点无多泪点多，山河仍是旧山河。横流乱世杈椰树，留得文林细揣摹。"这首诗写出了他的创作风格以及他的心中所感。而且细观他的许多鸟兽画，能看到它们似乎都在翻着"白眼"，我们能从画的眼神中感受到一股不羁与不服从的力量，因此我们通过他的画以及书写，可以读出他的人生态度："墨点无多泪点多"，留在心里的不甘，就流淌在画卷里吧。

《枯木寒鸦图轴》为八大山人代表作（见图1-8）。隆冬时节，四只寒鸦栖息于残石败枝上，寒鸦的羽毛淡墨晕染，再施以浓墨，浓淡墨交融处显现出羽毛柔软、细密的质感。寒鸦"白眼向人"，其孤傲不驯的神态最能体现作者坚韧倔强、磊落不羁的个性。

图 1-8 八大山人《枯木寒鸦图轴》

2. 齐白石的故事

齐白石工水墨虾，淋漓生动，怡然自得，虾仿佛闲游四方的行者，充满着诗意与画境（见图 1-9）。齐白石注重造型的多样呈现，动中取静，活灵活现地展现了盎然生趣的动人画卷。

为了画好虾，齐白石养了长臂青虾，仔细观察虾的形态，通过写生深入了解虾的结构，不断的观察与绘画实践，让画作更富有浓淡变化，透明的虾体活灵活现，愈发生动。齐白石通过生活中的细致观察，以虾的客观造型为基础，通过艺术创作呈现了唯美简约的群虾形象。生活就是最好的老师，画家用传神的妙笔体悟人生哲思，而我们领略中国画的魅力，不仅要欣赏画面，还要从古人的妙笔中感受他们的性情与哲思。

图1-9 齐白石墨虾图(纸本立轴)

【探索学习1-13】留白艺术

清代画家笪重光曾在《画筌》中提出:"无画处皆成妙境。"美学家宗白华也提到:"中国画最重空白处。空白乃灵气往来生命流动之处。"请结合笪重光和宗白华的观点,说一说我们应该如何欣赏留白艺术。

(三)体味美术作品中的生命情调

唐代诗人王维曾写下诗句:"人闲桂花落,夜静春山空。月出惊山鸟,时鸣春涧中。"描绘出一幅春日夜晚宁静深幽的画面,鸟儿在山涧中鸣叫,桂花无声飘落，生命的图景就这样铺陈开来，那是我们向往的精神家园。

说起生命的情调，我们也能想起梭罗曾在《瓦尔登湖》中写到：人类需要有个家，也就是一块温暖或舒适的地方，首先是身体上的温暖，随之而来的是感情上的温暖。接下来，我们便通过画作来感受自然风景，从而感悟生命情调吧。

《秀石疏林图》是元代文人画最有代表性的作品之一。赵孟頫以飞白法画石，以篆书法绘树，笔法灵活多变，不拘一格，似是他个人对艺术的真挚传达；兰花被雨水浸透，晶莹剔透。飞白与晶莹，笔断意连与润物无声，反映了生命的美好多样。

又如《清明上河图》，以描绘北宋都城汴京（今河南开封）都市与城郊百姓的生活景象，展现了工商业与交通的繁华面貌，是我国的艺术瑰宝之一。

《清明上河图》全图前段写市郊风景，中间描绘汴河两岸风光，左边描绘汴京街景。构图以鸟瞰式全景法，用"散点透视法"组织画面，描绘鳞次栉比的商店，熙熙攘攘的市民、商贩，状如飞虹的"虹桥"，阡陌纵横人物往来。图中170多棵树木形态各异，有的摇曳生姿，仿佛在汴河畔翩翩起舞，充满着生命的温度；有的连枝吐绿，生机勃勃。可见，张择端也是生活的观察家，他用独特的视角为我们呈现了北宋汴京的繁华风貌，画中体现的正是生生不息的生命情调。

【合作学习1-1】我当故宫策展人

以小组为单位，结合故宫官网资料，以"我喜爱的故宫文物"为主题，办一个云上文物展。每位小组成员挑选1~2件喜爱的文物进行了解和解说。

模块二　财经素养

学习导航

在这一模块，我们的"财经素养"列车将依次通行知识、能力、素养三个主要站点，希望在学习之旅后，同学们能满载而归。

首先，在知识学习单元我们将简要介绍什么是财经素养、大学生财经素养的普遍情况是什么样的，帮助你打开关于财经知识的大门，掌握基本的财经常识。其次，在能力发展单元我们将以能够分析宏观调控的效果、分析投资收益为学习目标。最后，在素养提升单元我们将一起学习如何理解风险，形成投资有风险的观念，并掌握一定的防风险手段。

知识学习单元：财经基础知识

【案例导入】中国居民与中国大学生财经素养调查

2019年4月11日，由北京师范大学财经素养教育研究中心、北京师范大学经济与工商管理学院举办的"中国居民财经素养调查成果研讨会暨《2018中国居民财经素养白皮书》（简称《白皮书》）发布会"在北京召开。该会议旨在提高公众对财经素养教育的关注，为相关政策的制定和实施提供依据。

在当今的时代背景下，我国经济正经历着由"高速增长"到"高质量发展"的历史转型，居民的财经素养将在这一历史进程中发挥重要作用。《白皮书》指出，我国居民现有的财经素养状况是财经知识水平较低，"守财"能力突出，"用财"能力不足，财经价值观亟须引导。

《白皮书》分析了财经素养综合指数在中国居民人口统计特征和地理区域分布上的异质性，发现年龄、教育程度、收入水平和就业情况对该指数得分有显著影响；城乡差异对财经素养指数得分也有显著影响，城镇居民的财经素养指数得分与乡村居民相比明显要高；中部和东部地区的居民财经素养指数得分要显著高于西部地区；具体到各省市自治区，北京、广东和海南等地区居民呈现了相对较高的财经素养指数得分。最后，通过分析财经素养综合指数得分与中国居民财经福祉的因果关系，验证了中国财经素养综合指数的有效性。

《白皮书》建议，要从成立提升财经素养教育的负责机构、建立多层级财经素养培养体系、注重财经素养培养与普惠金融发展的结合等三方面提升我国居民的财经素养水平。

经过几年的酝酿发展，聚焦到大学生的财经素养调查状况如何呢？

2021年9月1日，《2021中国大学生财经素养状况蓝皮书》（简称《蓝皮书》）正式发布。

作为四川大学文科综合实验教学国家级示范中心中国大学生财经素养教育课题组的研究成果，《蓝皮书》依据学术文献和规范的量表开发程序确定了财经素养包含的5个领域、23个变量，均通过了信效度检验，对大学生财经意识、财经态度、财经技能、财经态度和财经行为进行了调研，最终综合运用多种计量分析方法，得到了有价值的研究发现。

《蓝皮书》发现，从财经知识来看，我国大学生财经知识状况堪忧，16道客观题全部答对的人数仅占总样本量的0.3%，答对少于一半题目的人数占总样本的26.3%。

从财经态度来看，受访大学生财经态度属于中等水平，47.5%的大学生持有平衡型风险态度，仅有6.2%和4.9%的大学生分别持有保守型和激进型风险态度。

性别和恋爱状况会影响大学生在经济上的慷慨性，男性比女性在经济上更慷慨，恋爱大学生比单身大学生更慷慨。

《蓝皮书》还发现，目前金融产品在大学生群体中的普及度达到100%，有45.7%的受访大学生持有3种及以上的金融产品，持有最多的金融产品类型分别是储蓄账户、信用卡（或花呗）和基金。

基于《蓝皮书》的研究发现，中国大学生财经素养教育课题组发出倡议，呼吁新时代大学生行动起来，树立不为物质所困、不为财富所累的正确金钱观，通过课程教中学、课题研中学、实践干中学等方式多途径学习财经知识，在日常生活中训练自己"思长远、勤预算、常克己、御风险"的财经能力，努力践行"谨遵法律、严守道德、取财有道、用之有度"的财经行为，争做财德明、财思健、财商高的高素质时代新人。

一、初识财经素养：财经素养为何物

（一）财经素养的由来

当今社会是一个财经社会，我们每天都会接触大量的财经信息，做出大大小小的财经决策，小到柴米油盐，大到买车买房、教育医疗等。但对于个人和家庭来说，做好财经决策并不容易。一方面，越来越复杂的理财环境使得多数人进行决策时常常面临很大困难，容易做出错误决策。另一方面，由于教育的缺失，人们的财经素养水平普遍不高，难以应对所需要面对的种种财经相关问题。这就使得财经素养水平的提升变得越来越重要和迫切。

财经素养在英文中所对应的相关用词最常见的是"Financial Literacy"，该词最早出现于1992年，主要指财经知识以及对财经知识的理解。但在应用过程中，人们很快发现仅仅是知识层面无法代表该领域所包含的内容，于是，"Financial Literacy"的概念内涵迅速扩大，技能、能力、态度、行为等也逐渐被包括其中。并且，在不同的文化环境中，出于对该概念理解的不同，也产生了其他的相关词汇。例如，在意大利和西班牙语国家采用了"Financial Culture"一词，在荷兰使用了"Financial Insight"一词，在太平洋岛国使用了"Financial Competencies"一词。为了强调该概念并非如数字能力、语言能力等基础技能，英国金融管理当局使用了含义更为宽泛的用词"Financial Capability"，该用词也得到世界银行等组织的采用。目前，在已有的学术文献中，采用"Financial Literacy"和"Financial Capability"较为普遍。尽管从词源上来理解，"Literacy"和"Capability"有着不同的含义，但从该领域的演化过程来看，"Financial Literacy"和"Financial Capability"两者所定义的概念代表的内涵趋于一致，在使用中常常互相替代。

（二）财经素养学什么

尽管学术界对财经素养的界定存在分歧，但随着研究的丰富和深入，逐步产生了一些共识。首先，财经素养的目标是财经福祉，也就是说，培养和提高财经素养的目的是提高个人和家庭的财经福祉。而财经福祉包括两个维度：一是当前的财务管理压力；另一个是对未来财务安全的预期。其次，财经素养以应用能力为主导，通过行为来体现。财经素养与其他素养最大的不同就是其与行为的连接，这甚至导致一些财经素养的定义里将行为作为财经素养的维度。最后，财经素养是知识、技能、态度和价值观的复合体。越来越多的研究从最初的财经知识维度扩大到知识、技能、态度和价值观的综合维度，内涵由原来的纯"认知"层面扩展到"认知"加"非认知"层面。

本书基于如图 2-1 所示的理论框架，在知识学习单元主要学习收入、消费、储蓄这些基本的财经知识点，在能力发展单元主要带领大家一起学习掌握投资和如何做财务规划，在素养提升单元重在让学生们形成金融/投资有风险、投资需谨慎的观念，将风险的观念贯穿到每一个经济决策需要考虑的内容，并了解必备的财经法律知识。

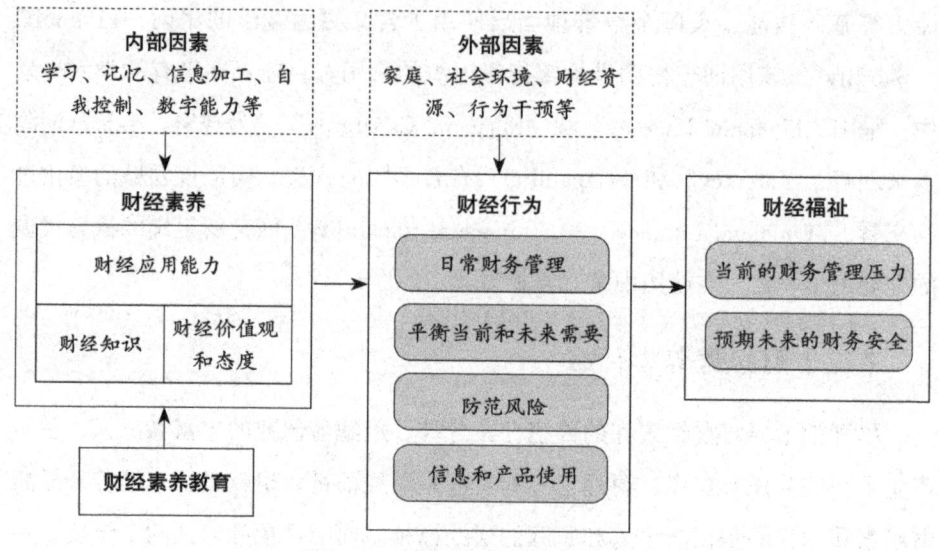

图 2-1　财经素养的理论构架

二、劳动、收入、消费

我们相信,"实现财务自由"是很多人学习经济学的终极目标。那么,经济市场中的收入有哪些类型?获得收入的经济原理是什么?个人消费应该如何规划?上大学的机会成本要怎么算?

(一)劳动与个人收入

劳动力市场是指通过劳动力供求双方进行劳动使用权转让和购买活动的总和。供给、需求和价格是构成劳动力市场的三大基本要素。每个人作为劳动者就是这个市场中的供给者。

在劳动需求市场上,劳动力是作为"劳动和企业家才能"这两样生产要素参与的。生产要素一共有四种:劳动、土地、资本和企业家才能。这四种生产要素获取的报酬是不同的。劳动获得的是工资收入;土地获取的是地租,当然这个地租是广义上的;资本获得的是利息报酬;企业家才能获得的是经营企业的利润。

劳动供给则可以看成劳动力如何决定时间资源在闲暇和劳动之间的分配，实质是劳动收入与闲暇之间的选择。如果地区间的劳动力市场是完全市场，即劳动力这一要素可以自由流动，则地区间将不会存在工资差距；如果劳动力市场不完全，则工资和人均产出水平会产生差距，差距的大小同两地区间的技术水平差距和资本产出弹性差距相关。显然劳动力不是可以完全自由流动的，它会受到诸多因素影响，比如家庭、房价、当地行业与个人技能的匹配等。

职业选择的影响因素众多，归纳起来主要包括个人和社会两种。个人因素包括健康、性别、教育、年龄、心理等；社会因素包括社会阶层、经济发展水平、社会文化环境、价值观念、政治制度和氛围等。此外，个人进行职业选择时存在一定的机会成本，这里的机会成本的概念是由于在同一时间内选择了当前的职业而损失掉的其他可以选择的机会造成的成本，比如继续深造带来未来的好处、拒绝其他就业机会的成本、时间成本、心理成本等。

创业也是职业选择的一种。创业是指个人或者群体从事的具有创新或创造性的、以增加财务为目标的活动过程。这种活动不要求前无古人，只要求行为者本身从未经历、从头开始。[1]

创业有三个关键因素：创业机会、创业资源和创业团队。其中创业机会是核心要素，创业过程实质是发现与开发创业机会的过程；创业资源是创业过程中的必要支持，是开发商业机会、谋求收益的基础；创业团队是在创业过程中发现和开发机会、整合资源的主体，是创业企业的关键因素。

创业这一职业选择又具有特殊性。一方面是选择了自己的职业，自身是劳动力市场的供给者，企业家才能也是一项重要的生产要素；另一方面通过自己的创业也可以提供给他人就业的机会，成为劳动力市场上的需求者。

（二）个人消费与规划

消费是我们每个人最熟悉不过的一件事情了。

---

[1] 周建文，张新民，张照新. 民生之本：就业[M]. 北京：中国民主法制出版社，2016.

在生活中，为什么有的人喜欢吃零食，而有的人喜欢打游戏？为什么女士更喜欢买化妆品？假如你获得一万元奖学金，你会选择旅游还是学习、培训？这其中蕴含了什么经济学原理呢？

消费是人类社会最基本的经济活动之一。全世界每年私人消费支出要占新创造财富的 60% 以上。仔细观察身边的同学，有些同学热衷于追星，花钱漂洋过海去听演唱会；有些同学热衷于购入某大品牌最新款口红；有些同学热衷于购买网络游戏装备……为什么他们选择的消费有如此大差异呢？

我们常说"人有七情六欲"，这六欲就是欲望或者需要。人们通常在产生某种欲望的紧迫感后，通过购买某一种或者多种商品或服务而表现出一种内在的心理倾向，这就是"偏好"。正如俗话说的"萝卜青菜，各有所爱"，喜欢听演唱会的同学，追星会给她带来很高的满足程度；喜欢打游戏的同学，通关升级会给他带来很高的满足程度。消费者在消费商品时所感受到的满足程度就是效用，一种商品对消费者是否具有效用，取决于消费者是否有消费这种商品的欲望。效用这一概念与人的欲望是联系在一起的，它是消费者对商品满足自己欲望的能力的一种主观心理评价。

（三）个人消费需求与选择

个人消费需求是指居民个人日常生活中对各种个人消费商品和生活服务的需求。在个人消费需求中，小部分是自给性消费，如农民对农产品的自产自用、手工业者将部分产品留归己用等；绝大部分为商品性消费，即居民以个人的可支配收入从市场上购买所需的商品和服务。现今社会又可以称之为商品社会，消费是我们每个人最为熟悉的行为之一。虽然每个人都会消费，但是在消费当中蕴含的经济本质是怎样的呢？

个人消费选择是指消费者在众多需求中做出选择，这是由消费者的收入的有限性和需求的无限性共同决定的，消费者用有限的收入选择购买什么和购买多少，在这些选择中，消费者总满足程度或总效用水平达到最大的选择称之为消费者最优选择。要注意的是，动态地来看，消费者可以在同一时期里不同的商品组合中做出选择，也可以在不同时期的消费中做出选择，当消费者面对不同时期的消费选择时，把消费支出分配到各个时期以使效用达到最大化，这种获得最大满足的选择被称为跨期选择。

对于个人消费的满足感如何衡量呢？消费者的效用最大选择可以用一条无差异曲线来表示，如图2-2所示。无差异曲线是一条表示给消费者相同满足程度的消费组合的曲线，也称等效用曲线，即消费物品的组合不同，但满足程度相同。可以用无差异曲线来表示消费者相同的偏好。

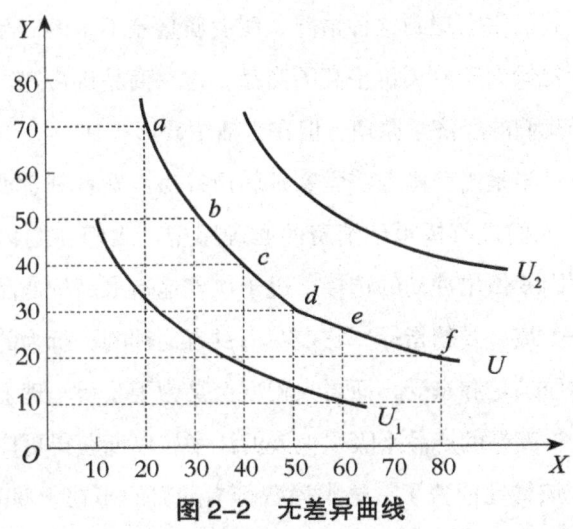

图2-2 无差异曲线

在上图中，横轴代表商品X的数量，纵轴代表商品Y的数量，I代表无差异曲线。在无差异曲线的任何一点上，商品X与商品Y不同数量的组合给消费者所带来的效用都是相同的。

关于效用有两个重要概念，总效用和边际效用。总效用是消费一定量物品或劳务所带来的总的满足程度；边际效用是某种物品的消费量每增加一单位所增加的满足程度。在现实生活中，当你很渴的时候，你喝的第一杯水犹如甘露，第二杯水还是无比畅快，但是第三杯、第四杯呢？当你连续不停地喝水并超过你的生理需求时，后面喝的水给你带来的边际效用就几乎为零，甚至为负，这就是我们常说的边际效用递减规律。一般来说，一个人消费某种商品，随着消费量的增加，获得的总效用会先增加后减少，边际效用始终递减。但应注意的是,该规律只在一定时间内连续消费某种物品时存在。

(四)消费者行为理论:商家把戏知多少

如今,在市场上商家的促销手段层出不穷、花样翻新,让消费者眼花缭乱。下面,就让我们来具体分析一下商家的这些把戏和消费者行为吧!

1. 宁买贵的,不买对的——凡勃仑效应

在生活中,我们常会遇到这种情况,明明质量差不多的商品,价格却相差甚远,而消费者更倾向于购买价格高的商品。这种商品价格定得越高越畅销的现象似乎有悖于我们的经济学原理,但在生活中普遍存在。

凡勃伦效应最早是由美国经济学家凡勃伦针对消费者刻意求"高"的倾向提出的,反映了人们进行挥霍性消费的心理愿望。人们在购物时往往会因虚荣、攀比等心理因素做出冲动的选择,过于执着地追求高价商品,而将价格作为购买决策的一个最重要的指标,它表明消费者这种购买行为的目的并不仅仅是获得直接的物质满足和享受,而更大程度上是为了获得心理上的满足。消费者可能是想用价格高昂的产品来吸引他人的注意,以期获得更广泛的社会广告效应,这就属于炫耀性消费了。这类消费行为的目的不在于商品的使用价值,而在于能否有效地炫耀自己的身份。这种不正常的炫耀性消费带来的损失是巨大的,会导致巨大的资源浪费。

2. 由俭入奢易,由奢入俭难——棘轮效应

棘轮效应是指人的消费习惯一旦形成之后便具有不可逆转性,即易于向上调整,难于向下调整,尤其在短期内的消费更具有不可逆转性。虽然棘轮效应是出于人的一种本性,"饥而欲食,寒而欲暖"是人与生俱来的欲望,但我们不能放纵这种欲望。对于过度的贪得无厌的奢求,必须加以节制,否则,就必然出现"君子多欲,则贪慕富贵,枉道速祸;小人多欲,则多求妄用,败家丧身。是以居官必贿,居乡必盗"的情况。

【自主学习 2-1】案例：挥霍无度的纣王

纣王初登帝位时，文武百官和百姓都认为在他的英明治理下，商朝的江山一定会坚如磐石。

一天，纣王命人用象牙做一双筷子。筷子做好后，他十分高兴地用它吃饭。他的叔父箕子见了，劝他将象牙筷子收起来，而纣王却满不在乎。满朝文武大臣知道了，同样不以为然，觉得这不过是一件很平常的小事，认为箕子太小题大做了。

箕子却一直为此而忧心忡忡。有相熟的大臣问他原因，箕子回答说："有了象牙做的筷子，纣王必定不会再用土制的瓦罐盛汤装饭，而是要换成犀牛角做的杯子和美玉制的饭碗；有了象牙筷子、犀牛角杯子和美玉碗，他难道会用它们来吃粗茶淡饭、喝豆子煮的汤吗？恐怕以后每次吃饭，他的餐桌上都要摆满美酒佳肴、山珍海味了。吃的是奇珍异品，难道他还会愿意穿粗布麻衣吗？当然不会！他以后自然要穿绫罗绸缎了。依此类推，大王还会要求住在富丽堂皇的宫殿里，因此要大兴土木筑起楼台亭阁以便取乐。这样一来，黎民百姓可就要遭殃了。一想到这些，我就不寒而栗。"

当时，很多人都觉得是箕子多虑了，并没有将他的话放在心上，但是仅仅过了 5 年，箕子的预言就应验了。贪图享乐、骄奢淫逸的纣王最终断送了商朝绵延了 500 年的江山。

3. 消费者剩余——讨价还价的秘密

【探索学习 2-1】生活中的消费者剩余

一个顾客在某服装店看好了一套标价为 800 元的服装。

顾客说："你卖便宜点吧，500 元我就买！"

店主说："你太狠了吧，再加 80 元，图个吉利吧！"

顾客说："不行，就 500 元！"

随后，他们又进行了一番讨价还价，最终店主说："好吧，就 520 元！"

于是顾客去交款，但是不一会儿又回来了。她有些不好意思地说："算了，我不能买了，我带的钱不够！"

店主说："你有多少钱？"

顾客说："把零钱全算上也就只有 430 元。"

店主难为情地说："那太少了，哪怕给我凑一个整数呢。"

顾客说："不是我不想买，的确是钱不够了！"

最后，店主似乎下了狠心，说："就 430 元给你吧，算是我开张了，说实在的，一分钱没有挣你的！"

顾客幸福满满地买下这件衣服，兴高采烈地走了。而他可能不知道，这件衣服的进货价只有 180 元。

这个场景你是不是很熟悉？请思考一下，这其中蕴含的是什么经济学原理呢？

消费者剩余是指消费者愿意支付的价格高于实际价格的差额。或者说，一个消费者对一种商品所付出的价格，少于他为得到此商品而愿意支付的价格，这样他就从购买中得到一种满足的剩余，这种满足的剩余称为消费者剩余。例如，有某学生愿意为一场音乐会的门票支付 200 元，成交时实际只支付了 100 元，他省下的那 100 元就是他的消费者剩余。商家在定价时，除了考虑消费者的预算约束和消费者偏好外，也会考虑消费者剩余，让消费者得到更多的消费者剩余，如打折效应和薄利多销效应。了解消费者剩余，可以帮助我们在生活中获得更多的实惠，如何将消费者剩余提高，也就是如何将商家价格降下来。

第一，在购物时穿戴得要尽量朴实。

第二，注意不要被商家看出自己的心思，不随意流露出对商品满意的神色，在"可买可不买"表情下压价。

第三，试试声东击西。比如你想买一条蓝色围巾，而且柜台里确实摆着红、蓝、黄三个颜色，那你可以问问有没有粉色的，商家就会误认为你最喜欢粉色从而让步。

消费者权益应该如何保护呢？在我国，消费者权益主要由《中华人民共和国消费者权益保护法》来做出相关的界定和进行保护。在具体的社会运行当中，还可以通过网络平台投诉，如全国 12315 平台，或者各级政府提供的消费者权益保护投诉电话、市长热线等。

（五）机会成本：上大学的机会成本该怎么算

机会成本是经济学的一个特殊计量核算成本的方式。机会成本在经济学教材里面的定义一般是这样的：机会成本是指企业为从事某项经营活动而放弃另一项经营活动的机会，或利用一定资源获得某种收入时所放弃的另一种收入。另一项经营活动应取得的收益或另一种收入即为正在从事的经营活动的机会成本。通过对机会成本的分析，要求企业在经营中正确选择经营项目，其依据是实际收益必须大于机会成本，从而使有限的资源得到最佳配置。那我们把这个概念引入我们的财经素养的学习中，可以理解为因你的选择而失去的选择（机会）所伴随的一系列损失。

你曾想过上大学的成本和收益是多少，即大学教育的价值是多少吗？有的同学可能会说，我上大学是来学习的，不是赚钱的。其实不然，大学可以视作教育投资，一项投资就存在投资回报率。我们来一起计算下大学的成本吧。假设一年的学费是 6000 元，3 年下来是 18000 元（暂不考虑货币时间价值），除了学费成本还有 3 年的教材费、住宿费、生活费，约 4 万元。此外还有其他的成本吗？有，机会成本——在面临多方案择一决策时，被舍弃的选项中最高价值者。假设上大学这 3 年直接参加工作，每年工资约 3 万元，则机会成本为 9 万元。所以，暂不考虑货币时间价值，上大学这项教育投资的成本为 14.8 万元。

上大学的这项教育投资的收益如何来计算呢？大学教育的收益一般都是通过毕业以后参加工作得到工资来实现的。只接受义务教育的人和接受过高等教育的人工资存在着很大差距。可供大学毕业生选择的行业和工作机会也更多，即使是从事相同职业、做同样的工作，用人单位也会普遍认为大学毕业生带来的生产力要高于高中毕业生，从而支付其更高的报酬。随着技术开发速度日益加快，这种收入差距呈现出进一步拉大的趋势，因为技术越发达，拥有高技术的人才越供不应求。由此，我们可以得出这样的结论，随着时间的推移，大学教育的经济学收益会进一步增长。

美国普林斯顿大学曾经进行过这样一项调查，调查目标是不同大学1976年入学的学生在1995年的收入，结果显示，美国哈佛、耶鲁等名牌大学的毕业生年均收入为9.2万美元，而美国一般大学毕业生的年均收入只有2.2万美元，收入差距在4倍以上，不可谓不大。

曾几何时，一些用人单位在招聘会上会专门设立一个"入场资格审核"——只招聘985、211院校学生（目前教育部已严禁该行为）。只认"牌子"的做法确实有失公平，但其实也有一定的经济学原理。首先，用人单位和招聘者存在高度的信息不对称，而准确判断一个人的实际能力并不容易，需要很长时间，为了向用人单位传递自己能力很强的信息，很多低能者会将自己伪装成高能者，当没有其他信息作为合理的评价标准时，教育程度和学校就成为一种更为可信的信息判断标准。可见，教育是一项回报率非常高的人力资本投资。

三、储蓄、信贷、投资

【案例导入】花呗，想说爱你不容易

4月9日，又到了花呗和京东白条还款的日子，在偿还了1000多元的债务之后，小柯每个月2000的生活费又所剩无几了。为维持生计，他研究出了各种类似两根油条配咸菜的"花式吃法"。去年"双11"刚过的那段时间，月偿还1500元的他就连吃了一周的油条咸菜。

算上花呗与京东白条，他总共欠下了8000余元的外债。可即便如此，小柯也并不急于把花呗中的欠款还清，依旧进行着边还边借的奢侈生活。"我的物质和精神世界都很满足！"一边享受着开通花呗后感觉"花的好像不是自己的钱"，一边兴奋于通过花呗满足自己超前的物质欲望。除了每个月总有半个月吃咸菜馒头和偶尔的胃痛之外，小柯觉得还是挺值得的。

你是否也曾透支消费，债台高筑？这种信贷行为是否符合你的财经负担能力呢？

（一）储蓄

储蓄是指个人或家庭把当期收入中没有用于消费的部分存到银行或其他金融机构的经济活动。

储蓄根据存款的期限一般分为活期储蓄存款、定期储蓄存款和定活两便储蓄存款。储蓄有以下作用：一是用来增加国家生产建设资金，在一定程度上可以促进国民经济比例和结构的调整，使社会再生产过程加速和规模扩大；二是作为货币的信用回笼手段，可以推迟部分购买力的实现，有利于调节货币流通；三是能够引导合理消费，有利于居民有计划地安排生活。

（二）信贷

刚刚说的超前消费包括我们引入案例中所说的花呗消费就是一种信贷。信贷是指以偿还和付息为条件的价值运动形式，通常以银行贷款、金融公司贷款、信用开透支等形式表现。

（三）投资

投资是指一定的经济主体为了获取预期不确定的效益而将现期的一定收入转化为资本或资产的行为。①

投资一般可以分为产业投资和金融投资。产业投资又称为实业投资，是指为获取预期收益，以货币购买生产要素，从而将货币收入转化为生产经营的资本，形成固定资产、流动资产和无形资产的经济活动。它是指一种对企业进行

---

① 张中华. 投资学[M].3 版. 北京：高等教育出版社，2014.

股权投资和提供经营管理服务的利益共享、风险共担的投资方式。金融投资又称为证券投资，是指经济主体为获取预期收益或股权，用资金购买股票、债券等金融资产的投资活动。金融投资一般是不参与企业的经营管理服务的。

拉动经济增长有"三架马车"：投资、消费、出口。投资是经济增长的基本推动力，是经济增长的必要前提。投资对技术进步有很大的影响。一方面，投资是技术进步的载体，任何技术成果应用都必须通过某种投资活动来体现；另一方面，技术本身也是一种投资的结构，任何一种技术成果都是投入一定的人力资本和资源等的产物。

能力发展单元：信贷与财务规划

一、宏观调控与财经生活

【自主学习2-2】央行降准

在2021年7月7日国务院常务会议提出"适时运用降准等货币政策工具"后，全面降准迅速落地。7月9日，中国人民银行发布消息称，为支持实体经济发展，促进综合融资成本稳中有降，决定于2021年7月15日下调金融机构存款准备金率0.5个百分点（不含已执行5%存款准备金率的金融机构）。本次下调后，金融机构加权平均存款准备金率为8.9%。这是央行一年半时间以来第一次全面降准。2019年以来，央行曾分别在2019年1月4日、9月6日和2020年1月1日三次全面降准。而央行上一次动用人民币存款准备金这一工具，是在2020年4月宣布对中小银行定向降准。

"今年以来部分大宗商品价格持续上涨，一些小微企业面临成本上升等经营困难。"央行有关负责人强调，稳健货币政策取向没有改变，此次降准是货币政策回归常态后的常规操作。

你是否了解什么是降准，为什么央行会降准呢？这需要我们具备一定的宏观经济学基础知识，才能快速看懂这一类财经新闻。

宏观经济学是西方经济学中研究一国经济总量、总需求与总供给、国民收入总量及构成、货币与财政、人口与就业、要素与禀赋、经济周期与经济增长、经济预期与经济政策、国际贸易与国际经济等宏观经济现象的学科。宏观经济学是凯恩斯的《就业、利息和货币通论》发表以来快速发展起来的一个经济学分支。接下来，我们首先来学习一些常见的宏观经济学指标。

（一）常见的宏观经济总量指标

常见的宏观经济总量指标包括国内生产总值（GDP）、通货膨胀率、国际收支账户、失业率、个人收入与个人可支配收入、采购经理指数（PMI）、生产者价格指数（PPI）、消费者信心指数（CCI）、货币供应量、同业拆借利率等。在此，我们主要介绍前三个常见的指标。

1. 国内生产总值

说到GDP，大家一定不陌生，GDP是反映国民经济总量活动的最重要的指标。GDP是度量一定时期（通常是一个季度或一年）内，一国经济生产的最终产品和服务的市场价值总和（见图2-4）。GDP是如何统计出来的呢？国内生产总值有三种计算方法：支出法、收入法和生产法。三种方法分别从不同的方面反映国内生产总值及其构成，比较常见的是支出法，支出法是从最终使用的角度反映一个国家（或地区）一定时期内生产活动最终成果的一种方法，根据最终需求的不同，将总需求分解为私人消费（在我国被称为居民消费）、投资、政府支出和净出口这四项。支出法下的公式为：GDP=C（消费）+I（投资）+G（政府支出）+NX（净出口），而我们常说的拉动GDP增长的"三驾马车"即为公式中的消费、投资、出口,如图 2-5 所示。

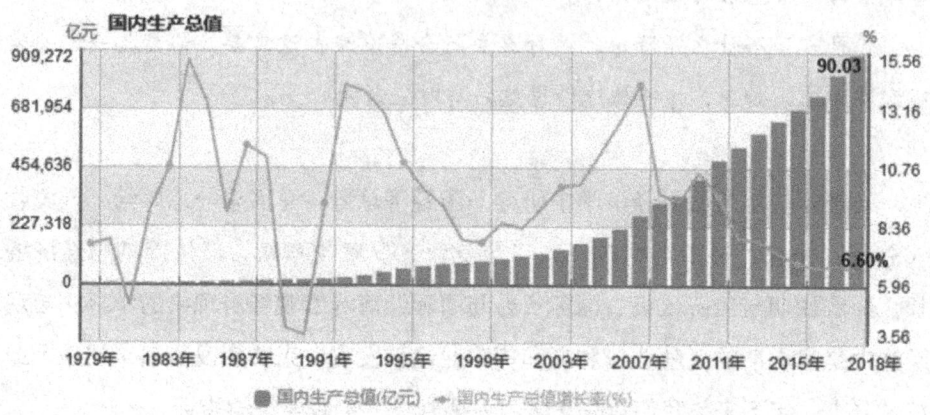

图 2-4　1979—2018 年中国 GDP 数据

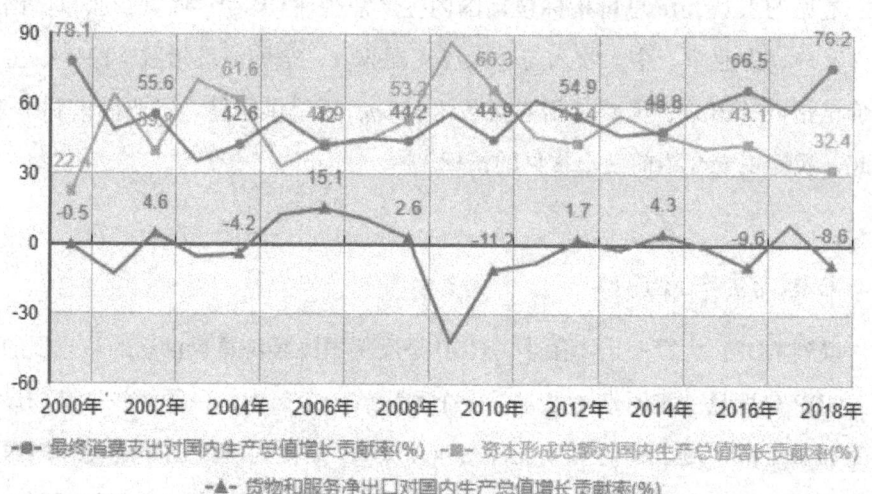

图 2-5　2000—2018 年国内生产总值结构变化

2. 通货膨胀率

通货膨胀你一定也很熟悉,但对于通货膨胀的定义不一定能够准确掌握。通货膨胀是指一般价格水平的持续上升,通常用居民消费价格指数增长率(即

CPI）来表示。我国改革开放以来，先后发生了几次严重的通货膨胀，对于宏观经济的稳定运行都产生了巨大的冲击，如图2-6所示。

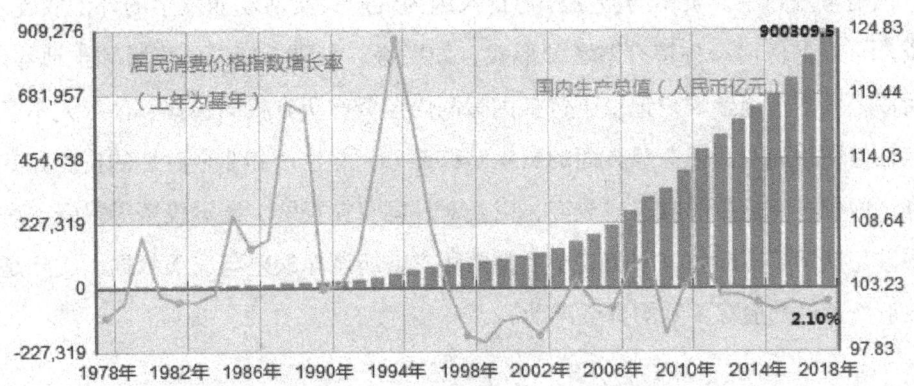

图2-6 改革开放以来我国的CPI走势图（截至2018年）

那么CPI指数是如何统计得到的呢？由于各国居民家庭消费结构存在明显差异，因此，各国的物价指数CPI计算的权重明显不同。2018年，我国CPI的权重大致估算如表2-1所示。

表2-1 2018年我国CIP权重估算

消费领域	食品烟酒	衣着	生活用品及服务	医疗保健	交通	教育文化娱乐	居住	其他用品
权重（%）	28.3	6.5	6.2	8.5	13.5	11.2	23.4	2.4

由此可见，CPI指数的测算，是通过测量包括衣食住行等一篮子商品或服务价格而得到的，反映了一般商品的价格涨幅。

3. 国际收支账户

国际收支账户是记录一国对外国支付和从外国获得收入的情况。国际收支平衡表包括三大项：经常账户、资本与金融账户、净误差与遗漏（见表2-2）。经常账户主要记录因商品和服务进出口以及收入转移等交易活动产生的外汇收支情况，比如中国从加拿大进口小麦、向欧洲出口纺织品，中国人到菲律宾务工获得工资寄回中国，投资美国股票的收益，外国对中国灾区的捐赠等，都会计入经常账户中。资本与金融账户记录因为资产买卖活动而发生的外汇收支。资产可以是任何一种持有财富的形式，如厂房、股票、债券、货币和土地等。所以，资本与金融账户记录了包括国际间固定资产所有权的转移、债权人不索取任何回报而取消债务等方面的资本转移部分、非生产和非金融性的资产如专利、版权、商标权的收买或放弃，以及对外国直接投资、证券投资等投资。净误差与遗漏是国际收支平衡表中的抵消账户，所谓净误差与遗漏数据，实际是政府所承认的追踪不到的资金流动。

表 2-2　2019 年上半年中国国际收支平衡表

中国国际收支平衡表（年度表）	单位：亿美元	中国国际收支平衡表（年度表）（续）	单位：亿美元
项目	2019 年上半年	项目	2019 年上半年
经常账户	**882**	**3. 二次收入**	**54**
1. 货物和服务	**791**	3.1 个人转移	-2
1.1 货物	2,084	3.2 其他二次收入	56
1.2 服务	-1,293	**资本和金融账户**	**430**
1.2.1 加工服务	78	**1. 资本账户**	**-1**
1.2.2 维护和维修服务	44	**2. 金融账户**	**430**
1.2.3 运输	-275	2.1 非储备性质的金融账户	454
1.2.4 旅行	-1,104	2.1.1 直接投资	352
1.2.5 建设	25	2.1.2 证券投资	230
1.2.6 保险和养老金服务	-33	2.1.3 金融衍生工具	1
1.2.7 金融服务	7	2.1.4 其他投资	-128
1.2.8 知识产权使用费	-141	2.2 储备资产	-24
1.2.9 电信、计算机和信息服务	31	2.2.1 货币黄金	0
1.2.10 其他商业服务	99	2.2.2 特别提款权	-1
1.2.11 个人、文化和娱乐服务	-14	2.2.3 在国际货币基金组织的储备头寸	2
1.2.12 别处未提及的政府服务	-9	2.2.4 外汇储备	-25
2. 初次收入	**37**	2.2.5 其他储备资产	0
2.1 雇员报酬	16	**净误差与遗漏**	**-1,312**
2.2 投资收益	15		
2.3 其他初次收入	7		

数据来源：国家外汇管理局。

而我们经常会讲到经常账户或者资本与金融账户的顺差与逆差，这里顺差和逆差代表什么意思呢？以经常账户顺差为例，顺差指"国际收支盈余"，也即一国在一定时期内（通常为一年）对外经济往来的收入总额大于支出总额的差额。就有形商品贸易来看（有形商品的进出口记入经常账户中），顺差意味着出口大于进口,从而引起国际收支盈余,也就是赚的外汇大于支出的外汇,而逆差则相反,代表进口大于出口,支出的外汇大于赚得的外汇。顺差下,因为国际收支产生盈余,因此会增加本国的外汇储备,具体如图 2-7 所示。

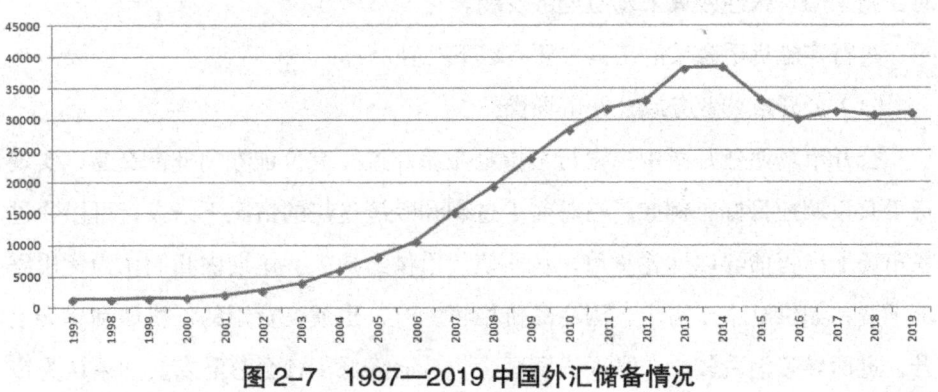

图 2-7　1997—2019 中国外汇储备情况

(二)解读宏观调控政策

宏观经济调控政策是指国家或政府有意识、有计划地运用一定的政策工具,调节控制宏观经济的运行,以达到一定的政策目标。国家为何要进行宏观调控呢?国家进行宏观调控主要是基于 4 个政策目标:持续均衡的经济增长;充分就业;物价水平稳定;国际收支平衡。这 4 个政策目标之间既有一致性,又有矛盾性。在实际经济运行中,想要同时实现 4 个目标非常困难,因此,在制定宏观经济政策时要根据国情,在一定时间内选择一个或两个目标为宏观经济政策的主要目标。而国家进行宏观调控的手段主要有货币政策和财政政策两种。

1. 货币政策

货币政策是指中央银行实施的通过改变货币供应量和信用条件来影响总需求的政策。货币政策分为扩张性的货币政策和紧缩性的货币政策。扩张性货币政策是指通过增加货币投放,从而下调央行基准利率,从而增加社会总需求的货币政策,也被称为积极的货币政策;紧缩性货币政策则相反,它指通过增加货币投放，从而上调央行基准利率，从而减少社会总需求的货币政策。那么什么时候采用扩张性货币政策、什么时候采用紧缩性货币政策呢？宏观调控都是采用反向操作的理念，经济过热时，采用紧缩性政策来给经济降温，经济遇冷时，则采用扩张性政策来刺激经济发展。

央行实施货币政策的工具主要有以下几种。

（1）公开市场业务或公开市场操作。

公开市场业务是指中央银行与指定交易商进行有价证券和外汇交易，实现货币政策调控目标。例如，在总需求过剩和经济过热的情况下，央行可以通过在市场上出售债券以回笼货币，从而使货币供给减少。短期内我们认为货币需求不变，如供给小于需求，则商品价格将上升，也就是货币的价格即利率会上升，进而导致消费较少，私人投资减少，从而降低了社会总需求。如果认为市场上流动性短缺导致总需求不足，央行就可以通过买进债券，增加基础货币的投放，从而刺激经济发展。

（2）再贷款。

央行是商业银行的最后贷款人。再贷款政策是指中央银行为解决商业银行的资金头寸不足而对其发放的贷款，该贷款的利率称为再贷款率。如果央行提高再贷款率，则商业银行从央行获得的货币将减少，基础货币减少，货币供给减少，短期内我们认为货币需求不变，如供给小于需求，则商品价格将上升，也就是货币的价格即利率会上升，进而导致消费较少，私人投资减少，从而降低了社会总需求，这和上面央行在市场上公开出售债券的传导路径一致。相反，如果央行降低再贷款率，就属于扩张性货币政策。

（3）存款准备金。

存款准备金是指金融机构为保证客户提取存款和资金清算需要而准备的资金。法定存款准备金率是指金融机构按规定向中央银行缴纳的存款准备金占其存款总额的比例。央行可以通过调整法定存款准备金率影响市场流动性。当央行认为需要采取紧缩性货币政策时，它可以提高存款类金融机构的存款准备金率，从而减少商业银行的超额准备金，信用条件紧缩。当需要采取宽松货币政策时，央行可以降低法定存款准备金率，使得银行更有可能扩大贷款规模，从而有助于扩大货币供给量，刺激总需求。

2. 财政政策

财政政策是指通过改变政府财政收入和支出来影响总需求的政策。政府实施财政政策的主要工具包括国家财政预算、税收、国债、财政支出等。常见的有税收政策的调整，如政府降低税率减少税收，一方面能够为居民留下更多可支配收入，提升居民消费需求，另一方面可以使厂商收益提高，刺激投资需求，因而从消费和投资两方面拉动总需求来增加均衡产出。反之，如政府提高税率增加税收，则会降低居民消费和厂商投资需求，从而减少总需求。而政府支出主要包括两类，一类是购买性支出，另一类是转移性支出。购买性支出是指政府购买日常政务活动所需商品与劳务的支出，这些支出的变动直接影响总需求；转移性支出是指政府按照一定方式，把一部分财政资金无偿地、单方面转移给居民和其他收益者的支出，比如政府对西部大开发的财税政策的支持就属于转移性支出的财政政策。

【合作学习 2-1】金融危机的宏观调控政策

请组成学习小组，分工查阅相关资料，了解并思考 2008 年美国发生金融危机之后，为了尽快摆脱经济衰退，实施了哪些宏观调控政策。

二、收益率、货币时间价值和利率

（一）收益率

收益率就是资本的收益，它的计算公式非常简单，作为大学生的我们都知道，那就是：收益率 = 收益 / 本金。

更具体地来说，收益率是指投资的回报率，一般以年度百分比来表达，根据当时市场价格、面值、息票利率以及距离到期日时间计算。如果对公司而言,收益率一般指净利润占使用的平均资本的百分比。

收益率研究的是作为一项个人(以及家庭)和社会(政府公共支出)投资的收益率的大小,可以分为个人收益率与社会收益率,我们主要关注的是前者。从20个世纪五六十年代的人力资本理论开始,对收益率的研究就非常重视。

中国的教育资本投入的收益率情况是怎么样的呢?有学者对此进行了研究,结果如下。

根据新古典经济理论中投资边际报酬递减规律,教育的收益率投资也符合这样的规律,事实上,对世界其他国家的研究也验证了这一规律(Psacharopoulos,1994),即随着受教育水平的提高,收益率表现出下降的趋势。然而,对中国的研究出现了相反的结果。

一个证据是,众多研究发现收益率从高到低依次是高等收益率、中等收益率和初等收益率(李实和李文彬,1994;邵利玲,1994)。

另一个证据是把样本按某一收益率程度作为分界点,分别估计在这一点之上和之下个体的收益率,结果发现分界点之上的个体的收益率要高于之下的个体。如Brauw和Rozelle(2002)以及Fazio和Dinh(2002)的研究都发现,小学或高中以上个体的收益率年数的系数都高于小学或高中以下个体的系数;诸建芳等(1995)的研究表明,代表着中低等收益率的基础收益率为1.8%,代表着中高等收益率的专业收益率为3.0%;Li(2003)的研究也发现,中国的收益率尽管平均水平比较低,然而大学收益率却要高于高中以前的收益率。

上面的研究结果表明,我们的大学对人生的增值很重要,值得好好珍惜。

(二)货币时间价值

【探索学习2-2】案例:24美金就买下了整个曼哈顿?

曼哈顿是美国纽约市5个行政区之中人口最稠密的一个,也是最小的一个行政区。它主要由一个岛组成,并被东河、哈得孙河以及哈莱姆河包围。曼哈顿被形容为整个美国的经济和文化中心,是纽约市中央商务区所在地、世界上摩天大楼最集中的地区,汇集了世界500强中绝大部分公司的总部,也是联合国总部的所在地。曼哈顿岛原是印第安人居住地,然而,你可能不会相信,1626年荷兰人仅仅用24美元的物品就从印第安人手中低价买下曼哈顿岛,听到此,你会不会觉得印第安人这笔交易太吃亏了?1626年的24美元价值等同于今天的24美元吗?

那我们计算下1626年的24美元到2021年价值多少,如果按照6%的利率复利计算,2021年的价值等于$24\times(1+6\%)^{(2021-1626)}$,约为2377亿美元!

我们常说时间就是金钱,这句话是有道理的,确实,时间是有价值的,也即我们即将要学习到的货币的时间价值。那么,什么是货币时间价值呢?货币时间价值是指没有风险和没有通货膨胀的情况下,货币经历一定时间的投资和再投资所增加的价值,也称为资金的时间价值。试想下,身为上班族的你,每个月工资收入1万元,老板给了你两个选择,第一个选择是可以在每月月初领取1万元工资,第二个选择是可以在每月月底领取1万元工资,相信理性的你一定会选择第一种工资领取方式,原因就在于月初获得了1万元,相应地你就获得了这一万元的货币时间价值,接下来一个月,你可以拿着1万元去投资,而投资增值的这部分就可以视为货币时间价值。

要准确理解货币时间价值,我们需要先掌握以下几个重要的相关概念:复利、现值、终值、年金、贴现率。

1. 复利

与复利相对的概念是单利——单利的计算仅在原有本金上计算利息,对本金所产生的利息不再计算利息,而复利的计算是对本金及其产生的利息一并计息,所以复利又称为利滚利。

我们看一个例子(见表2-3):假如客户期初存入100元钱,按照年利率10%计息3年,分别计算单利和复利的情况下,不同投资期限可收回的资金是多少呢?

表 2-3 单利与复利

第n年	单利	复利
1	100 ＋100×10%	100 ＋100×10%
2	100 ＋100×10% ＋100×10%	100 ＋100×10% ＋（100+100×10%）×10%
3	100 ＋100×10% ＋100×10% ＋100×10%	100 ＋100×10% ＋（100+100×10%）×10% ＋[100+100×10%+（100+100×10%）×10%]×10%

单利计息方式下,每一期的计息基础都是 100 元本金,而复利计息方式下,每期的计息基础为本金加上往期每期产生的利息,如第二期计息基础包括本金 100 元以及第一期的利息 100×10% 产生的利息,所以第二期的利息为:（100 + 100×10%）×10%。

2. 现值

一般用 PV 来表示,理解为期间所发生的现金流在期初的价值。关于现值的计算公式较为复杂,这里不再赘述,大家可在理解其概念基础上借助软件来快速计算。比如有一款实用的金融理财软件"金拐棍",是中国金融理财标准委员会官方指定理财软件,打开手机应用市场搜索"金拐棍",即可免费下载并安装,且可免费使用。它的操作界面如图 2-8 所示,功能较全,后续我们学习计算贷款实际有效年利率时将会用到,日常计算房贷摊销的相关数据也可以使用。

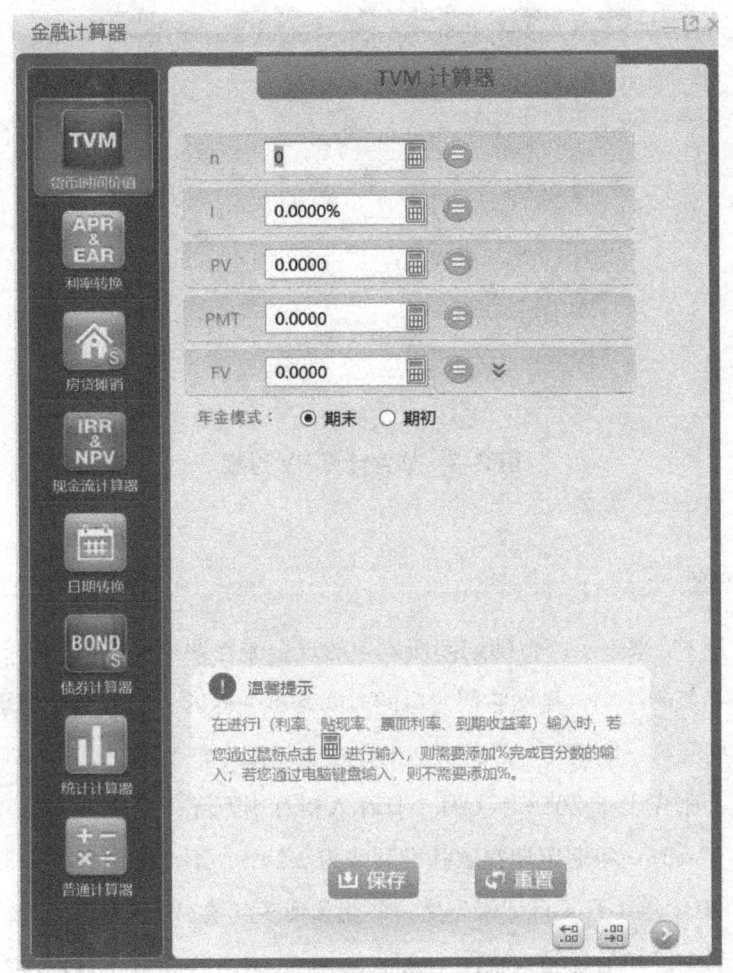

图 2-8 "金拐棍"理财软件操作主页

例题:2021 年初,李先生与理财师小王商量购房事宜。小王在分析李先生家庭财务状况后,建议他在 5 年后购房。李先生中意的房子在 5 年后价格约为 300 万元,假设投资收益率为 10%,李先生现在应该一次性投入多少钱用于买房?

将题目中已知信息输入软件(见图 2-9):5 年后购房,也即 n 输入 5;5 年后价格为 300 万元,即 FV 输入 300 万;投资收益率即 i 输入 10%。然后,点击 PV 右侧的等号得到计算结果。

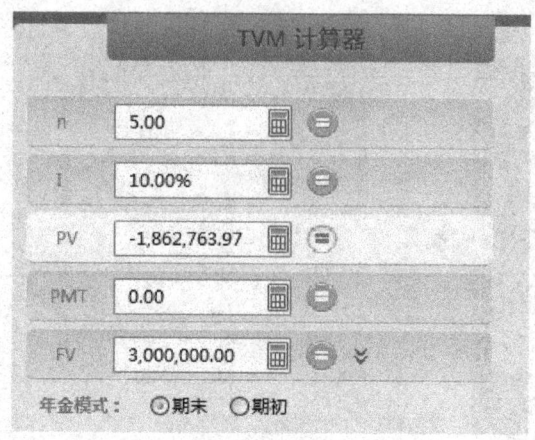

图 2-9 软件计算 PV 过程

3. 终值

一般用 FV 来表示，也即期间所发生的现金流在期末的价值。我们可以看出现值和终值的区别，显然它们对应的时间是不一样的，现值对应的是现金流发生整个期间第一期期初，终值对应的是现金流发生整个期间最后一期期末。

例题：张先生于 2018 年 1 月 1 日存入银行 1 万元，存期一年，并约定自动转存。存入时一年期定期存款基准利率为 2.25%，不考虑利息税并假设利率不变，到 2021 年 1 月 1 日，张先生一共能拿到多少钱？

将题目中已知信息输入软件（见图 2-10）：2018 年 1 月 1 日存入银行 1 万元，这是第一期期初的现金流，视为 PV；2018 年 1 月 1 日至 2021 年 1 月 1 日，则 N=3；一年期定期存款基准利率为 2.25%，也即 i 输入 2.25%。然后，点击 FV 右侧的等号得到计算结果。

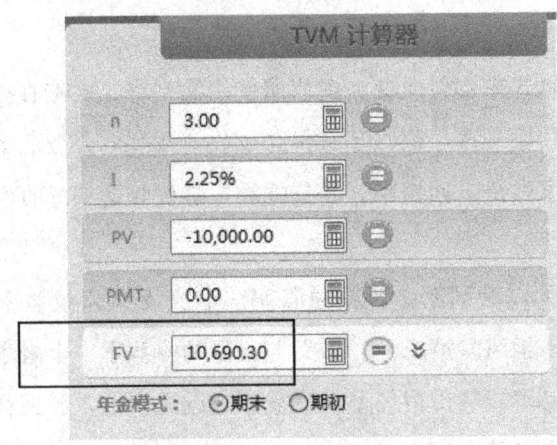

图 2-10 软件计算 FV 过程

4. 年金

一般用 PMT 来表示，指期间发生的一系列的有规则的——时间间隔相同、不间断、金额相等或金额不相等但每期增长率相等、方向相同的一系列现金流。年金的概念理解起来相对较难，我们看一个例子：老王在 2021 年初将 100 万元存入银行，年利率 5%，每年年底付息一次，共付息 5 年，那么每期收到利息的现金流就是一个典型的年金。因为它每期的金额都相等，每期都是 5 万元，每期都发生、不间断，都是按年发生，而且都是老王收到的现金流，现金流方向也一致，完全符合年金的概念。那么，你还能想到生活中其他属于年金的现金流吗？我们日常生活中每月的房贷、车贷和期交的保险费，还有每个月自动续费的腾讯视频会员费等，都是典型的年金。

例题：最近黄女士就购房事宜咨询了 A 银行金融理财师小艾。小艾建议她在 A 银行办理贷款购房，贷款 20 年，按月等额本息还款。黄女士月薪 10000 元，她计划拿出其中的 50% 用于偿还房贷，贷款年利率为 6.55%，不考虑利率优惠和其他授信因素。

请思考：黄女士可以从 A 银行获得多少贷款？请你打开"金拐棍"软件，输入相关的数据吧。

5. 贴现率

贴现率是指将未来支付改变为现值所使用的利率，一般在投资上我们会用必要收益率来替代贴现率，那么什么是必要收益率呢？必要收益率即进行某项投资心理上所要求的最低回报率，其公式为：必要收益率＝真实无风险利率＋预期通胀率＋风险溢价。

其中，真实无风险利率＋预期通胀率＝名义无风险收益率，名义无风险收益率也就是不承担风险情况下，名义上获得的收益率，金融学上我们一般用国库券的到期收益率或货币市场基金收益率来近似表示。原因在于，我们通常将国库券或货币市场基金视为无风险资产，而它的收益率也就是名义上的收益率，如果需要计算实际无风险收益率，就要用国库券的到期收益率或货币市场基金收益率减去该期间的通货膨胀率。

（三）有效年利率：透视贷款的真实利率

【探索学习 2-3】真实利率的计算

李女士近期因新家装修，需购买某一家电，该家电现金价 10000 元，家电商宣称可提供无息分期付款服务——分 12 个月付款，但需收取 5.5% 费率。如果你是李女士，会选择该无息贷款产品吗？该贷款产品真的是无息吗？

生活中，我们向银行申请贷款，银行会给出一个贷款利率，该利率是不是我们真实的利率水平呢？其实不然，银行给出的贷款利率是名义年利率，我们承受的真实利率和银行复利周期有关，这里讲的真实利率也即有效年利率（一般用 EAR 表示），它是指不同复利期间现金流的年化收益率。

请思考以下两种情况。

（1）假设年初投资 100 元，名义年利率是 12%。如果按季度计算复利，则此项投资的有效年利率是多少？

$$100 \times (1 + 12\%/4)^4 = 100 \times (1 + EAR)$$

$$EAR = 12.5509\%$$

此处的 EAR 也就是我们说的有效年利率。

（2）如果按月计算复利，则此项投资的有效年利率是多少？

$$100 \times (1 + 12\%/12)^{12} = 100 \times (1 + EAR)$$

$$EAR = 12.6825\%$$

显然我们实际承担的利率——有效年利率，除了与名义利率有关，还受复利期间的影响，而且复利越频繁，有效年利率会越高。以上公式看起来很复杂，那么我们可以用更简便的方法来计算——使用软件来帮助我们求得有效年利率。

回归到李女士的家电无息贷款服务中，我们来计算下该贷款产品的实际利率，同样使用"金拐棍"软件来计算，其步骤如下。

首先，我们需要计算每期真实发生的现金流，也就是李女士申请了该无息贷款服务后，她每期还款的现金流是多少。显然，每月分期付款额 = 现金价 ×（1 + 费率）/ 期数，即每月分期付款额 =10000 ×（1 + 5.5%）/12=879.17 元，接下来我们将数据输入软件：李女士分 12 个月付款，所以 N=12；每月分期付款额 =10000 ×（1 + 5.5%）/12=879.17 元，这是每期都将发生的、不间断的、金额相等的、方向相同的现金流，所以是典型的年金，则在 PMT 中输入 879.17 元；贷款 10000 元输入 PV 中。具体如图 2-11 所示。

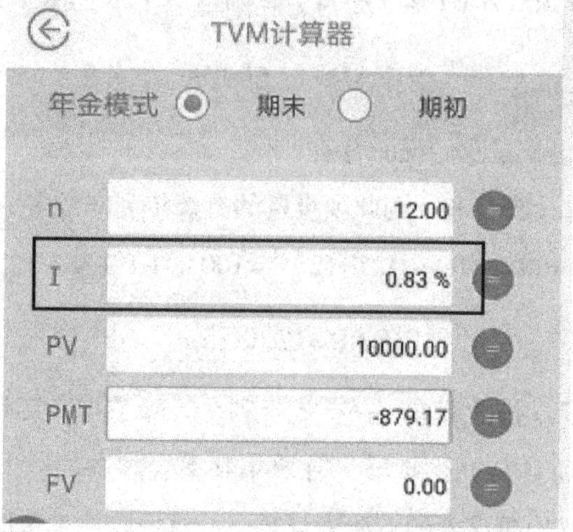

图 2-11 软件计算实际利率（步骤一）

计算得出月利率 I=0.8335%，从而得知名义年利率为 0.83%×12=9.96%。计算实际有效年利率，在软件中点击"利率转换计算器"，如图 2-12 所示。

图 2-12 软件计算实际利率（步骤二）

输入"年复利次数",输入"名义年利率",再点击"有效年利率"。李女士的贷款是按月复利的,所以"年复利次数"输入"12","名义年利率"输入9.96%,具体如图2-13所示。

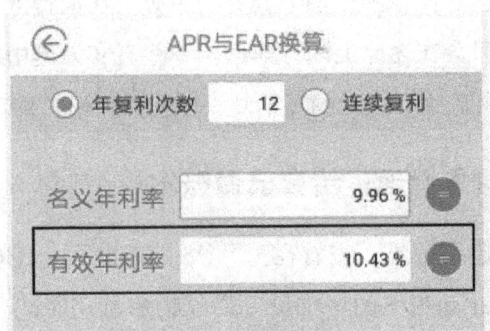

图2-13　软件计算实际利率(步骤三)

结果可知,如果李女士申请使用该无息贷款产品,她承受的实际贷款利率将高达10.5%!实际上,市场上很多商家提供的消费贷的实际利率都接近该利率水平,包括信用卡透支消费、京东白条等。作为大学生,应尽量减少使用高息的消费贷,理性"剁手"!

三、做好你的财务规划

每当"双11"临近,全民购物狂欢的集结号已经吹响:领取购物津贴、预付定金、组队抢红包……在这一年一度的购物"盛会"里,少不了高校学生的身影。一些同学摩拳擦掌,只待"双11"零点钟声敲响,与全国人民共同参与这个"几千亿的大项目"。

纵情狂欢的同时,问题接踵而来。高校学生是"剁手"大军中经济尚未独立的一个群体,疯狂消费后很容易陷入经济拮据。每年"双11"过后,且不说有人一次性透支半年零花钱,即便是分期付款,也会在接下来几个月背负略显沉重的负担。然而,清空购物车易,清除心中的消费误区难。鼠标一阵狂点,留下的是空虚与苍白。高消费带来的满足感或许可以为自己披上一时"美丽"的新衣,虚假的"高大"却终经不过时间的淘沥。

更值得警惕的是,在消费浪潮的拍击下,一些家境普通的学生甚至掉入非法"校园贷"的陷阱。如果不顾购物资金的来源,在消费上不甘人后,不惜借贷也要追赶潮流,只会在迷途上渐行渐远。一些真实案例中,有大学生直到不法分子找上门来,打破这场虚无的黄粱梦,才恍然大悟,悔不当初。

(一)家庭财务管理:给自己做账本

打开你的淘宝购买记录,查看在上一次"双11"大狂欢中"剁手"了哪些商品。那些一时冲动买下的"宝贝"最终物尽其用了吗?如何做好消费规划,理性"剁手"呢?你需要为自己或者家庭做一份账本,学习家庭财务管理知识。

例题:2020年12月31日,刘先生对其2020年度家庭财务状况进行了陈述,情况如下。

刘先生家有现金1万元,活期存款2万元,外币存款1万美元;证券方面,刘先生持有A股票10手(成本价6元/股,市价3.8元/股),B股票20手(成本4元/股,市价2.5元/股),C股票10手(成本12元/股,市价10元/股),另持有某基金1万份(成本1元/份,市价1.9元/份)。

刘先生家有两处房产,一处自住,成本120万元,如今增值为140万元,房贷余额30万元;另有投资性房产一套,成本100万元,当前价值130万元,房贷余额40万元。

保险方面,刘先生购买了保额为50万元的定期寿险(缴费期20年,已缴5年,现金价值为0),保额为10万元的终身寿险(缴费期20年,已缴5年,累积现金价值1万元),保额为20万元的养老寿险(缴费期20年,已缴5年,累积现金价值5万元),还有一份保额为10万元的投资连结保单(保费趸缴,投资账户价值12万元)。

刘先生年底借给亲友3万元钱;其本人信用卡负债1万元;汽车一辆购买自3年前,成本价格15万元,折旧50%。

刘先生和妻子彭女士全年税后工资共计 16.5 万元，夫妻二人皆未入社保；家庭生活费用支出每年 6 万元，赡养父母费用每年 1.2 万元；儿子 18 岁，每年大学学费 1.5 万元；全年利息收入 0.1 万元，资本利得 1 万元，资本损失 2 万元；房贷本金和利息支出各 2 万元，保障型保费支出 1.3 万元，储蓄型保费 1 万元；从当期储蓄中安排 1.2 万元的基金投资用于其他长期目标；另外，刘先生还有税后稿费 0.5 万元。

企业中有会计账簿，而家庭财务中，我们也可以制作一套家庭财务账簿。首先，我们来编制家庭资产负债表，一般家庭中的资产项和负债项具体如表 2-4 所示。

表 2-4 资产和负债项目一览表

资产项	负债项
现金：月底盘点余额	负债编制的资料基础
存款：月底存单余额	信用卡循环信用：签单对账单
股票：股票数量×买价/月底股价	车贷：账单月底本金余额
基金：单位数×申购净值/月底净值	房贷：账单月底本金余额
债券：市价或面额	小额负债：月底本金余额
保单：现金价值	私人借款：借据
房地产：买价/最近估价	预收款：订金收据
汽车：二手车行情	
应收款：债权凭证	
预付款：订金支付收据	

以上表格汇总了我们家庭中常见的资产和负债。但在编制家庭资产负债表过程中，我们需要注意几个问题：资产负债表是一个时点的存量记录，要确定是以月底、季底还是年底资料编制；第一次做资产负债表时，要清点家庭资产并评估价值，成本与市价分别记录，并计算账面损益；以市价计量的资产及净值可反映个人真实财富；汽车等自用资产可提折旧以反映其市场价值随使用而

降低；债权预计无法回收的部分应提呆账，以反映其市场价值的减少。

根据前面家庭的资产负债等财务信息，接下来我们来编制刘先生家庭的资产负债表，如表 2-5 所示。

表 2-5　刘先生家庭资产负债表

资产	成本（元）	市价（元）	负债及净值	成本（元）	市价（元）
现金	10000	10000	循环信用余额	10000	10000
活期存款	20000	20000	小额消费信贷		
其他流动性资产			其他消费性负债		
定期存款			金融投资借款		
外币存款	65000	63000	实业投资借款		
股票投资	26000	18800	投资性房地产按揭贷款	400000	400000
债券投资			其他投资性负债		
基金投资	10000	19000	投资性负债合计	400000	400000
投资性房地产	1000000	1300000	住房按揭贷款	300000	300000
保单现金价值	160000	180000	汽车按揭贷款		
其他投资性资产	30000（债权）	30000	其他自用性负债		
投资性资产合计	1291000	1610800	自用性负债合计	300000	300000
自用房产	1200000	1400000	负债总计	710000	710000

续表

资产	成本（元）	市价（元）	负债及净值	成本（元）	市价（元）
自用汽车	150000	75000			
其他自用性资产			净值	1961000	2405800
自用性资产合计	1350000	1475000			
资产总计	2671000	3115800	负债和净值总计	2671000	3115800

接下来我们来编制刘先生家庭收支储蓄表（见表 2-6）。收支储蓄表类似企业的利润表，编制收支储蓄表过程中应遵循以下几个原则：家庭收支储蓄表是一段时期的流量记录，通常按月结算。以现金基础为原则记账，企业会计以权责发生制记账，而家庭财务中我们可以采取简单的收付实现制来记账，也即发生现金流时即记账。比如，今天李女士在商场用信用卡消费了 2000 元，权责发生制下，刷卡消费 2000 元支付的义务发生在本期，所以需要记录该笔交易，但是在收付实现制下，刷卡消费 2000 元，并没有真实支出现金流，所以在家庭财务中若采用收付实现制此时是不记账的。那什么时候记账呢？待还款时才记支出。变现资产的现金流入包含本金与资本利得，只有资本利得记收入，收回投资本金不计为收入。房贷本息摊还中严格来讲只有利息部分记支出，本金还款部分为资产负债调整，因为本金部分还款会引起负债的减少，对净值没有影响，不符合"支出"（企业中称为"费用"）的定义。

表 2-6　刘先生家庭收支储蓄表

项目	金额（元）
工作收入	170000
其中：薪资收入	165000
其他工作收入	5000
减：生活支出	87000
其中：子女教育金支出	15000
家庭生活支出	60000
其他生活支出	12000
工作储蓄	83000
理财收入	−9000
其中：利息收入	1000
资本利得	−10000
其他理财收入	
减：理财支出	33000
其中：利息支出	20000
保障型保险保费支出	13000
其他理财支出	
理财储蓄	−42000
储蓄	41000

（二）家庭财务分析：给你的家庭财务做诊断

在编制家庭资产负债表、收支储蓄表后，接下来我们要对家庭财务状况进行评估，也即进行家庭财务指标的分析。常用的家庭财务指标包括：家庭偿债能力指标、家庭应急能力指标、家庭财富增值能力指标、家庭成长性指标。根据指标的计算公式我们计算了张先生家庭的财务指标，并做出了相应的财务诊断，如表 2-7 所示。

表 2-7 刘先生家庭财务指标分析

指标	定义	张先生家庭财务指标计算	说明	财务诊断
资产负债率	总负债/总资产	710000/2671000=26.58%	标准值60%以下，若是长期摊还的房贷可接受，若是短期贷款应立即进行减债计划，以免周转不灵，陷入破产困境	张先生家庭资产负债比较合理
融资比率	投资性负债/投资性资产	400000/1291000=30.98%	标准值：低于50%。该指标衡量投资中财务杠杆运用程度，投资标的风险越大，融资比率应越低	张先生家庭融资比率合理，较好地使用了投资中的财务杠杆
财务负担率	年本息支出/年可支配收入	20000/170000=11.76%	合理值:40%以下。超过40%很难从银行增贷，也会影响生活水平	张先生家庭房贷等负债合理
紧急预备金倍数	流动性资产/月总支出	30000/10000=3	合理值：3～6倍。应对失业或紧急事故的备用金，如投保了医疗险、产险，或有备用贷款信用额度，则紧急预备金可降低	张先生家庭的紧急预备金倍数为3，较为合理
平均投资报酬率	理财收入/生息资产	1000/1321000=0.075%（生息资产=流动性资产＋投资性资产）	合理值：比通货膨胀率高2%以上。因资产配置比率与市场表现的差异，每年的投资报酬率会有较大的波动。可选择合适的指标来比较当年度的投资绩效	张先生家庭的平均投资报酬率过低，需着力提高家庭生息资产的投资报酬率

素养提升单元：投资与风险管理

一、风险与管控

（一）个人风险与管控

风险最核心的定义是指结果的不确定性。风险有很多方面，个人风险从保险学的角度划分，可以分为财产风险、人身风险、责任风险和信用风险；企业风险指在经营过程中由于各种事先无法预料的不确定因素带来的影响，企业经营者的实际经营效果与预期效果发生一定的矛盾或偏差，从而蒙受损失或获得额外收益的不确定性；政府风险也具有多种类型，就当前来说，政府风险最突出表现在政府债务风险，即常说的地方债风险。我们在这里主要讲的是个人财产风险中的投资风险。

随着社会公众个人财富的增加，投资理财已成为公众财产保值增值的主要方式。资本市场的快速发展带来金融理财产品的日益复杂化，导致投资理财的风险不断释放，因而投资理财引发的纠纷也日益增多。

投资风险是指投资主体为实现其投资目的而对未来经营、财务活动可能造成的亏损或破产所承担的危险。投资风险是投资主体决定是否投资所进行预测分析的最主要的内容。导致投资风险的主要因素有：政府政策的变化、管理措施的失误、形成产品成本的重要物资价格大幅度上涨或产品价格大幅度下跌、借款利率急剧上升等。对于常见的投资风险该如何管控呢？

投资市场有一个本质的规律：高收益高风险。对于风险承受能力一般的投资者来讲，需要更谨慎、更理性地投资。

1. 私募基金门槛高，切勿被虚构的投资项目所骗

私募基金是指以非公开方式向投资者募集资金设立的投资基金，应符合如

下特点：基金管理人在中国证券投资基金业协会登记；基金在基金业协会备案；向合格投资者募集，合格投资者投资于单只私募基金的金额不低于100万元，且符合相应的资产或收入条件；不得承诺保本保收益。当前有一些投资理财产品打着私募基金的旗号，实际上并不符合上述特点。

2. 期货交易重资质，切勿被非法设立的平台所骗

非法平台往往以商品现货交易为幌子，诱导投资者参与到非法的期货交易活动中，造成投资者的财产损失。商品现货交易与期货交易最大的不同在于：商品现货交易通常采取"一对一"的方式协商确定交易的品种、价格、数量、交货时间、地点等合同条款，而非采用标准化合约、集中竞价、连续竞价、电子撮合等方式；商品现货交易通常要发生实物的交割，而不是通过结算买卖差价了结交易。期货交易实际系商品合约的交易，通过结算买卖差价了结交易，不发生实物的交割。根据《期货交易管理条例》的规定，期货业务应当在经批准的期货交易场所进行。

3. 委托理财需担风险，切勿被"保本保收益"所吸引

因委托理财面向的是具有较高风险的金融市场，有关委托人不承担本金亏损风险，具有保底条款的约定，违背了民法的公平原则以及委托关系中责任承担的规则，亦违背了基本的经济规律和资本市场规则，应属无效规定。如果投资者依据含保底条款的委托理财合同诉至法院，法院将认定双方签订的合同无效，并按照合同无效的法律后果进行处理。

4. 账户密码属隐私，切勿盲目信任相关机构从业人员

投资者一定要明确区分证券公司从事资产管理业务与其他金融机构工作人员、从业人员违规代客理财的不同。目前证券公司严禁从业人员从事违规代客理财活动。银行本身及其工作人员的职责范围亦不包括直接操作客户账户资金。如投资者仍私下委托上述人员为其理财，则一般认定为属于该人员的个人行为，与金融机构无关。

5. 涉嫌刑事犯罪要及时报案

投资者如发现自身所投资的项目涉嫌刑事犯罪的，应及时向公安机关报案。依据《最高人民法院关于在审理经济纠纷案件中涉及经济犯罪嫌疑若干问题的规定》的规定，法院在审理上述民事案件过程中，如发现投资者起诉涉及的纠纷已被公安机关等部门立案侦查，且尚未处理完毕的，法院应就该民事案件裁定驳回起诉，并将相关的案件材料移送公安机关。

投资者要强化理性投资理财意识，不能仅追求高回报，盲目相信所投资项目做出的承诺，应当充分认识到高收益往往伴随着高风险，投资理财前应当充分了解该类型理财的相关知识、法律法规。一旦投资，就要强化参与意识，时刻关注理财资产的状况。要有证据意识，如在网络平台投资的，应当注意留存电子合同、平台内理财产品的交易明细、资金往来明细、投资项目相关介绍的网页截图等证据，以防遭遇平台关闭，出现举证不能的风险。

（二）企业风险与管控

1. 企业风险涉及方方面面

（1）委托代理风险。

许多成功的小企业，在达到一定的规模后，企业主或经理发现由他一个人唱"独角戏"管理企业全部业务的局面难以为继，此时就需要将部分管理工作授权其他人承担而由自己抓主要工作，形成委托代理关系。这类风险的主要表现有：人员选择的不确定性；不能委托别人分担沉重的责任和繁杂的决策事务；存在心理障碍，授权者认为"只有我才能干好"，缺乏选拔和指导别人的能力；对下级缺乏信任感。

（2）筹资与财务风险。

资金是企业经营的血液，尤其是发展迅速的增长型企业，往往会面临资金不足的筹资风险，这时便可能会从各种渠道筹措资金，例如，银行等金融机构贷款、发起人增股、向公众招股、从融资租赁公司租赁设备等。资金断链是很危险的，企业必须保有一定量的现金，尤其是筹资能力较差的企业。从日常经营活动来看，只有提供足够的现金，企业才能正常运转。没有充足的现金，将给企业带来严重后果，影响企业的盈利能力和偿债能力，因而降低企业在市场竞争中的信用等级，最终使企业资金周转不灵，甚至资不抵债，走向破产。现金风险主要表现在：业主只对企业的主要财务指标如资产负债率、净资产收益率等感兴趣，而忽视了指标掩盖下的问题；过分注意利润和销售的增长，而忽视手中掌握的现金；固定资产投资过多，使企业的变现能力降低，导致资金沉淀；企业规模盲目扩张，缺乏相应的短、中、长期计划。

（3）成就风险。

有些小企业在度过了一段好时光后开始自满，过分自信，急于求成，但没有做好跃进的准备，或者放弃了过去获得成绩的踏实作风，把精力和时间放在投机或其他事务上，结果往往容易被成就风险所压垮。成就风险主要表现为：满足于眼前成就，开始注重个人享受，对市场占有率和利润的下降不以为然；不注意新的竞争形势、技术变革、原材料替代、新产品和消费者爱好的变化。

（4）持续经营风险。

随着时间的延续，企业的原管理者会逐渐衰老，年龄的增大、事务的繁忙，会使其越来越无法像当初那样胜任自己的工作。而当创办人或业主死亡、长期生病或丧失工作能力时，持续经营风险就会降临。企业的接班人会成为一个焦点问题。

2.企业风险管控

公司治理的实质就是基于一种受托责任的法律合同关系，并以此来规范各利益相关者的权利和义务，让他们充分发挥各自的功能。基于受托责任下的完善的公司治理结构，即公司股东会、公司董事会、公司经理层以及对受托责任履行行为实施监督的公司监事会的权利和责任的法律确认和有效执行。有效的公司治理是防范企业经营风险，增加公司价值的组织保障。

（1）内部控制。

所谓内部控制，是为实现经营效率和效果、财务报告的可信性及相关法律的遵循等组织目标而提供合理保证的过程。其实施者为公司董事会、经理层和其他员工。内控制度是企业为有效实现其目标而设计的内部制度安排，它是为整个企业而设计的系统，企业不应该有任何人能脱离该系统的控制而自由运作。公司内部控制制度的根本就是授权和监督，公司所有人的权限都是在这个组织中被授予的，并要得到有效监督。

（2）风险管理。

要能够很好地防范企业经营风险，必须建立一套有效的企业风险防范制度。公司治理和公司内部控制制度是从企业组织架构上控制因内部管理失误造成公司经营风险。而针对企业经营过程中可能遇见的各种具体风险，还必须建立相应的具体风险防范制度进行防范，比如企业的市场风险、信用风险、资金流动风险、作业风险、法律风险、会计风险、信息风险、策略风险等。

（3）风险审计与评估。

以企业经营风险为导向的审计称为经营风险审计，它是通过专门的审计方法对企业存在的风险进行评估，区别于传统的财务审计。审计关注的重点不仅仅是企业财务错报，而是通过对企业的公司治理、内部控制制度、企业经营策略、企业法律环境等方面的测试，评估企业的经营风险。以企业经营风险为导向的审计越来越被许多国家所重视。随着以企业经营风险为导向的新的审计方法在审计理论研究与实务运用中的日趋成熟，国际审计与鉴证准则委员会（IAASB）以及美国、英国、加拿大等国的审计准则制定机构，都已制定和修订了一系列的相关准则，简称"风险审计准则"。我国也正在借鉴国际审计准则和其他国家审计准则的经验，积极制定适合我国国情的风险审计相关准则。

二、投资行为与风险

（一）资产配置：不要把鸡蛋放到一个篮子里

投资是为了规划将来更好的消费而牺牲当前消费，将资金投入能保值增值的投资工具上的过程。马科维茨的投资组合理论告诉我们，如果想分散风险，那么最佳方法是进行分散化投资，即我们常说的不要把鸡蛋放在一个篮子里。

目前，市场上可供我们投资的产品，具体如表 2-8 所示。

表 2-8　市场上主要投资标的及其特点

类型	投资工具	特点
现金及其等价物	短期存款、国库券、货币市场基金、大额可转让定期存单、短期融资券、央行票据、银行票据、商业票据等	风险低，流动性强，通常用于满足紧急需要、日常开支周转和一定当期收益需要
固定收益证券	中长期存款、政府债券和机构债券、金融债券、公司债券、可转换债券、可赎回债券	风险适中，流动性强，通常用于满足当期收入和资金积累需要
股权类证券	普通股（A股、B股、H股、N股、S股）、优先股、存托凭证等	风险高，流动性强，用于资金积累、资本增值需要
基金类投资工具	单位投资信托、开放式基金、封闭式基金、指数基金、ETF和LOF、FOF和MOM等	专家理财，集合投资，分散风险，流动性较强，风险适中，适用于获取平均收益的投资者
理财产品类投资工具	银行理财产品、信托和券商资产管理计划等	产品种类丰富、设计灵活，专家理财，集合资金进行多元化投资，可有效分散投资风险
衍生金融工具	期权、期货、远期、互换等	风险高，个人参与度相对较低
实物及其他投资工具	房地产和房地产投资信托（REITs）、黄金、资产证券化产品、艺术品、古董等	具有行业和专业特征

在了解了市场上常见的投资产品后，我们需要考虑个人的风险承受能力，因为收益和风险是相伴相生的，高收益一定伴随高风险，但冒大险并不一定能赚大钱（高收益），所以投资中首先考虑的不应是收益，而是风险。那么风险应该如何来量化分析呢？我们可以通过风险属性评分表来为自己测评。风险属性评分表分为"风险承受能力评分"和"风险承受态度评分"两部分，其中

"风险承受能力评分"测评的是个人的客观风险承受能力,根据年龄、就业状况,家庭负担、置产状况、投资经验等客观情况来评分;"风险承受态度评分"则是根据个人的主观价值取向来判断打分。如表2-9所示,为年龄为29岁的某人所做的测评。

表2-9 风险属性评分表

风险承受能力评分						
年龄	10分	8分	6分	4分	2分	客户得分
29	总分50分,25岁以下者50分,每多1岁少1分,75岁以上者0分					46
就业状况	公教人员	上班族	佣金收入者	自营事业者	失业	8
家庭负担	未婚	双薪无子女	双薪有子女	单薪有子女	单薪养三代	8
置产状况	投资不动产	自宅无房贷	房贷<50%	房贷>50%	无自宅	8
投资经验	10年以上	6~10年	2~5年	1年以内	无	6
投资知识	有专业证照	财金科系毕	自修有心得	懂一些	一片空白	8
总分						84
风险承受态度评分						
忍受亏损%	10分	8分	6分	4分	2分	客户得分
10	不能容忍任何损失0分,每增加1%加2分,可容忍>25%得50分					20
首要考虑	赚短现差价	长期利得	年现金收益	抗通膨保值	保本保息	8
认赔动作	默认停损点	事后停损	部分认赔	持有待回升	加码摊平	4
赔钱心理	学习经验	照常过日子	影响情绪小	影响情绪大	难以成眠	4
最重要特性	获利性	收益兼成长	收益性	流动性	安全性	8
避免工具	无	期货	股票	外汇	不动产	8
总分						52

根据该人的具体情况进行风险属性评估得到:其风险承受能力评分为84分,风险承受态度评分为52分。因此,根据表2-10所示的风险矩阵,得出该投资者的推荐资产配置组合为债券30%、股票70%。

表 2-10 风险矩阵

风险矩阵		风险能力	低能力	中低能力	中能力	中高能力	高能力
风险态度		工具	0~19分	20~39分	40~59分	60~79分	80~100分
低态度 0~19分		货币	70%	50%	40%	20%	0%
		债券	20%	40%	40%	50%	50%
		股票	10%	10%	20%	30%	50%
		预期报酬率	5.00%	5.40%	6.00%	6.80%	8.00%
		标准差	3.40%	4.28%	5.64%	7.66%	11.24%
中低态度 20~39分		货币	50%	40%	20%	0%	0%
		债券	40%	40%	50%	50%	40%
		股票	10%	20%	30%	50%	60%
		预期报酬率	5.40%	6.00%	6.80%	8.00%	8.40%
		标准差	4.28%	5.64%	7.66%	11.24%	12.86%
中态度 40~59分		货币	40%	20%	0%	0%	0%
		债券	40%	50%	50%	40%	30%
		股票	20%	30%	50%	60%	70%
		预期报酬率	6.00%	6.80%	8.00%	8.40%	8.80%
		标准差	5.64%	7.66%	11.24%	12.86%	14.57%
中高态度 60~79分		货币	20%	0%	0%	0%	0%
		债券	30%	50%	40%	30%	20%
		股票	50%	50%	60%	70%	80%
		预期报酬率	7.60%	8.00%	8.40%	8.80%	9.20%
		标准差	10.71%	11.24%	12.86%	14.57%	16.34%
高态度 80~100分		货币	0%	0%	0%	0%	0%
		债券	50%	40%	30%	20%	10%
		股票	50%	60%	70%	80%	90%
		预期报酬率	8.00%	8.40%	8.80%	9.20%	9.60%
		标准差	11.24%	12.86%	14.57%	16.34%	18.15%

（二）证券选择：选择合适的投资产品

经过风险测评，我们得到了资产配置的方案，接下来的工作就是证券选择的过程。

1. 股票分析方法

（1）相对估值法。

市盈率是相对估值法常用的指标之一。市盈率是指股票的当前市价与公司的每股收益的比率，即 P/E。其中，P 表示当前市价，E 表示每股收益。

假设你花 10 元购买 A 股票，每股收益为 2 元，简单认为公司每年的净利润全部分配给股东，每股收益就是公司净利润 / 公司发行在外的总股票数额，由此可以看出 P/E 的经济含义：按照公司当前的经营状况（E），投资者通过公司盈利需要用多少年才能收回自己的投资（P），也即要用 10/2=5 年可以收回成本，当然投资者希望越快收回成本越好。所以，在不考虑其他因素的条件下，如果只比较公司的市盈率，那么其数值越小的公司就越具有相对投资价值。但根据市盈率的经济含义可知，如果市盈率的数值小于零，那么其就失去了进行相对估值的比较价值，因此，如果公司正在亏损，将会导致该公司每股收益为负，这样的公司就不适合用市盈率作为相对估值的比率指标，这时我们可以考虑使用市净率和市销率等指标来分析。

市净率也是估值法常用指标之一，它是指股票的当前市价与公司的每股净资产的比率，即 P/B。其中，P 表示当前市价，B 表示每股净资产。

其经济含义为：按照公司现在的净资产状况，投资者付出多少元的价格成本可以得到 1 元的公司净资产。在不考虑其他因素的条件下，如果只比较公司的市净率，那么其数值越小的公司就越具有相对投资价值。

（2）技术分析方法。

所谓技术分析就是图表分析。技术分析法企图通过图表分析的方式来推算出市场未来的发展趋势，根据这种分析得出的结果来参与投资决策，因此技术分析方法主要是试图通过研究证券价格变化规律，根据此规律来进行实际的投资买卖活动。技术分析法中，我们比较熟悉的有 K 线图。K 线是一条柱状的线条，一般由实体柱和影线构成，可以记载和分析股票价格波动。K 线包括最高价、最低价、开盘价、收盘价 4 个主要因素，如图 2-14 所示。

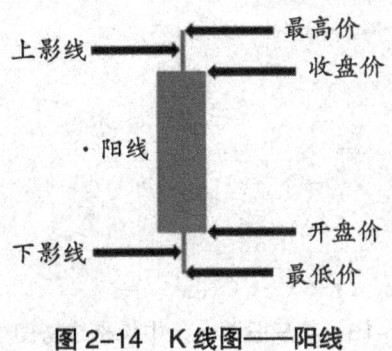

图 2-14　K 线图——阳线

如果当日开盘价低于收盘价形成的是阳线，则代表股价行情上涨，如上图所示；相反，如果当日开盘价高于收盘价形成的是阴线，则代表股价行情下跌。那么 K 线图是如何形成的呢？

如图 2-15 所示，是一天中某只股票的价格走势图，从中可以看出一天股价的走势呈现比较随机的趋势。

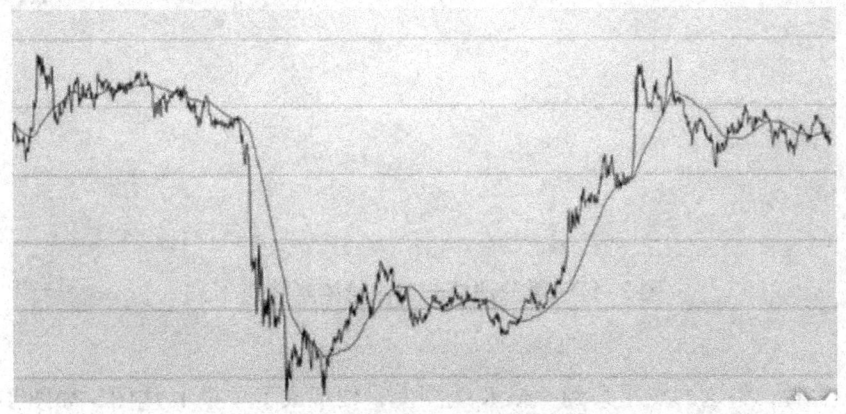

图 2-15　某只股票一天中价格走势图（1）

在图中找出四个要素（或者价格）：最高价、最低价、开盘价、收盘价，并进行标识，如图 2-16 所示。

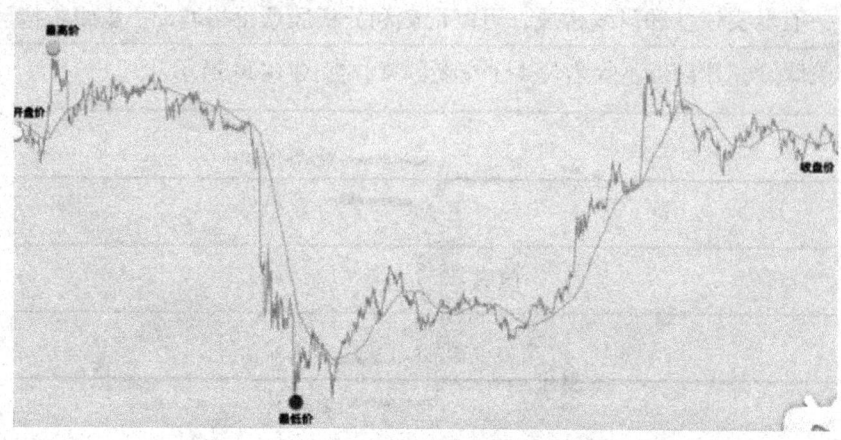

图 2-16　某只股票一天中价格走势图（2）

根据上图标识的最高价、最低价、开盘价、收盘价四个点，画出折线图，如图 2-17 所示。

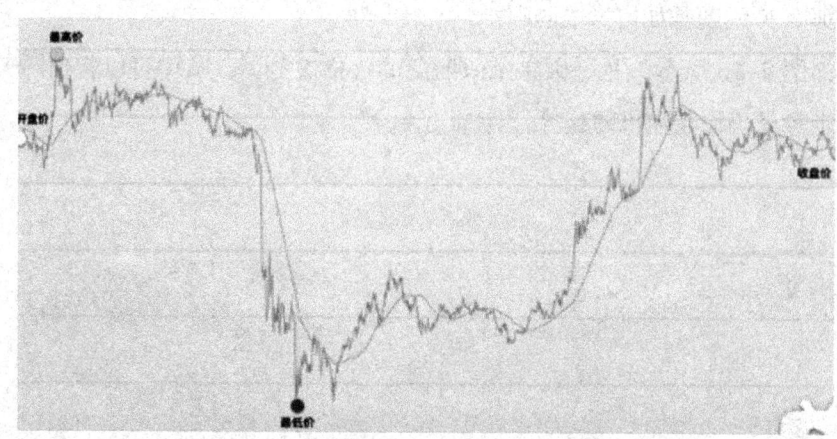

图 2-17　某只股票一天中价格走势图（3）

然后，将这四点平移到一根 K 线图上，便形成了单根 K 线图，如图 2-18 所示。因为收盘价低于开盘价，所以形成了阴线。这就是单根 K 线图的绘制过程。

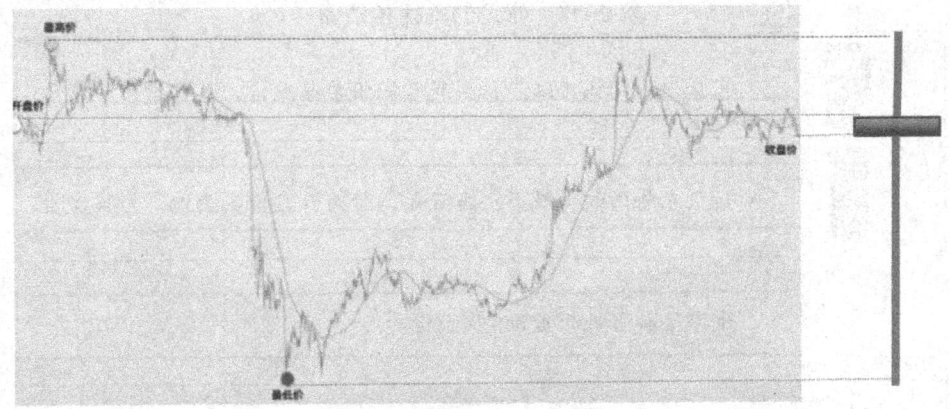

图 2-18　K 线图——阴线的形成

看懂 K 线图，需要了解以下要点。

一是阴阳 K 线数量代表总体趋势。例如，在明显的上涨行情中，阳线的数量会远远多于阴线的数量，如果突然出现阴线数量多于阳线数量，则表示趋势可能将会改变。

二是实体大小表明内在动力和趋势的强弱。我们已经知道 K 线图中"实体"是指开盘价与收盘价的距离，从而可以说明当天股价波动的剧烈程度。例如，小阳的"实体"较小，中阳的"实体"大于小阳，大阳的"实体"又大于中阳，三者都表示多方力量大，但是大阳的多方力量实力要大于中阳，中阳的多方力量实力要大于小阳。

三是影线长短反映转折的意愿强弱。影线代表当日股价震荡幅度和多空博弈强烈程度，上影线越长代表多方力量可能会减弱，所以上影线越长，代表见顶信号，而下影线越长，代表见底信号，这时市场行情反转意愿越强烈。

一些常见的单根 K 线图，如表 2-11 所示。

表 2-11　常见的单根 K 线图

图形	说明
	光头光脚阳线（红）：当日最高价为收盘价，最低价为开盘价
	光头光脚阴线（绿）：当日最高价为开盘价，最低价为收盘价
	十字星：当日开盘价=收盘价
	T字形：当日开盘价=收盘价=最高价
	倒T字形：当日开盘价=收盘价=最低价
	一字形：最高价=最低价=开盘价=收盘价

掌握基本的 K 线图分析方法，可以帮助我们在购买金融资产的择机时点做出理性的判断。技术分析方法本身也存在较多门派，是相对比较成熟和普遍认同的股票分析方法之一。

2. 债券分析方法

债券本质上就是一种债务关系，好比同学跟你借钱的关系一样，投资者是债权人，发行方是债务人，而同学给你开出的借条就相当于我们的债券，只是债券一般是标准化的。那么，同学开出的借条一般会有哪些要素呢？借条中一定会说明还钱的期限、借的本金数额、利息如何计算。相应的，债券也具有这三个要素：期限——债券的期限，本金——债券的面值，利息——债券的息票率。因此面值、息票率、期限称为债券的三要素，普通附息债券每期可以获得的利息收入为面值乘以息票率。

【探索学习2-4】读懂债券产品

以下是我国财政部曾经发行的2003年记账式（三期）国债，你能快速找出该债券的三要素（面值、息票率、期限）吗？

基本资料

债券全称	2003年记帐式（三期）国债	债券简称	国债0303	债券代码	100303
发行量	260亿元	发行价	100元	计息方式	固定利率
期限	20年	发行票面利率	3.4%	交易市场	深圳证券交易所
起息日期	2003-04-17	到期日期	2023-04-17	发行起始日	2003-04-17
上市日期	2003-04-25	发行单位	中华人民共和国财政部	付息方式	周期性付息
币种	人民币	剩余期限	912天	每年付息日	04-17，10-17

债券属于固定收益类产品，安全性要高于股票，风险也相应地低于股票类投资产品。认识了债券，我们就来看看债券投资存在哪些风险吧！债券的风险主要来源于两个风险——利率风险和违约风险。

（1）利率风险。

根据金融资产的定价理论，金融资产的合理价格等于该资产未来的现金流或者收益按照合理的贴现率贴现到当前，因此债券的定价公式如下。

$$P = \sum_{t=1}^{T} \frac{C}{(1+y)^t} + \frac{FV}{(1+y)^T}$$

公式中的 y 即市场利率，显然其他条件不变，市场利率与债券价格是反向变动的。因此，如果未来市场利率上升，则债券价格有下跌的风险。这就是我们常说的债券的利率风险。

（2）违约风险。

所谓违约风险，即到期不能收回本金或不能如期获得利息的风险，这主要和发行的信用紧密相关。如何来判断债券的违约风险呢？其实市场上有专业的债券评级机构,购买债券时,不妨查阅下专业评级机构对你将要投资的债券的评级吧!

国外债券信用级别的划分,有的是"四类十级制",即 A、B、C 各分三级,另加 D 级;有的是"三类九级制",即 A、B、C 各分三级;还有的是"二类六级制",即 A、B 各分三级。一般采用"三类九级制"的比较多,我国目前的债券信用评级就采用这种等级划分方法,即将债券的等级划分为 AAA、AA、A、BBB、BB、B、CCC、CC、C。国际上专业的债券评级机构,我们耳熟能详的包括美国标准普尔公司和穆迪投资者服务公司,其债券等级划分及含义如表 2-12 所示。

表 2-12 债券级别划分

标准普尔公司	穆迪公司	性质	级别	说明
AAA	Aaa	投资	最高	信誉最高,债券本息支付无问题
AA	Aa	投资	高	信誉很高,有很强的支付本息的能力
A	A	投资	中上	信誉较高,有较强的支付能力,但在经济形势发生逆转时,对市场较为敏感
BBB	Baa	投资	中	有一定信誉,有一定支付能力,但在经济形势发生逆转时,较上述级别更易受影响
BB	Ba	投机	中下	有投机因素,但投机程度较低
B	B	投机		投机的
CCC、CC	Caa	投机	投机	可能不还
C	Ca	投机		不还,但可以收回很少一点
DDD—D	C	投机		不还,不履行债务,无收回的可能

根据专业机构的债券评级,我们可以较大程度地了解该债券的违约风险,从而帮助我们做出投资决策。

3. 基金投资方法

如果想降低风险，就应该尽量分散化投资，而市场上刚好有一种适合分散化投资的产品，即基金。证券投资基金是指通过公开发售基金份额，将众多投资者的资金集中起来，由基金托管人托管，基金管理人管理和运作资金。显然投资基金是一种利益共享、风险共担的集合投资方式。

如何来挑选合适的基金呢？基金按照投资对象不同可分为货币市场基金、债券型基金、股票型基金、混合型基金等，投资者需要根据自己的风险承受能力来选择基金类型。

在选择基金时，我们需要考查基金公司规模、基金管理人的研究水平、投资管理水平以及过往投资业绩。此外，市场中也有专门评级机构对基金进行评级，例如晨星公司。

基金投资中常见的投资方法包括平均成本法（定额定期投资）及固定比例投资法。平均成本法又称为基金定投，它是指每隔一段固定的时间（如一个月或半个月）以固定的金额去购买某种基金，该方法的优势在于可以摊平成本——当基金价格较低时，可以买到较多的基金份额；当价格较高时，只能买到较少的份额，长此以往可以降低购买基金的单位平均成本。但要求投资者能够持之以恒并具有长期稳定的资金来源。

固定比例投资法是指按固定的投资比例分散买进几只不同种类的基金，定期进行调整；当某类基金价格涨得较高时，卖出该基金，补进价格下跌的基金品种。在基金投资中可以采用以上投资法，降低风险实现收益。

【合作学习 2-2】定制投资方案

我们介绍了如何为投资者进行风险测评，在风险测评基础上进行资产配置。请您根据自身情况，尝试为自己进行风险测评，并为自己量身定制一份资产配置方案吧！

三、家庭保险：基本生存与生活品质的保证

【探索学习 2-5】看懂你的工资条

小湄 6 月份大学毕业，和大部分的毕业生一样，她加入了求职大军，开始在网上投简历。某天，她收到一家公司的面试通知，兴冲冲地去面试。公司看起来挺不错，面试也很顺利。当小湄报出预期薪水时，HR 也没有表示异议。回家后的第二天，小湄收到了 HR 的电话，通知她下周入职。新人有两个月实习期，实习期工资为 4000 元，等到转正之后工资为 6000 元。

两个月之后，小湄终于收到了人生的第一份正式工资，可是她惊讶地发现自己拿到手的钱并没有 6000 元。工资条上写着两条她不太懂的条目，分别是社保和公积金。除了个人所得税之外，这两项还扣掉了不少钱。拿着工资条，一肚子疑惑的小湄只好向也是 HR 的邻居小花请教。小花比小湄早工作 3 年，现在是一家企业的 HR 经理。

看到一脸疑惑的小湄，小花说："首先要恭喜你进了一家正规公司，要知道不是每家公司都会按照国家规定为员工缴纳社保和公积金，毕竟这些都算是公司的人力成本。你问的这个社保和公积金，我们一般统称为'五险一金'。"

你知道什么是"五险一金"吗？它们的缴交有怎样的要求？

（一）社会保障制度：惠及每个人

"五险一金"中的"五险"指养老保险、医疗保险、生育保险、工伤保险和失业保险，"一金"指住房公积金。

1. 养老保险

养老保险是社保的组成部分之一。顾名思义，养老保险的目的就是解决我们的养老问题。毕竟，不是所有人都有储蓄和理财投资的习惯，要是一个人工作到退休，突然发现自己没有任何积蓄，没有任何收入，也没买过任何养老保险，那接下来的几十年该怎么过呢？

在过去的中国，很多人会选择"养儿防老"，但现在都21世纪了，估计没几个人还幼稚地觉得可以养儿防老吧。所以养老保险的出现，就是为了解决大部分人的养老问题。

既然要解决养老问题，那总得要钱吧，这个钱从哪里来呢？

答案很简单，由个人和公司共同缴纳。也就是说，每个月从你自己的工资中拿出一部分，公司再拿出一部分，帮你存起来，这样一个月一个月地存下去，等你退休之后，就可以领取养老金了。

那么，个人和公司各自缴纳多少呢？

按照2020年广州的规定，个人缴纳工资的8%，公司缴纳工资的20%。也就是说，如果你的基本工资是10000元的话，则每个月养老保险要扣掉800元，公司还要代缴纳2000元，所以说这也是人力成本！

那钱去哪儿了呢？

答案是：个人缴纳的钱进入了个人账户，这部分的钱都是你的；而公司缴纳的部分进入了统筹账户。既然叫统筹账户，顾名思义，也就是说进入这个账户的钱不由我们自己做主，是统筹安排的。

根据国家规定，只要缴纳养老保险15年，就可以在退休后领到退休金。如果没有缴满15年，那你就只能领回个人缴纳的部分，统筹账户的那部分就法领回了。

现在问题来了，退休之后你究竟能够领到多少养老金？这里就涉及一个相对复杂的计算公式——养老金计发公式：（统筹地上年度职工月平均工资＋本人指数化月平均缴费工资）÷2×[缴费年限（含视同缴费年限）×1%]＋个人账户储存额÷计发月数。

听起来有点复杂，我们来举个例子。

小湄25岁工作，60岁退休，那就工作了35年。假设工资不变，一直是5000元，而全省上年度在岗职工月平均工资也是5000元，个人平均缴费基数为1.0，那么小湄每个月的养老金为：[（5000＋5000×1）÷2×35×1%]＋[（5000×8%×12×35）÷139] ≈ 2959元。

2. 医疗保险

社保中的医疗保险,是为补偿疾病所带来的医疗费用的一种保险。当你生病时,不管是吃药还是住院、做手术,都会产生费用。如果你有医疗险,就能按规定报销一部分费用,从而减轻经济压力。

那么,就医报销的钱从哪里来?和养老保险一样,我们自己交一部分,公司也会帮我们交一部分。按照规定,医保以缴纳基数为准,单位交10%,个人交2%。每个城市的缴纳基数都不一样,具体数据在社保网上可以查询。

3. 失业、生育和工伤保险

(1)失业保险。

有些同学对失业保险的理解很简单,觉得就是交了一段时间的钱之后,如果自己失业了,就可以领救济金了,这么想就太天真了。想要领失业保险,你至少要满足三个条件。

第一,所在单位和本人缴费满1年;

第二,非因本人意愿中断就业;

第三,已办理失业登记,并有求职要求。

听上去有些抽象,我们还是再次以小湄为例来说明一下。小湄新入职了一家公司,岗位是新媒体运营。老板常常提出各种奇葩要求,比如用1000元预算做出"10万+"阅读量的文章。小湄很不满,3个月不到就愤而辞职,打算重新找份工作。那么,她是否符合申请失业保险的要求呢?

答案是否定的。因为小湄并非被辞退,而是她自己主动要求离职,所以不符合"非本人意愿中断就业"的要求,而且小湄在前公司缴纳失业保险的时间不满1年,所以即使小湄是被辞退的,也无法享受到失业保险。

那到底哪些情况才算符合"非本人意愿中断就业"的要求?

顾名思义,这一要求指的是自己愿意继续工作,但由于用人单位方面的问题导致自己被迫失业。常见的情况包括两种:劳动合同到期,用人单位不愿意续签;用人单位单方面解除劳动合同。

但其实就算以上条件都满足,要领取失业保险,还需要在离职之日起60

日内，持户口簿、身份证、解除劳动合同或者工作关系的证明和照片，到户口所在街道、镇劳动保障部门进行失业登记，才能办理领取失业保险。失业保险金的标准是：低于当地最低工资标准，高于城市居民最低生活保障标准。

（2）生育保险。

生育保险全部由公司缴纳，所以如果没有工作单位，比如自由职业者，是很难享受这个保险的。

我们国家的生育保险主要包含三项：生育津贴、生育医疗待遇、产假，这三部分基本涵盖了怀孕生子的整个过程。

先说产假，它是指在职妇女产期前后的休假待遇，一般从分娩前半个月至产后两个半月。按照生育保险相关规定，女职工生育享受 98 天产假；难产的增加产假 15 天；生育多胞胎的，每多生育 1 个婴儿增加产假 15 天。女职工怀孕未满 4 个月流产的，享受 15 天产假；怀孕满 4 个月流产的，享受 42 天产假。不过，各个地区和单位会根据具体情况而有所不同。

"二孩"政策推广之后，很多地区相继调整了产假时间，取消晚育假，同时给予一定奖励假。比如北京取消了 30 天晚育假，增加了 30 天生育奖励假以及生育津贴。

产假变长，员工高兴了，但是老板就"头大"了。你这么长时间不上班，我还要给你付工资？还好有生育保险，它就是用来付这部分工资的。

虽然男性不能直接使用生育险，但是如果妻子有工作的话，配偶可以享受 10 日的护理假津贴。津贴的日支付标准，是按照其配偶生育的上一个月用人单位为其缴纳生育保险费的基数除以 30 日来计算的。如果妻子没有生育保险的话，也可以使用配偶的生育保险，享受 50% 的生育保险待遇。

（3）工伤保险。

小湄因为工作原因得了职业病，一段时间内没办法正常上班，只能在家休养。这个时候，工伤保险就能为她提供一定的经济补偿。这些经济补偿不仅包括医疗、康复所需的费用，还包括保障小湄基本生活的费用。

可能很多同学更关心的问题是：究竟在什么情况下才能算工伤？根据《工伤保险条例》，工伤的界定是有严格条件的，即在工作时间和工作场所内，因工作原因受到事故伤害。

工伤保险呢，最好不要有机会领。但如果你受了工伤，一定要注意保留证据，及时申请。如果证据不足，或者距离受伤的时间超过1个月，都是无法被认定为工伤的。

4. 住房公积金

说完五险，我们再来说剩下的"一金"，也就是我们日常说的住房公积金，简称公积金。简单而言，"一金"就是给你买房子用的钱，或者说是跟住有关的钱。住房公积金也是由单位和个人按照同等比例共同缴纳的。城市不同，缴纳的比例也有差异。公积金并不像医疗保险和养老保险那样有统筹账户，单位和个人交的钱，全部都会进入你的个人账户。

那么，住房公积金可以怎么使用？

从名字上看，住房公积金一定是与房子有关。首先就是买房。如果你可以一次性全款买房不用贷款，那就可以把公积金里的钱一次性全取出来使用；如果需要银行贷款买房，那么提取公积金就可以用来付首付，或者偿还本金和利息。其次就是租房。同样，不同地区的公积金每个月提取的标准也不同。最后，公积金除了用于买房和租房，像在农村集体土地上建造、翻建、大修自有住房的，也可以使用。

（二）风险管理与保险规划：风险有多险

风险是指事件结果发生的不确定性，通常表现为实际结果与预期结果的偏差。有些风险事件只能给人们带来损失而不会产生收益，这种风险被称为纯粹风险。纯粹风险无处不在，那么，当我们时刻处在风险暴露中，该如何来管理风险呢？

显然，保险就是风险管理方式的一种，即将风险转移给保险公司。

1. 如何看懂保险合同

《保险法》第二条规定：保险是指投保人根据合同约定，向保险人支付保险费，保险人对于合同约定的可能发生的事故因其发生所造成的财产损失承担赔偿保险金责任,或者当被保险人死亡、伤残、疾病或者达到合同约定的年龄、期限等条件时承担给付保险金责任的商业保险行为。

从该定义可知,保险分为人身保险和财产保险。人身保险是以人的寿命和身体为保险标的的保险,包括人寿保险、年金保险、健康保险和意外伤害保险。财产保险是以财产及其有关利益为保险标的的保险,包括财产损失保险、责任保险和信用保证保险。

保险合同即保单条款,合同中包括目录、个人信息、产品信息、保单条款详细解释。看保险合同,首先在个人信息和产品信息页要仔细核对个人信息和产品信息。接下来,如何看懂保险条款呢?

一是看保什么。看保险责任,什么情况下能赔。

二是看不保什么。看免责条款、免赔额,什么情况下不赔。

三是看退保能退多少钱,也就是保单现金价值。什么是保单现金价值呢?我们都知道,自然保费和均衡保费是人寿保险的两种保费形式,自然保费即每期缴费随死亡率的变化而变化的保费,但实际中我们每期缴费的数目都一样,这叫均衡保费,如图 2-19 所示,就会出现前期均衡保费大于自然保费的情况,从而形成现金价值。现金价值是投保人退保时可以得到的现金数额,也称解约金或退保金。领取保单的现金价值是投保人的权利。

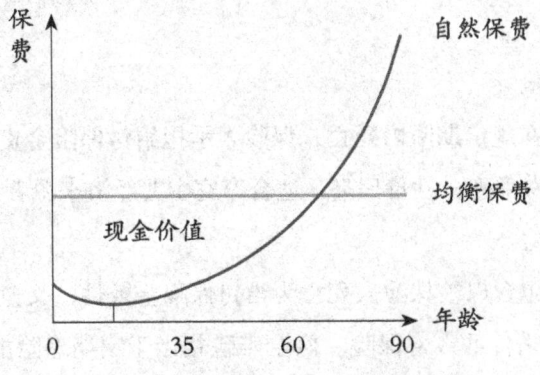

图 2-19 保单现金价值的形成

（1）何时退无损失——犹豫期。

犹豫期是投保人可以撤销保险合同，收回已缴保费的约定期限。保险人扣除不超过 10 元的成本费。通常约定为 10 日，若商业银行代理销售的保险产品保险期间超过 1 年的，应在合同中约定为 15 日。以投保人、被保险人收到保单并书面签收日起算，具体以保单中的约定为准。

（2）何时出险能赔——等待期。

保险等待期是在购买保险签署合同时需要关注的问题，它是指合同生效的期限，一般分为 30 天、90 天、180 天，如果在这个指定时间内发生了事故出险，受益人也无法获得保险赔偿。设置这个期限的目的在于防止投保人预知事故发生，马上进行投保以获取利益的行为。

（3）忘记缴费怎么办——宽限期。

宽限期是续期保费可适当推延而不影响保单效力的期限，宽限期内保单有效，保险公司给付保险金额时需扣除欠交的续期保费；在宽限期外，保单效力中止或者由保险人按照合同约定的条件减少保险金额。所以，在保单持有期间要特别注意及时缴费，若逾两年未缴保费，保单可能被解除。

2. 如何为家庭进行保险规划

为家庭制作保险规划，需要先了解清楚市场常见的保险产品。在此我们主要介绍人身保险产品。

（1）定期寿险。

若被保险人在规定期限内死亡，保险人承担给付保险金责任。定期寿险保险责任单一，保费低廉，性价比高，适合家庭主要经济来源者。

（2）两全寿险。

两全寿险既包含以被保险人死亡为给付保险金条件，又包含以被保险人生存为给付保险金条件的人寿保险。两全寿险相当于定期寿险加储蓄双重作用，相应的，两全寿险比前两种保险产品的保费更高。

（3）重疾险。

重疾险是指由保险公司经办的以特定重大疾病为风险发生时，当被保人达到保险条款所约定的重大疾病状态后，由保险公司根据保险合同约定支付保险金的商业保险行为。重大疾病保险的保险责任采用列举法，保险公司仅承担所列举的保险责任。

重大疾病保险责任至少包括以下6项：恶性肿瘤（不包括部分早期恶性肿瘤）；急性心肌梗死；脑中风后遗症（永久性的功能障碍）；重大器官移植术或造血干细胞移植术；冠状动脉搭桥术（或称冠状动脉旁路移植术）；终末期肾病（或称慢性肾功能衰竭尿毒症期）。

（4）意外险。

意外险是指被保险人在保险有效期间，因遭遇非本意的、外来的（非身体内部原因）、突然的意外事故，致使其身体遭受伤害而伤残或死亡时，保险人依照合同约定给付保险金的保险。

判定意外事故条件包括：非本意也即故意使事故发生的除外、外来性也即排除身体内部原因、突然性也即渐进性除外。定义中的伤害是指身体机能的伤害，而不是精神损失或肖像权、名誉权侵害等。

为家庭进行保险规划，首先需要了解几种测算家庭所需合理保额的方法。

第一种，经验法则。保额约为家庭年税后收入的10倍。例如：刘先生年税后收入35万元，刘太太无收入，则家庭寿险保额约为35×10=350万元。该方法的缺陷是比较粗略。

第二种，生命价值法。该方法的原理是以理赔金弥补保险事故发生导致收入下降的负面影响，计算时不需要扣除过去已累积的生息资产变现值，适合于估算家庭成员特别是家庭主要收入者不幸给家庭造成的净收入损失。计算方法为：应有保额＝个人工作期收入现值－个人工作期支出现值。

第三种，遗属需要法。该方法的原理是以理赔金保障遗属未来生活开支所需，原来累积的资产净值可用于供养遗属，计算值需要扣除过去已累积的生息资产变现值。计算方法为：应有保额＝遗属生活费用缺口＋紧急预备金＋子女高等教育金现值＋房贷及其他负债＋丧葬最终支出现值－家庭生息资产变现值。

以上是关于我们应该买多少金额的保险，那么我们应该买哪几种保险呢？

首先我们要知道自己心中的风险排序。每个人对不同风险的排序都可能不一样，一般而言，风险优先顺序是死亡、残疾、重疾、医疗、退休，风险承担者的保障顺序是家庭主要收入者、次要收入者、小孩。那么，与以上风险顺序相对应的产品配置顺序为定期寿险、意外险、重疾保险、医疗险、终身寿险，但实际中还需根据个人情况对风险顺序进行调整。

四、现代人需要的财经法律智慧

在法治社会，我们的一言一行都与法律密不可分，而处理人与人之间关系的基本准则就是法律，因此，每个人都应当掌握一些必要的财经法律知识。

2020年5月8日，十三届全国人大三次会议表决通过了《中华人民共和国民法典》，这是中华人民共和国成立以来第一步以"法典"命名的法律，是一部具有中国特色、体现时代特征、反映人民意愿的民法典，具有划时代的意义。《中华人民共和国民法典》其实就是9部法律的合集——《中华人民共和国婚姻法》《中华人民共和国继承法》《中华人民共和国民法通则》《中华人民共和国收养法》《中华人民共和国担保法》《中华人民共和国合同法》《中华人民共和国物权法》《中华人民共和国侵权责任法》《中华人民共和国民法总则》。在《中华人民共和国民法典》生效之日起，上述9部法律同时废止，因此《中华人民共和国民法典》本质上是对现有法律的一次梳理，而不是新增了相关的法律条文。

（一）民事法律关系的主体

从法律上讲，民事法律关系的主体包括自然人、法人和非法人组织。

自然人指依法具有民事权利能力和民事行为能力的个人，其中个体工商户和农村承包经营户为自然人的特殊表现形式。而作为单个的自然人，又可以分为完全民事行为能力人、限制民事行为能力人、无民事行为能力人。

完全民事行为能力人是指18周岁以上的成年人或16周岁以上不满18周

岁以自己的劳动收入为主要生活来源的未成年人，其可以独立享受相应的民事权利、独立承担民事法律责任。限制民事行为能力人包括8周岁以上的未成年人及不能完全辨认自己行为的成年人，这部分未成年人只能承担与年龄相当的民事权利和承担与年龄相当的民事法律责任。无民事行为能力人则是指不满8周岁的未成年人及完全不能辨认自己行为的成年人，无民事行为能力人需在监护人监护下行使民事权利履行相应义务。

【探索学习2-6】假如你是法官

小王还有半年就满18周岁，由于无心向学，父母身体也不好，初中毕业就出来打工了。每个月除去自己的花销，还能给家里寄回一些钱，补贴家用。一天下班后，小王回到单位宿舍，与室友因为琐事争吵起来。小王一时冲动，把室友打伤。受害人经过鉴定为轻微伤，医疗费用3000多元，小王被治安拘留10天。受害人起诉小王赔偿医疗费。小王认为自己还未满18岁，没有成年，不用赔偿受害人。法院应如何判决？

（二）婚姻规则

学习婚姻法相关知识，能够让我们对恋爱、结婚、离婚、再婚以及离婚的方法和步骤、财产分割、房产归属等涉猎问题有更清晰的认识，从而保障我们个人在婚姻中的合法权益。在此，我们侧重来介绍婚姻法下关于夫妻财产归属的问题。

根据法律规定，夫妻在婚姻关系存续期间所得的下列财产，属夫妻共有财产：工资、奖金；生产、经营的收益；知识产权的收益，即婚姻关系存续期间，实际取得或者已经明确可以取得的财产性收益；继承或赠与所得的财产，但遗嘱或赠与合同中确定只归夫或妻一方的财产除外；其他应当归共同所有的财产，如夫妻一方个人财产在婚后产生的收益；男女双方实际取得或应当取得的住房补贴、住房公积金；男女双方实际取得或应当取得的养老保险金、破产安置补偿费。

婚姻存续期间，属于夫妻一方的财产包括：一方的婚前财产；一方因身体受到伤害获得的医疗费、残疾人生活补助费等费用；遗嘱或赠与合同中确定只归夫或妻一方的财产；一方专用的生活用品；军人的伤亡保险金、伤残补助金、医药生活补助费；其他应当归一方的财产。

在现代社会，房产等不动产在家庭资产中占较大比重，因而对婚姻中不动产的归属做出了专门的详细规定，如表2-13所示。

表2-13 关于婚姻中不动产归属的规定

情形	不动产归属
婚后由一方父母出资为子女购买的不动产，产权登记在出资人子女名下的	视为只对自己子女一方的赠与，属于夫妻一方的个人财产
由双方父母出资购买的不动产，产权登记在一方子女名下的	双方按照各自父母的出资份额按份共有，但当事人另有约定的除外
夫妻一方婚前签订不动产买卖合同，以个人财产支付首付款并在银行贷款，婚后用夫妻共同财产还贷，不动产登记于首付款支付名下的	离婚时按该不动产由双方协议处理，不能达成协议的，人民法院可以判决该不动产归产权登记一方；尚未归还的贷款为产权登记一方的个人债务；双方婚后共同还贷支付的款项及其相对应财产增值部分，离婚时应由产权登记一方对另一方进行补偿

（三）继承规则

在我国，遗产继承形式有以下四种。

1. 遗嘱继承

被继承人生前所成立的处理其死后遗产的单方法律行为，也即被继承人生前留下有效遗嘱而发生的继承。遗嘱的方式包括以下几种。

（1）公证遗嘱。

公证遗嘱必须由遗嘱人亲自到公证机关办理，不可由他人代理。

公证遗嘱办理需满足以下条件：第一，遗嘱人必须要有完全民事行为能力；第二，遗嘱人所立的遗嘱必须是其真实意思表示；第三，遗嘱人对遗嘱所处分的财产必须是有处分权的;第四,遗嘱的内容必须合法。公证人员认为立遗嘱人的申请符合规定、决定受理申请的,发给受理通知单,并按规定标准收取公证费。立遗嘱人如交纳公证费有困难的,可提出书面减免申请。审批合格后,公证处按司法部规定或批准的格式制作公证书,除法律另有规定外,遗嘱公证书自批准之日起生效。

(2)自书遗嘱。

自书遗嘱需由遗嘱人亲笔书写全部内容,由遗嘱人签名,并注明年月日。自书遗嘱不能由他人代笔,且不能打印。

(3)代书遗嘱。

代书遗嘱指遗嘱人口授遗嘱内容,且必须有两人以上的见证人在场见证,当然代书人也可作为见证人,但对见证人在法律中有一定限制,下列这些人员不能成为遗嘱见证人:无行为能力人、限制行为能力人;继承人、受遗赠人;与继承人、受遗赠人有利害关系的人,包括继承人、受遗赠人的债权人、债务人、共同经营的合伙人。简而言之,也就是未成年人和相关利益方不能作为见证人。代书人、其他见证人和遗嘱人要在遗嘱上签字,并注明年月日。

(4)打印遗嘱。

现代社会,随着电脑的普及,还出现了打印遗嘱。打印遗嘱需要两个以上见证人在场见证,打印遗嘱中遗嘱人和见证人需在遗嘱的每一页签名,并且注明年月日,才算有效。

(5)录音录像遗嘱。

录音录像遗嘱是遗嘱人亲自口授或者录音录像的遗嘱内容。录音录像遗嘱也必须由两个以上的见证人见证,见证人的见证证明应录制在录制遗嘱的音响磁带或录像中。

录音录像遗嘱设立后,应将录制遗嘱的磁带或影像资料封存,并由见证人共同签名,注明年月日。

(6)口头遗嘱。

口头遗嘱也即被继承人在两个或以上有效的见证人情况下口头立下的遗嘱,但该方式必须是在遗嘱人不能以其他方式设立遗嘱的危急情形下做出的。

所谓危急情形，一般是指遗嘱人生命垂危或在战争中或发生意外灾害，随时都有生命危险，来不及或无条件设立其他形式遗嘱的情形，但如果日后危急情形排除后，遗嘱人能够设立其他形式遗嘱的，则该口头遗嘱失效。

按照目前的法律规定，以上6种遗嘱的法律效力是一致的，在多种遗嘱形式存在的情况下，一般以最后一份有效遗嘱为准。

2. 法定继承

如果被继承人生前未留下遗嘱，也就是无遗嘱继承情况下，将按照法定继承分配遗产，分为第一顺位和第二顺位继承。

第一继承顺序：配偶、父母、子女。

第二继承顺序：兄弟姐妹、祖父母、外祖父母。

继承开始后，先由第一顺序继承人继承，第二顺序继承人不继承。当没有第一顺序继承人继承的，由第二顺序继承人继承。

在继承顺序中，"子女"包括婚生子女、非婚生子女、养子女和有扶养关系的继子女；"父母"包括生父母、养父母和有扶养关系的继父母；"兄弟姐妹"包括同父母的兄弟姐妹、同父异母或者同母异父的兄弟姐妹、养兄弟姐妹、有扶养关系的继兄弟姐妹。

3. 遗赠

遗赠是指受遗赠人是法定继承人之外的第三人，其中第三人也包括国家和集体。

4. 遗赠扶养协议

原《继承法》第31条规定：公民可以与扶养人签订遗赠扶养协议，按照协议，扶养人承担该公民的生养死葬义务，享有受遗赠的权利。

模块三　信息素养

学习导航

信息一词对我们来说并不陌生，每个人都在与各种各样的信息"打交道"，信息对我们的重要性不言而喻，它跟我们的生活可谓"息息相关"。在这一模块，我们主要在漫话信息与信息素养的基础上，更进一步地探讨信息与信息社会、探索信息获取的相关技能和途径，并在技能探索中进一步提升自己的个人信息管理与保护能力、树立信息意识、建立数字素养、培育网络素养、维护信息安全环境等，从而帮助我们更好地适应现代社会的进步和发展，把握时代的信息脉络，与新时代共成长。

知识学习单元：漫话信息与信息素养

【案例导入】拿破仑的滑铁卢与罗斯柴尔德的凯旋门

不少读过宋鸿兵创作的《货币战争》的读者，可能会对其中第一章第一节"拿破仑的滑铁卢与罗斯柴尔德的凯旋门"里描述的故事印象比较深刻。

1815年6月18日，在比利时布鲁塞尔近郊展开的滑铁卢战争，不仅是拿破仑和威灵顿两支雄师之间的生死决斗，也是成千上万投资者的巨大赌博，赢家将获得空前的财富，输家将损失惨重。伦敦股票交易市场的空气紧张到了极点，所有的人都在焦虑地等待着滑铁卢战争的终极结果。假如英国败了，英国公债的价格将跌进深渊；假如英国胜了，英国公债将冲上云霄。

正当两支狭路相逢的雄师进行着殊死战斗时，罗斯柴尔德家族的间谍们也在紧张地从两军内部收集着尽可能正确的各种战况进展的情报。更多的间谍们随时负责把最新战况情报转送到离战场最近的罗斯柴尔德家族情报中转站。到傍晚时分，拿破仑的败局已定，一个名叫罗斯伍兹的罗斯柴尔德快信传递员目睹了战况，他立即骑快马奔向布鲁塞尔，然后转往奥斯坦德港。当罗斯伍兹跳上了一艘持有特别通行证的罗斯柴尔德快船时，已经是深夜时分。这时英吉利海峡风急浪高，在付了2000法郎的用度之后，他终于找到了一个水手连夜帮他渡过海峡。当他于6月19日清晨到达英国福克斯顿的岸边时，内森·罗斯柴尔德亲身等候在那里。内森快速打开信封，浏览了战报标题，然后策马直奔伦敦的股票交易所。

当内森快步走进股票交易所时，正在等待战报的焦虑而激动的人群立即安静下来，所有人的目光都注视着内森那张毫无表情、高深莫测的脸。这时，内森放慢了脚步，走到自己的被称为"罗斯柴尔德支柱"的宝座上。此时他脸上的肌肉仿佛石雕一般没有丝毫情绪浮动。这时的交易大厅已经完全没有了往日的喧嚣，每一个人都把自己的富贵荣辱寄托在内森的眼神上。稍过片刻，内森冲着环侍在身边的罗斯柴尔德家族的交易员们递了一个深邃的眼色，大家立即一声不响地冲向交易台，开始抛售英国公债。大厅里立时一阵骚动，有些人开始交头接耳，更多的人仍然不知所措地站在原地。这时，相当于数十万美元的英国公债被猛然抛向市场，公债价格开始下滑，然后更大的抛单像海潮一般一波比一波猛烈，公债的价格开始崩溃。

这时的内森依然毫无表情地靠在他的宝座上。交易大厅里终于有人发出惊叫："罗斯柴尔德知道了！""罗斯柴尔德知道了！""威灵顿战败了！"所有的人立即像触电一般回过味来，抛售终于变成了恐慌。人在猛然失去理智的时候，跟随别人的行为成了一种自我强制性行为。每个人都想立即抛掉手中已经毫无价值的英国公债，尽可能地留住所剩无几的财富。经过几个小时的狂抛，英国公债已成为一堆垃圾，票面价值仅剩下5%。

此时的内森像一开始一样，仍漠然地看着这一切。他的眼睛以一种不经过长期练习就不可能读懂的眼神稍微地闪动了一下，但这次的信号完全不同。他身边的众多交易员立即扑向各自的交易台，开始买进市场上能见到的每一张英国公债。

6月21日晚11点，威灵顿的信使亨利·珀西终于到达伦敦。他带来的消息是：拿破仑雄师在8个小时的苦战后被彻底打败了，损失了1/3的士兵，法国完了！

这个消息比内森的情报晚了整整一天！而内森在这一天之内，狂赚了20倍的金钱，超过拿破仑和威灵顿在几十年战争中所得到的财富的总和！

从这个带着"生动、有趣、紧张"旋律的故事里，可以看出信息对一场"货币战争"胜负的重要性，率先掌握相关信息的人可以在一定程度上掌握主动权，在别人还未做好准备时已经想好了对策，采取了行动。在日常生活中，信息的重要性虽然不像故事里那样生死攸关，但是信息对于我们每一个人的重要性是不言而喻的，我们生活在一个"信息爆炸"的时代，拥有优秀的信息素养，能够帮助我们在未来取得更大的成就。

作为新时代的大学生，信息素养已然成为我们的必备素养之一。相信很多人都有过为了解决某方面自己暂时并不熟悉的问题，小到图书馆几点开门、学校周边哪里有美食等，大到求职升学、成家立业，都需要通过多种途径搜索相关信息来给予我们帮助的经历。

小林是刚进入大学几个月的大一新生，在经历了报到、入学教育之后正式开始了她的大学生活。在入学教育时师兄师姐向她介绍了学校的环境、设施，带她游览了校园；图书馆老师给她介绍了如何使用学校图书馆的馆藏资源，如何在图书馆找到她想要的书籍、资料，如何借用这些书籍、资料、电子阅读器等；专业主任重点向她介绍了所学专业的背景、所学课程以及未来的就业前景等。为了更好地度过自己的大学生活，了解自己专业的就业情况、未来能够从事的相关职业发展现状等，小林打开电脑想在网上找到一些相关资料，但是当她输入自己专业的名称加就业情况时，搜索到的结果并不能让她满意。一是感觉搜索到的信息很杂，不知道哪个是有效信息；二是自己想要看到的本专业的就业率数据大都是几年前的，感觉时效性不高。那么，作为一名大学生，我们如何去检索到自己需要的信息呢？这就需要我们在日常的生活学习中养成较高的信息素养，在海量信息中找到自己想要的、具有可信度的有效信息。

教育部在 2018 年 4 月《关于印发〈教育信息化 2.0 行动计划〉的通知》中提到，"通过实施教育信息化 2.0 行动计划，到 2022 年基本实现'三全两高一大'的发展目标，即教学应用覆盖全体教师、学习应用覆盖全体适龄学生、数字校园建设覆盖全体学校，信息化应用水平和师生信息素养普遍提高，建成'互联网＋教育'大平台，推动从教育专用资源向教育大资源转变、从提升师生信息技术应用能力向全面提升其信息素养转变、从融合应用向创新发展转变，努力构建'互联网＋'条件下的人才培养新模式、发展基于互联网的教育服务新模式、探索信息时代教育治理新模式。"同时，随着现代信息技术的发展，一些信息技能、信息素养大赛也逐渐出现在人们的视野中，如由教育部高校图工委高职高专院校分委员会、高等教育文献保障系统（CALIS）管理中心联合武汉职业技术学院、深圳职业技术学院、北京万方数据股份有限公司等多家企业共同组织的"万方杯"2020 年全国高职院校信息素养大赛。

一、信息及其相关概念

（一）信息和信息的"小伙伴"们

如果你想搜寻我们在日常生活中经常用到的和信息相关的词语的定义，比如信息、知识、文献、情报等，你可能会发现并没有"标准答案"，研究者从自己的研究领域出发，可能会对它们分别得出不同的定义。

对于我们生活中的大部分人而言，信息可能就相当于"音信"和"消息"，其字面的基本释义为人或事物的动向或变化的情况。知识是我们另一个在生活中经常提及的词语，"知识就是力量""知识改变命运"这些话语大家耳熟能详，但知识到底是什么呢？同样的，知识也没有一个统一明确的界定。知名的古希腊哲学家柏拉图有一个经典的定义：一条陈述能称得上是知识，必须满足三个条件，它一定是被验证过的、正确的，而且是被人们相信的。知识也是人类在实践中认识客观世界（包括人类自身）的成果，它包括事实、信息的描述或在教育和实践中获得的技能。知识是人类从各个途径获得的经过提升总结与凝练的系统的认识。文献是记录知识的载体，当用户获取文献中的知识并利用时，这部分文献知识就转化成了用户的情报，但文献可能只是情报来源之一，情报还可以是口头或实物。人们把各种理论知识用于实践过程后推动了事物的运动，可能又会产生新的信息，成为人们的新的信息来源。同样一个信息对于不同人的价值也是不同的，可能有些信息能做到"一字千金"，也可能这个信息对他人而言"无所谓"。概括而言，信息、知识、文献、情报几者的关系如图 3-1 所示。

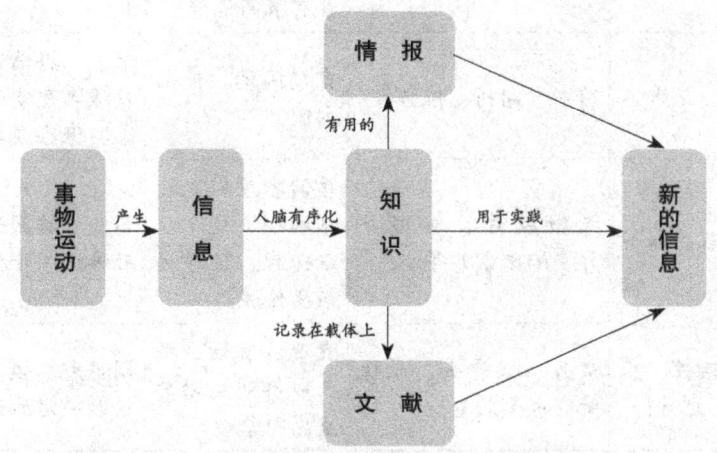

图 3-1　信息、知识、文献、情报几者的关系

（二）信息资源的载体分类

生活中我们能见到各种各样的信息资源载体，古人曾经在龟壳、竹片、锦帛、纸张上记录信息，现如今人们常用的信息资源载体以纸张、U盘、内存卡、网络等为主，按照载体形式的不同，我们可以把信息资源划分为刻写型信息资源、印刷型信息资源、缩微型信息资源、音像型信息资源、电子型信息资源、网络型信息资源（见表 3-1）。随着时代的发展，智能电子移动终端越来越

普及，网络型信息资源被人们利用的程度越来越高，人们也越来越离不开自己的各种电子设备，如电脑、手机、平板等，这些电子设备极大地加快了信息的传播速度，而且信息资源丰富，检索手段便捷。但同时，因为网络信息相对多而散、无序、质量良莠不齐等缺点，对网络资源使用者的信息素养和网络信息安全问题带来了新的挑战。

表 3-1　按信息资源的载体形式分类列表[①]

分类	载体形式	种类	优点	缺点
刻写型信息资源	龟壳、竹片	甲骨、简策、帛书、篆刻、雕刻、雕塑等	保存期长，对研究古历史、艺术、经济等方面具有很高价值	记录方式复杂，需要专业人员
印刷型信息资源	纸张	图书、期刊、报纸等	直接阅读，使用方便	笨重、存储密度低、收藏占用空间大，加工、保存成本高
缩微型信息资源	感光材料	缩微胶片、缩微平片、缩微卡片等	存储密度较大、体积小、便于收藏保存、便于远距离传递	不能直接阅读，需借助缩微阅读机
音像型信息资源	磁性、感光材料	唱片、录音带、录像带、电影胶卷等	直观、真切，给人以鲜明生动的直感印象	制作成本较高，需要借助一定的设备阅读
电子型信息资源	磁性材料	磁带、磁盘、光盘、U盘等	存储密度高、存取速度快、识别和提取易于实现自动化	必须借助计算机等技术设备才能阅读
网络型信息资源	Internet	网页、博客、电子邮件、联机目录、网络数据库、网络出版物、网络搜索引擎等	资源丰富、时效性强、传播广泛、检索手段方便快捷	信息分散无序、质量良莠不齐、信息源不规范，难以客观著录

[①] 刘鸿，刘春. 信息素养与信息检索 [M]. 北京：科学出版社，2015.

(三)信息受众

每天有许多人徜徉在信息的海洋里,有的是为了解决某方面的问题、疑惑主动检索,以获得自己想要的信息,有的则是被动接受,信息自己"破门而入"。我们每一个人都是信息的受众,有时候我们主动探寻信息可能也是因为某个信息传入我们的脑海,促使我们的大脑想进一步探寻。在信息时代,作为信息受众,"传"与"受"双方可能容易处于一种不对等的状态,"传"的一方往往可能拥有更多的相关信息,处于一种"信息优势",这个时候可能就需要处于接受信息一方的人养成良好的信息素养,化被动为主动、化劣势为优势,主动提高自身的信息获取能力,有效识别相关信息,让信息成为我们的资源,推动我们的成长和进步,而不是成为负担或者被信息所支配。

二、简话信息社会

(一)信息社会

信息在人类经济社会发展过程中有着举足轻重的作用,我们的人类文明经历过多次的变革,从农业社会、工业社会逐步步入了信息社会。信息社会又叫信息化社会,是指以电子信息技术为基础,以信息资源为基本发展资源,以信息服务性产业为基本社会产业,以数字化、网络化为基本社会交往方式的新型社会。[1]信息社会是与传统工业社会截然不同的新型社会形态,使人类进步的速度前所未有地增长。[2]信息社会主要具有以下特征:其一是关联性,信息社会中涉及的信息资源、知识资源、物质资源等紧密联系,可作为社会进步与企业壮大发展的关键因素;其二是主导性,信息社会中产生的经济主体即为信息化主导的经济产业,这就表明信息社会中企业的办公室工作需要善于运用信息化管

---

[1] 朱玮.信息社会背景下办公室文书档案管理工作探索[J].兰台内外,2021(21):52-53.

[2] 张世颖.我国信息社会发展与制造业升级——基于省际面板数据的中介效应和调节效应检验[J].商业经济,2021(8):53-57.

理意识；其三是基础性，信息社会中要求劳动者具备扎实的信息基础即知识量丰富；其四是持久性，经由信息社会的发展，可使人类的工作生活更加高效，有助于提高信息知识的利用率。①

我们身处在一个信息社会（见图3-2），每天接收到的信息难以计数，每一个人都既是信息的接收者同时也是信息的传播者。信息围绕在我们生活的方方面面，有些信息我们是主动去探寻的，有些信息可能是我们被动接收的，我们手机里的各种App为我们提供了购物、网络社交、时事新闻、职场发展等多方面的信息。大多数人可能早起第一件事就是看手机，有不少人睡前最后一件事也是看手机，有些人可能时常还会有一种"幻觉"：我的手机响了，或者震动了。手机已经成为大多数人的一个信息载体，通过手机接收各种各样的信息，同时把自己想要传递的信息发布出去。走在大街小巷，各种形式的信息也是扑面而来，广告招牌、横幅标语、音响外放、沿街叫卖等各种有形的、无形的、有声的、无声的信息传递进你的耳朵与眼睛，空气中的气息、天空中的云朵可能都在向你传递着"风云变幻"的信息。

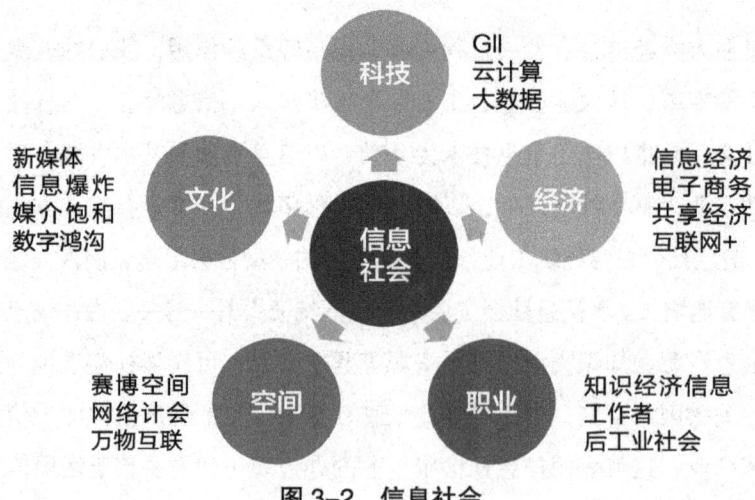

图3-2 信息社会

---

① 武焰，吴冕君. 基于信息社会视角下企业办公室工作的精细化管理研究 [J]. 中外企业文化，2021（7）：58-59.

信息与我们的生活息息相关，所以如何获取信息、如何识别信息、如何使用信息，已经成为我们在社会生活中必不可少的技能与素养。

（二）信息社会带来的主要问题

1. 信息爆炸

现代通信和传播技术大大提高了信息传播的速度和广度，由广播、电视、卫星通信、电子计算机通信等技术手段形成了微波、光纤通信网络，克服了传统的时间和空间障碍，将世界更进一步地联结为一体。但随之而来的问题是：汹涌而来的信息有时使人无所适从，从浩如烟海的信息海洋中迅速而准确地获取自己最需要的信息变得非常困难。这种现象被称为"信息爆炸"。信息爆炸主要表现在 5 个方面：新闻信息飞速增加；娱乐信息急剧攀升；广告信息铺天盖地；科技信息飞速递增；个人接受严重"超载"。

2. 信息超载

信息超载的定义最早出现于 1970 年阿尔文·托默（Alvin Tomer）的《未来震撼》一书。信息超载是指人们在应用或处理信息的过程中，由于信息量过大超出了个人的有效处理能力，从而产生的面对信息的低分析决策能力和无形的压迫感。信息超载具体表现为：信息使用者无法理解特定信息；信息使用者感觉信息容量过大；信息使用者不知道自身所需信息是否存在；信息使用者不知道从何处获取信息；信息使用者知道从何处能获取信息，但不知道以何种方式来获取。在剖析信息超载产生的根源和影响的基础之上，可以采取相应对策：应用合理搜索策略；培养信息鉴别能力；对相关信息资源进行合理的组织和规划，以有效的方式组织和呈现信息；不断培养自我管理能力和心理自我调节能力。

3. 信息焦虑

当今社会，信息获取越来越"容易"，但同时不想获取的信息"主动"让你获取也越来越容易，各种信息推送、被拉群、骚扰电话等接踵而来，可能大家也想过"逃离"这种时时刻刻被信息包围的现状,安静那么一会。信息焦虑在人们的日常生活中可能表现为:时不时地想要看一下手机,没有信息也想点开"刷两下"再关上;在没有网络的地方感到焦虑不安;害怕别人说的东西自己不懂,跟不上潮流,会想着去获取更多的信息;等等。

除了以上问题,信息社会生活中我们可能还会遇到信息污染,主要表现为信息虚假、信息垃圾、信息干扰、信息无序、信息缺损、信息过时、信息冗余、信息误导、信息泛滥、信息不健康等;信息犯罪,主要表现为黑客攻击、网上"黄赌毒"、网上诈骗、窃取信息等;信息侵权,主要是指知识产权侵权,还包括侵犯个人隐私权;信息侵略,信息强势国家通过信息垄断和大肆宣扬自己的价值观,用自己的文化和生活方式影响其他国家。

【自主学习 3-1】信息焦虑病症轻重分级

信息焦虑症虽然不是传统意义上的疾病,但由于近年来发病率增高,越来越多的人开始加大对其的关注,而有关研究者也按照其症状轻重把信息焦虑症分为四级。

一级:信息焦虑。在没有信息输入的时间或地点,"患者"会对着周围的一个墙壁、一张纸,甚至自己的手掌心发呆,没准这时候他们正在思考某个游戏的复杂步骤。这时候的症状表现为交际能力减弱、脉搏升高、面部肌肉呈红涨状态等。

二级:信息恐惧。有的"患者"在持续 24 小时以上没有接受信息的情况下,会出现一种恐慌状态。这时他们往往会竖起耳朵,处于戒备状态,手机上突然闪出的一格讯号、一个八卦新闻,都会让其感觉到被信息刺激的感觉,此时其情绪很容易发生剧烈变化。

三级:信息抑郁。当没有得到相应的信息刺激,或者"患者"对所获得的信息质量感到失望时,他们有时候会希望有更大"剂量"的刺激。如果缺少这种信息来源,"患者"就会表现出情绪上的激烈对抗,变得郁郁寡欢,由于生活规律的紊乱,还会出现腹泻等肠胃问题。这时,"患者"往往容易自我隔离。

四级：信息躁狂。每天接到几十个乃至上百个电话和信息，让"患者"潜意识有一种英雄心态，觉得周围人谁都不是他的对手，而这种自我意识很容易在现实世界中触礁，导致他忽而出现怀才不遇的悲哀、忽而因为自己的英雄情结兴致勃勃、忽而出现失败后灰暗至极的感觉。

（三）信息社会带来的挑战

1. 对获取信息技能的要求提高

社会快速发展，信息瞬息万变，信息的传播速度越来越快，信息量越来越大，这就要求我们不断提高自身获取信息的能力，拓宽信息来源的渠道，同时学会对信息进行识别、归纳、整理，使其为我们的生活、学习、工作等提供帮助，而不是成为我们的烦恼。不知如何获取信息，不知如何处理信息，在当今的信息社会可能会给我们的生活带来很大困扰。

2. 对信息化管理手段的适应

现代生活工作中，为了达到高效的、精细化的管理，很多工作单位可能都会使用信息化的管理系统，比如生活中常见的办公自动化系统、网上预约系统、学生管理系统、教务管理系统等。这些管理信息系统在为我们的生活、工作提供便利的同时，一定程度上也对我们使用信息化管理手段的能力提出了要求，有些人使用信息化管理系统得心应手，有些人却总不记得"下一步"要做什么，或者遇到一个新系统之后很长时间都一脸茫然。

3. 对信息的安全防护要求提高

在我们享受信息化社会带来的便利同时，也对我们的信息安全防护能力提出了新的要求。具体到每一个人来说，都要加强自身信息化设备的管理，包括设置登录密码、安装电脑杀毒软件、定期检查升级等，同时不随意填写个人信息，尤其是在来历不明的网址链接上。此外，工作中涉及的信息管理系统账号、涉密计算机和网络等也要严格遵守相关的规章制度，努力确保国家、单位和个人的信息安全。

（四）信息社会的适应

大学的生活是多姿多彩的，同学们的信息探索需求在不同时间、不同阶段也会有所不同：当你还是大学新生刚刚入学时，你最想了解的可能是校园一卡通如何办理，图书馆有哪些书籍可以借阅，校园内部和周边有哪些配套设施，等等；当你对大学生活有了初步了解之后，你最想了解的可能是怎么样度过一个"饱满"的大学生活，有哪些活动、竞赛可以参与，假日可以和小伙伴在哪些地方度过一个愉快的休闲时光，等等；当临近毕业时，你最想了解的可能是求职就业信息、职场知识、租房信息，等等。

【探索学习3-1】信息超载的时代，请关注"信息疲倦症候群"

你本想打开手机查看一个信息，然后，却顺手把常用的App打开"刷"了一下，文字类的、图片类的、视频类的信息轮换着印入你的眼帘，突然间一看已经过去了很久，又感觉刚才"刷消息"的时间被自己浪费了，于是心生"内疲感"。

你有过类似的感受或困扰吗？你是否意识到自己不知不觉中，可能已经加入了"信息疲倦症候群"？

我们该如何在这个信息超载的时代保持注意力，而不是迷茫在信息的海洋里，请试着和小伙伴一起探寻有哪些方法可以帮助我们集中注意力，提高信息使用效率。

三、细说信息素养

（一）什么是信息素养

信息素养由美国信息产业协会主席保罗·泽考斯基于1974年提出，并将其定义为"利用大量信息工具及主要信息源使问题得到解答的技能"，后来又将其解释为"人们在解答问题时利用信息的技能"。1989年，美国图书馆协会对信息素养给出了简单的定义：信息素养包括能够判断什么时候需要信息，并且懂得如何去获取信息，如何去评价和有效利用所需的信息。1998年，美国图书馆协会和美国教育传播与技术协会在《信息力量：创建学习的伙伴》一书中提出，信息素养是指能够有效和高效地获得信息，能够熟练和批判地评价信息，能够精确和创造地使用信息。

我国关于信息素养的定义，主要由著名教育技术专家李克东教授和徐福荫教授提出。李克东教授认为，信息素养应包含信息技术操作能力、对信息内容的批判与理解能力，以及对信息的有效运用能力。徐福荫教授认为，从技术学视角看，信息素养应定位在信息处理能力上；从心理学视角看，信息素养应定位在信息问题解决能力上；从社会学视角看，信息素养应定位在信息交流能力上；从文化学视角看，信息素养应定位在信息文化的多重建构能力上。国内也有学者将信息素养描述为8个方面的能力，即运用信息工具、获取信息、处理信息、生成信息、创造信息、发挥信息的效益、信息协作和信息免疫。

结合国内外对信息素养的研究成果可以得出，信息素养是对信息进行查找、识别、加工、理解、处理、传递、利用、评价、管理和创造的知识、能力与观念、情感、意识和心理等各方面基本品质的总和。[1]信息素养包括图书馆素养、媒体素养、计算机素养、因特网素养、研究素养和批判性思考的能力。

（二）信息素养的内涵

1. 信息意识

要具备信息素养，无疑要学会运用信息技术，但不一定非得精通。随着高科技的发展，信息技术正朝向成为大众的伙伴发展，操作也越来越简单，为人们提供了各种及时可靠的信息便利。因此，现代人的信息素养的高低，首先要取决于其信息意识和情感。信息意识与情感主要包括：积极面对信息技术的挑

---

[1] 刘鸿，刘春. 信息素养与信息检索[M]. 北京：科学出版社，2015.

战，不畏惧信息技术；以积极的态度学习操作各种信息工具；了解信息源并经常使用信息工具；能迅速而敏锐地捕捉各种信息，并乐于把信息技术作为基本的工作手段；相信信息技术的价值与作用，了解信息技术的局限及负面效应，从而正确对待各种信息；认同与遵守信息交往中的各种道德规范和约定。

2. 信息技能

生活在现代信息社会，我们无时无刻都在与信息打交道，因此也就对每个人的信息技能提出了相应要求。根据教育信息专家的建议，现代社会中的师生应该具备六大信息技能。

（1）确定信息任务——确切地判断问题所在，并确定与问题相关的具体信息。

（2）决定信息策略——在可能需要的信息范围内决定哪些是有用的信息资源。

（3）检索信息策略——包括使用信息获取工具，组织安排信息材料和课本内容的各个部分，以及决定搜索网上资源的策略。

（4）选择利用信息——在查获信息后，能够通过听、看、读等行为与信息发生相互作用，以决定哪些信息有助于问题的解决，并能够摘录所需要的记录，复制和引用信息。

（5）综合信息——把信息重新组合和打包成不同形式以满足不同的任务需求，综合可以很简单，也可以很复杂。

（6）评价信息——通过回答问题确定实施信息问题解决过程的效果和效率，在评价效率方面还需要考虑花费在价值活动上的时间，以及对完成任务所需时间的估计是否正确等。

这六大信息技能也称 Big6 模式。Big6 的全称是"Big6 信息问题解决模式"（Big6 Model of Information Problem-Solving），是由美国迈克·艾森堡和鲍勃·伯克维茨两位学者在 1988 年首先提出的一种旨在培养学生信息素养，基于批判性思维的信息问题解决系统方案。① 从中我们可以进一步总结出，现在对人们信息技能的要求可分为"三步走"：一是确定需要的信息是什么，在哪里可以找到这些信息，即确定信息任务、决定信息策略；二是怎么获得需要的信息，即检索信息策略、选择利用信息、综合信息；三是检查结果总结经验，提升技能，为下一次信息的获取做好准备，即评价信息。

3. 信息伦理

在当今的信息时代，人们在工作与生活中可能会渐渐发现，源源不断的信息在为我们提供了帮助的同时，一些随着信息而来的信息伦理问题也渐渐浮现。同时，关于信息伦理的定义学界也开始有很多讨论，有学者根据伦理的定义，综合中外学者关于信息伦理的观点，认为信息伦理是信息制造者、信息服务者和信息使用者的信息行为规范。② 但无论信息伦理的定义如何，不可否认的是，信息伦理在对我们传统社会的伦理道德提出了挑战，同时也考验着网络、信息虚拟世界的规则制定。

（三）信息素养的养成

信息素养包括关于信息和信息技术的基本知识和基本技能，运用信息技术进行学习、合作、交流和解决问题的能力，以及信息的意识和社会伦理道德问题。具体而言，信息素养的培养应包含以下5个方面的内容。

（1）热爱生活，有获取新信息的意愿，能够主动地从生活实践中不断地查找、探究新信息。

（2）具有基本的科学和文化常识，能够较为自如地对获得的信息进行辨别和分析，正确地加以评估。

（3）可灵活地支配信息，较好地掌握选择信息、拒绝信息的技能。

（4）能够有效地利用信息，表达个人的思想和观念，并乐意与他人分享不

---

① 杜安平，周期玉. Big6与当代大学生的信息素养构建[J]. 情报理论与实践，2006（6）：730-732.
② 刘彦尊. 信息伦理概念辨析[J]. 图书情报工作，2010，54（S1）：17-20.

同的见解或资讯。

（5）无论面对何种情境，都能够充满自信地运用各类信息解决问题，有较强的创新意识和进取精神。

【探索学习 3-2】思考与练习

（1）结合你的生活、工作、学习经验，谈谈信息素养的重要性。

（2）你是如何管理和使用好信息的？

（3）在日常生活中，信息素养提升是否有益于你的生活、工作与学习，试举例分享。

能力发展单元：配置你的信息素养能力

【案例导入】构建你的信息系统，做出最优决策

小李是一名大三学生，结合自己前两年的大学课程学习，以及个人的职业兴趣，他对自己未来的职业选择方向已经有了初步的认识，但是对这个职业的认知他觉得并不全面，网络搜索得到的信息也比较零散，无法帮助他构建一个比较成型的职业认知。那么，他可以从哪些方面着手去获取自己目标职业的相关信息，从而构建一个相对系统完善的职业认知，帮助自己做出最优决策呢？

（1）静态资料的获取。可以通过报纸、杂志、相关新闻报道、招聘网站等获取既有相关信息，对自己的目标职业有个初步的认知，了解整体的职业要求、职业环境、整体薪酬待遇水平等，这就需要一个信息检索的过程。

（2）动态资料的获取。可以提前准备好访谈提纲，约几个在自己的目标职业中有相关经验的职场人，在他们空闲的时间进行生涯人物访谈，并做好生涯人物访谈记录，在访谈的过程中，也可以进一步地去验证、筛选自己在前一阶段所获取的静态资料。

（3）参与真实情境。在获取了静态资料和动态资料之后，对这个职业有了初步认知，但感觉"纸上得来终觉浅"，这个时候你就可以通过顶岗实习的形式亲身参与到目标职业的实习、实践中去，获得第一手的职业经验，从而帮助自己做出职业决策。

静态资料的获取相当于一个初步信息检索的过程，这个时候检索词的选取可能关系到我们获得信息的实用性、有效性，同时需要我们掌握信息的获取有哪些途径和来源，哪些途径和信息来源更适合解决你的现有问题；动态资料的获取相当于我们对初步检索到的信息进行进一步的验证、筛选，需要有进一步的资料整理、加工和识别的能力；参与真实情境就好比检验我们上一阶段信息检索的成果，以及为可以进一步进行细致深入的信息探索做准备，从而帮助我们做出解决某一方面问题的决策。

一、信息的检索与获取

（一）信息检索的原理

我们日常生活中提到的信息检索，类似于从信息集合中找出自己所需要的信息的过程，完整的信息检索由信息的存储（信息标引和存储过程）和信息的检索（信息的需求分析和检索过程）两个过程构成，信息的存储是基础，信息的检索是目的，两者相辅相成。为保证信息用户全面、准确、快速地获取所需信息，使信息从无序变为有序、从分散变为集中、从广泛性变为针对性、从不易识别变为特征化，在信息的存储过程中，信息标引人员或自动标引程序会对信息进行主题分析，即通过题名、文摘以至目次、全文，分析信息资源所论及的主题事物，提出主题概念，使用信息检索语言对主题概念进行标引，将主题概念转换为信息特征检索标识并排序，归入检索工具。在日常生活中我们更多的是使用数据平台已经标识好的信息源，大部分情况下我们是作为信息用户进行信息检索，而在信息的检索过程中，信息用户首先对检索需求进行主题分析，形成能表达检索需求的主题概念，使用信息检索语言对主题概念进行标引，并将提问主题概念转换成提问标识，构造检索表达式，然后在检索工具中进行循环匹配运算，获取所需的信息。

因此，信息检索实质上是一个匹配过程，也就是信息用户需求的主题概念或检索表达式同检索工具的信息特征检索标识相匹配的过程，两者匹配则需要信息被检中，否则失败。信息检索原理，如图 3-3 所示。

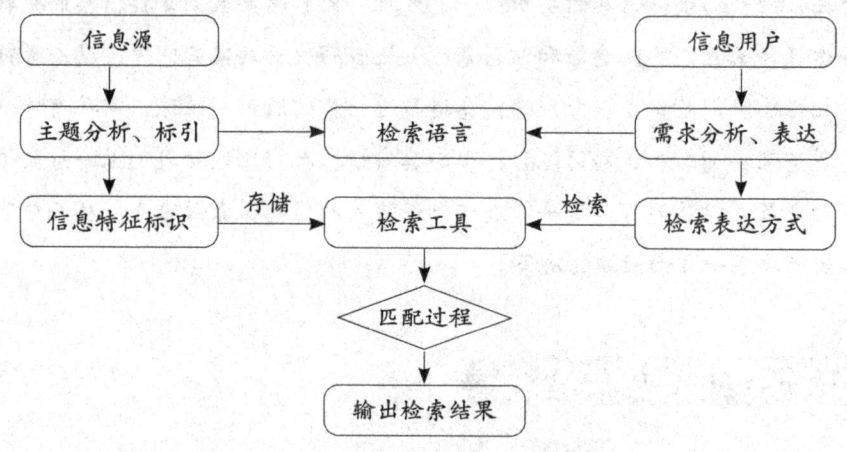

图 3-3　信息检索原理图[①]

在日常的生活和学习过程中，有时候我们需要从自己的电脑里检索需要的文件、数据等，大部分情况下我们可能是根据自己的记忆一个文件夹一个文件夹地打开去寻找，当不记得这个文件具体放在哪个文件夹里时，我们就可以使用电脑自带的搜索计算机功能进行检索，这个时候如果前期已经做好检索标识，就会为我们的检索带来极大的帮助，提高我们的检索效率。

（二）检索步骤

信息检索过程一般包括分析与表达信息需求、选择检索工具、制定检索策略、评价与获取检索结果、调整检索方案、管理与利用检索结果等步骤，如图

---

① 刘鸿，刘春. 信息素养与信息检索 [M]. 北京：科学出版社，2015.

3-4 所示。

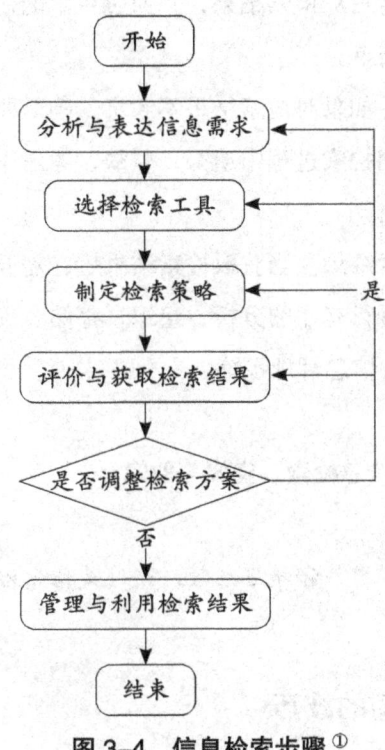

图 3-4　信息检索步骤[①]

（1）分析与表达信息需求。即分析课题从检索课题出发，明确检索的目的和要解决的实质问题，分析与表达检索主题、学科分类、载体形式、资源类型、资源语种、检索时空、结果样式、检索数量、检索效果等信息需求。

（2）选择检索工具。根据分析与表达信息需求情况，从学科性质、熟悉语种、文献类型、获取途径、使用熟悉程度、工具质量等多方面进行考虑，选择适合的检索工具并考虑其专业性、权威性。

（3）制定检索策略。以检索工具为切入点，为实现检索目标，拟定检索方式，选择检索字段，运用切分、去除、替补等方法提炼并确定检索词，科学地运用逻辑运算符等检索技术，构建检索表达式，并执行检索。

---

① 刘鸿，刘春. 信息素养与信息检索 [M]. 北京：科学出版社，2015.

（4）评价与获取检索结果。当获取检索结果后，仍然需要经过多方面的评价、分析和判断才能确定目标检索结果，并通过一定的途径和方式获取满足检索课题需求的目标检索结果。

（5）调整检索方案。如果对检索结果不满意，则需要分析造成漏检、误检等情况的原因，调整前期检索过程中遗漏、欠缺、考虑不周的地方，直到获取满意的目标检索结果为止。

（6）管理与利用检索结果。当获取检索结果后，需要通过科学有效的方法对杂乱无章的检索结果进行有序的分析、组织、存储、管理和利用，通过个人知识管理软件可构建个人信息管理系统。

【探索学习 3-3】辨析：信息检索、查找与搜索

试着结合你的生活、工作和学习经验，谈一谈信息检索、查找与搜索之间的区别。

（三）选取检索词的技巧

当我们想要检索某个内容时，可能有多个检索词会在脑海中浮现，选取检索词是信息检索成败的关键，关系到是否能够检索到用户需要的信息。用户在检索内容时，输入的主题名称及描述语句往往与检索工具或者搜索引擎的检索词表达可能有一定差距，因此，信息检索时需要从检索内容的相关名称及描述语句出发，经过切分、删除、替补、增加等步骤，提取出合适的检索词，从而检索到自己需要的内容。

1. 切分

切分是对想要检索内容描述的语句以自由词为单位进行拆分，形成检索的最小单元。例如，"大学生就业形势研究"可以切分为"大学生|就业|形势|研究"。切分要适度，不能因切分而改变语义，如不能将"大学生"切分为"大学|生"，不能将"就业形势"切分为"就|业形势"。经过切分后，检索主

题转换为词的集合，而在这一组检索词中，往往只有一个或少数几个词是核心词，是必须使用的关键词。

2. 删除

对于检索内容描述的语句中不具有实质性检索意义的虚词（如介词、连词、助词、副词、语气词等），或者宽泛概念的词（如研究、技术、问题、方法），或者使用频率较低的词，或者专指性太高、过分宽泛的词，或者过分具体的限定词、禁用词，或者不能表达检索课题实质的高频词，或者存在蕴涵关系可以合并的词，要一律予以删除，将检索词转换成关键词和主题词的集合（最小概念的词）。例如，"就业形势研究"删除宽泛概念的词"研究"后转换为"就业形势"，"职业发展教育的研究现状及发展趋势"删除过分宽泛的词后转换为"职业发展教育"。新手很喜欢直接搜索"如何……""怎样才能……呢"，虽然搜索引擎能够过滤掉一些语气词和连词，但是精简检索式无疑是提高检索效率最好的方法。其实很简单，把你想提问的问题写下来，选择其中的名词或者名词性短语作为填在搜索框里面的内容，必要时加入一些修饰词，比如"哪个搜索引擎最好用"，就可以搜"搜索引擎丨好用"。

3. 替补

检索词如果模糊、宽泛、狭窄或表达欠佳不可行，这时可引入更明确、更具体、更本质、更可行的检索词替换和补充原有的词，比如"大学生找工作"应替换为"大学生就业"，"用人单位看中的大学生能力有哪些"应替换为"大学生职业能力"，"职业发展与就业指导教育工作场所"应替换为"就业指导中心"或"就业咨询室"。

4. 增加

用大而泛的词语搜索出来的结果往往多而浅，用专业而精准的关键词得到的结果则往往少而精。因此，如果想要在短时间内深挖一个领域，就可以把搜索结果中的专业术语再拿来检索，以获得更专业的信息。可直接增加限义词、挖掘隐含词、提取潜在的检索词，也可把限义词以逻辑的方式加入，采用逻辑

"与"或逻辑"非"的方法增加限义词。分析隐含概念、挖掘潜在的检索词还可以通过对上位词、下位词、同类词关系的分析得到其他相关主题词，如"大学生就业指导与就业形势研究"，可以把"大学生""就业指导""就业形势"等作为检索词，分析、补充上位词可增加检索词"大学生职业发展教育"等。

此外，选取检索词还应注意选择重点词，规避零结果或结果过少、过多现象，提高检索效率；归并同义词，即专业词的俗称、商品名、近义词、相关词、不同拼写形式的词，可以借用同义词表、字典、手册等工具书或网络检索工具的同义词查询功能来查找同义词。

（四）进阶检索贴士

1. 尝试使用高级检索语法

所有的搜索引擎都有一套检索语法，大家不必全部记住，记住几个最有效的就好了。

英文字符—，即减号（注意不是破折号），它的作用是排除包含减号后关键词的结果，以精确筛选关键词。比如搜索"一加一—等于二"，搜索结果就是包含"一加一"但是不包含"等于二"的信息。

英文字符""，即双引号，可以限制搜索结果中必须全文与双引号的内容匹配。比如搜索"一加一等于二"，可能会出现"一加手机一台等同于二万……"这样的结果，但是如果搜索时把"一加一等于二"加上英文双引号以后，结果中就必须连续完整地出现这6个字。

一些搜索引擎还有其他非常有用的检索关键词，比如 filetype 和 site 等。大家可以直接在搜索引擎里搜索"高级搜索命令"寻找。

2. 尝试使用不同的搜索引擎

"兼听则明，偏听则暗"。可能有人说某个搜索引擎最好用，但是这并不意味着要放弃其他搜索引擎。对于一个关键词，如果用某个搜索引擎怎么修改检索词都搜不到好结果，那么也可以多试试其他搜索引擎，比如百度、必应，乃至微信、知乎、微博等，网络上很多平台都能查找信息，但是范围会有不同。

3. CTRL + F 是你的好帮手

很多人都在 Word 里使用过"查找"工具，而它的快捷键"CTRL + F"却不太为人所熟知。在很多软件里，这组快捷键仍然能打开一个搜索框，帮你搜索页面字符，尤其在浏览器中能发挥很大的作用。

日常信息检索过程中可能会遇到这样的情况：搜索引擎明明已经返回了一个看上去靠谱的网页，可点开一看，满篇都是文字，想找的东西淹没在里面了。此时只需要同时按下键盘上的 CTRL 键和 F 字母键，一个亲切的搜索框就会弹出，输入关键字，一切豁然开朗。手机没有这两个按键，但是有些 App 仍然提供了非常友好的搜索功能，微信的"搜索页面内容"，它的功能和"CTRL + F"一模一样。

4. 图片搜索

图片搜索在一些搜索引擎中是相当好用的功能，百度也提供了类似的功能。它一方面可以帮助我们寻找高清图片，另一方面也能逆向寻找对应的网站。

5. 搜索结果精炼

通常我们搜索一个东西，能找到的结果往往有成千上万条，这么多条结果靠人力是看不完的，这里可以使用各种条件对结果进行筛选。百度搜索是有高级搜索功能的，比如网页版是在首页右上角的"设置"里，可以限制时间、格式、网站以及关键词位置。在搜索结果页也有搜索工具选项，能对结果进行筛选。搜索结果精炼一般没什么人用，在学术领域它的用处会大很多。

（五）信息获取的途径

在日常生活学习中，我们可以有多种途径获取信息，比如通过报纸杂志新闻等媒体、直接使用网络搜索引擎、登录各种信息分类网站、从熟人那里打探信息等。

1. 报纸杂志新闻等媒体

报纸杂志等纸质媒介在以前的生活学习过程中是不可或缺的重要信息来源

之一，是人们了解外界信息的一个重要途径，虽然随着时代的发展纸质媒介的受众越来越少，但是这依然不影响它作为信息来源之一，而且相对来说，纸质媒介一般是经过查证、勘验的可信度较高的信息来源途径之一。当我们的信息来源需要具有较高可信度和公信力时，查找纸质资料仍是可靠的信息来源途径之一，而且纸质媒介也随着时代的发展突破了原有的单一纸质载体，比如如今的报纸在网络上依然能够查找到同步出版的同样内容的电子版。其次，观看新闻报道也是我们的信息来源之一，只是对视频类的信息进行检索，相对而言没有文字或数字材料那么方便快捷，比如作为大三学生的小李，如果想从今天的视频新闻报道里获得和自己专业相关的就业信息，那难度可能就比较大，有点守株待兔的感觉，这时如果他通过网络搜索引擎去搜索与自己专业相关的就业报道可能会更快一点。

2. 网络搜索引擎

网络搜索引擎是我们在遇到一个问题，身边又暂时无亲朋好友可以帮助我们了解相关信息时最先想到的"自助式"的信息获取途径，它可以帮助我们以最快速的方式获取想要获得的相关信息，即使刚开始我们自己搜索到的信息不一定符合我们的期望，信息也不完整，但是它可以帮助我们掌握一些基本信息，从而为下一步进行信息的检索提供一些帮助。国内外的主要网络搜索引擎有百度、谷歌、360、搜狗、必应、有道等，国内我们经常用到的网络搜索引擎如百度，可能是国内每个"网络人"都使用过的网络搜索引擎，"百度一下，你就知道""不知道，问度娘"这些话可能大家都耳熟能详。搜索引擎提高了我们获取信息的速度，但同时需要我们对检索的关键词有一定程度的掌握，检索的关键词关系到你通过搜索引擎得到的信息的适用程度。

3. 网络数据库

网络数据库是我们在日常学习生活中获取专业信息的一个主要来源，它将一种或多种文献信息收集、加工、存储起来，信息量庞大，然后再借助网络、Web检索平台，为用户提供简便和多样化的检索和使用手段，方便使用者系掌握学科动态，追溯源文献等。国外以科学引文索引、工程索引、科技会议录索引等三大检索系统为代表，国内有中国知网、万方、维普、读秀、人大"复印报刊资料"全文数据库等。

4. 分类信息网站

有一些网站会专门提供一些分类信息，比如求职信息网站、购物网站、专题知识学习网站等，如果我们作为准应届毕业生，想了解相关实习或就业信息，这个时候登录专业的求职网站就比直接在搜索引擎去检索来得更快捷、更专业、更可信。以大学应届毕业生可能都了解的应届生求职网为例，我们可以在上面找到经过筛选且已经分门别类的相关实习或者求职信息，这比我们直接在搜索引擎输入"某某职业"得到的信息要更加快捷、准确得多。

5. 熟人信息获取

通过熟人关系获取相关信息有时候比网络检索来得更快捷、更有针对性。所以当我们遇到问题通过网络检索无法得到满意答案，或者想进一步求证，或者觉得熟人信息更可靠时，这时候如果我们身边正好有在这个问题方面比较专业的熟人时，我们就会选择直接向其进行咨询。相信在生活中大家都经历过问别人和被别人问的情况，这个时候我们就好像互为对方的"搜索引擎"，只是信息的来源是我们大脑的信息储备。我们在校园里遇到一些问题时，经常会想着能不能寻求一些专业性的帮助，比如当心里感觉郁闷时，你可能想找到学校的心理咨询老师诉说衷肠，又比如我们想了解就业信息和政策时，我们可以去专门的求职网站，也可以直接登录企事业单位的人事官网，也可以在各类求职招聘会的现场去获得相关信息，当然也有同学会去学校的就业指导中心直接进行咨询，相当于"人脑"检索，这些通过熟人渠道获取的信息可能是你通过网络检索无法获取的，有些是经验性质的，有些是时效性比较短。当然，通过熟人信息渠道获取的信息的准确性、有效性、可行性，就需要你所咨询的"熟人"在你所咨询问题方面的专业性来决定了。

二、日常实战：微信 App 检索

在日常学习生活中，我们可能会用到网络出版物检索、学科信息门户检索、开放资源检索、"问答式"网络咨询工具、App 内置检索等。对于大部分人来说，用得比较多的可能不是各种文献检索工具，而是我们大多数人都可能要用到的聊天 App——微信。随着微信用户的增加，人们不可避免地要将微信本身的聊天功能扩展出学习和工作的功能，这时候在微信上保存的聊天记录、文件等，我们就可能会需要随时去翻阅查找，微信的检索功能就能够快速地帮助我们找到聊天记录、文件、图片视频等，从而减少我们翻看聊天记录的时间成本。因此，在日常生活和学习过程中，学会使用微信自带的检索功能，对于我们来说也是必不可少的。

（一）微信的搜索放大镜

当我们登录微信的主界面后，在主界面的右上角就会显示一个放大镜，点开这个放大镜，我们可以有两种搜索方式：一是直接在搜索框内输入想要检索的内容，然后就会出现以你输入的关键词为核心的相关联系人、微信群、文件、关注的公众号、使用过的小程序、聊天记录、收藏等。但是，这里检索到的内容展现排列在前面的一般是本机已经有的记录，我们往下看就会发现还有一个"搜一搜"的功能，点击"搜一搜"你就可以看到与你搜索的主题相关的百科、朋友圈、视频、公众号、小程序等相关外部网络资源。二是在搜索框下面搜索指定内容：朋友圈、文章、公众号、小程序、音乐、表情、服务等。直接点击对应项，就可以对相关内容进行指定检索，而且当我们点击对应选项后，它会根据你的日常使用情况，出现对应选项，帮你快速找到想要找的内容。比如：点击公众号，就会在搜索框的下面出现你经常搜索的公众号；点击小程序，就会出现你经常使用的小程序；等等。

（二）搜索聊天记录

前面我们提到，利用微信的放大镜搜索功能可以搜索到相关的聊天记录，但是如果想更快速准确地找到和某个人或者某个群的聊天记录时，就可以使用微信的查找聊天记录功能。可以打开一个联系人或者一个微信群，点击页面右上角的三个点，在出现的页面里点击"查看聊天记录"选项。这里和微信主界面的放大镜搜索功能类似，你既可以输入关键词进行搜索，也可以专门搜索指定内容。比如：一方面可以输入检索词查找，进行需要查找的内容定位，然后再根据定位的前后文内容阅读探寻自己要找的信息；另一方面，如果仅是查找该聊天记录下的某个文件或者图片及视频，就可以直接使用"搜索指定内容"功能直接点击文件或者图片及视频，这时候你想要找的文件或视频就会以列表的形式展现在你的面前，帮助你找到自己想要的资料。当然，如果你记得这个文件或者图片聊天时的相关关键词，也可以快速地在聊天记录里输入关键词，进行快速精确查找。又或者你和某个人的聊天记录里同一文件有好几个，你不确定哪个是最终版本时，就需要我们定位到具体的聊天位置，进一步确定哪个是你想要的版本，从而减少工作学习中的"低级错误"发生概率。

（三）微信公众号文章搜索

目前，微信公众号推文可能是很多人信息来源的主要渠道之一。有时候在我们新关注一个公众号时，会想着点开它之前的文章看一下，或者是之前在某个公众号看过的文章，觉得不错，还想再点开看一下，抑或是有其他同学、同事、朋友向你咨询某一方面的问题时，你正好看过这篇公众号文章介绍得很全面，想推荐他也看看，但我们又没有收藏这篇公众号推文，在这些情况下，就可以使用公众号的搜索功能进行专门的文章检索。

当我们进入微信公众号聊天界面，点击右上角"人像"画面，会看到公众号的头像以及最近发布的消息，往下滑动即可浏览对应的公众号文章。如果我们想专门检索这个公众号下的文章，同样在页面右上角能看到一个"放大镜"，点击这个"放大镜"就可以进入搜索文章页面，在搜索框内输入你想要搜索的文章的关键词，点击搜索，就可以找到该公众号里对应的文章，同时还可以对搜索到的文章进行搜索范围筛选，比如可以限定是最近读过，或者对搜索到的内容选择按照综合排序、按发布时间排序、按阅读量排序的方式进行排序，从而帮助我们更快速地找到自己需要的内容。

但是，是否有同学注意到公众号推文也能像 Word 一样进行词语查找呢？这个功能可能大家并不常用，就是在我们想要把文章分享给其他人时，我们点开了一篇文章，点击右上角的三个点，会出现我们熟悉的一些常用功能，但是可能很少人会发现，除了可以使用我们经常用的"转发给朋友、分享到朋友圈、在看、收藏"等功能外，还有一个"搜索页面内容"的选项，点击它之后，我们就可以对当前页面进行搜索，范围覆盖整个文章里所有能被你看到的文字。比如，我们在某篇和创业相关的推文里使用"搜索页面内容"功能，输入"创业"两个字，它就能显示出这篇文章里"创业"这个词语一共出现几次，并把"创业"两个字标黄处理，然后通过上下按键，可以直接定位到"创业"这个词语分别在这篇文章里出现的位置，而且当前"创业"这个词语标注的颜色会加重。

三、信息的评价与使用

（一）信息的加工与处理

1. 信息整理

当我们获取某方面的信息时，往往可能不仅仅通过一种途径或渠道去获取，或者是通过某一途径获取的信息并不是我们想要的"样子"，或者是它不能更好地进一步指导我们下一步的行动。这时候我们需要把获取到的相对杂乱的信息进行归纳整理，从而使这些信息更加有序、直观，从而也更加有用。比如我们想获取就业信息，这个时候我们可能会结合自己的职业兴趣，先去网上了解相对应的职场信息，然后再结合自己的职业能力，以及家人、朋友、老师等身边一些社会关系的意见确定自己的目标职业，为了更进一步了解这个目标职业，从而确认你是否可以获得这个职业，你可能会更进一步地去找有这方面工作经验的师兄师姐或者亲人去做更深入的了解，希望从他们那里得到更详细的相关信息。了解完相关信息后就需要做决策，但是如果你一直没有做信息整理的工作，这时候可能还是会比较"迷茫"，如果我们从上网查找相关信息开始就做好信息的归纳整理，比如从网络信息世界检索中初步归纳出目前这个职业的就业形势是怎样的、有哪些能力要求，然后对照着这些形势和能力要求，分析出自己有哪些优劣势、有哪些能力上的不足需要提高，然后通过对"过来人"的生涯人物访谈进一步确认自己前期收集到的信息，整理出生涯人物访谈记录，写上自己的感悟和收获，最终帮助自己做出行动计划和决策，这样对我们的帮助会更大。

2. 信息加工

在获取信息之后对其进行整理，相当于把前期获取的信息进行分门别类，然后放在一个需要的"位置"，就像我们的信息原材料一样，等我们需要使用时，就从这个位置里拿出来进行加工，从而变成对我们在解决某方面的问题时更有用的信息。

3. 信息保存

在对解决某一问题的相关信息进行整理、加工之后，就可以把它们保存在一个我们熟悉的位置，可以是电子文档，保存在我们的电子设备里，也可以是纸质载体，记录在我们的笔记本上，或者是有一部分随时要用的信息，也可以保存在我们的大脑里。信息保存的时效性与我们当初为了解决某一个问题而进行信息检索的目的性可能会是正向关系，有些信息在我们使用完毕后暂时处于"闲置"状态，我们可以加以保存作为以后的信息源，这些本身已经经过一次整理、加工的信息，比我们遇到相似问题时再重新获取一遍信息要来得更有效率。

（二）信息的识别

1. 信息的真伪性（信息甄别）

网络检索很便捷，但是面对海量信息如何区别其真伪性也是一个难题。而从一开始识别已检索到的信息的真伪，会帮助我们少走弯路，确保信息探索的方向正确。如果我们选择的信息渠道来源具有一定的权威性，那么就可以有效保障我们检索到的信息的真实性。

2. 信息的权威性

信息的权威性在较大程度上可以保障我们已获取信息的真实有效性，所以我们在获取相关信息时，一是网络检索要首选官方平台，在政府部门、企事业单位、行业协会官方网站上获取的信息要比我们随意在网上检索获得的信息或者"别人"回答的信息要更权威有效得多；二是要尽可能地选择知名度较高、使用评价较好的网络搜索引擎或者信息平台，同时注意甄别哪些是广告、哪些是热心网友的解答，以及信息发布的时间等；三是要看我们咨询的对象的专业性，在解决某方面问题的经验性，就像我们去医院问诊时可能会偏向于挂个"专家号"一样。不过，日常生活中也不代表我们挂了"专家号"就一定能解决我们的问题，可能你的这个问题需要"专家会诊"，所以遇到问题我们不妨多咨询几个"专家"，从而获得更多的"权威"信息。

3. 信息的适用性

我们通过信息检索和信息甄别获得了可靠的信息，但是不是这些信息就有用呢？如果我们想了解的信息是休闲度假场所，你内心里想去的是一个小众的静谧的、回归田园、释放压力的地方，但是当你在某旅游平台输入"休闲度假"时，看到的虽然是一些休闲度假场所，却都是相对而言比较大众的知名景点，如果假期去到那里，可能会景区人挨人、酒店房间爆满，这个时候无疑检索到的信息对你而言是没用的，虽然它也是真实的、权威的。所以，我们要从真实的、权威的信息里找到适合解决你的小疑问的。

（三）信息的使用

在通过各种途径获得相关信息之后，我们还要经过加工、整理、存储，并在这个过程中对信息的真实性和有效性进行识别，从而"生产"出能够为我们所用的信息。有些信息的获取与使用比较简单，比如我们需要去某银行柜台办理业务，但又不知道周边哪家网点离我们比较近，大部分情况下我们可能是打开"百度地图"或其他常用地图软件，在搜索框里输入我们想要去的银行名称，然后找到最方便过去的、还在营业的网点前往办理业务。有的可能还会在出发之前打网点电话确认下自己想要办理的业务需要哪些材料，从而提高自己"一次性办结"的概率。有些信息的获取与使用可能会稍显复杂一些，比如我们在日常生活学习中遇到一个不熟悉领域的问题，所谓"隔行如隔山"，这时就需要我们首先通过多种信息获取途径进行信息的获取，同时甄别信息的真实性和适用性，最后使用这些真实且适用的信息帮助我们解决这个问题。

（四）如何筛选有效信息

面对检索到的信息，我们可以从信息的时效性、相关性、继承性等方面进行有效信息筛选，从而帮助我们更快速地解决相关问题。

1. 时效性

有些信息可能发布时间较久，可以为你的问题的解决提供信息参考，但不一定能够帮助你解决现有问题。举一个例子，比如你想去银行开一张一类卡，想提前了解需要哪些资料，最简单的方式就是登录这家银行官网，通过问答式在线咨询或电话客服等获得最新的办理指南，这比你习惯性地打开网络搜索引擎输入"如何办理某某银行一类卡"，信息来得要更准确、更及时。

2. 相关性

我们在了解某一方面自己并不熟悉的相关信息时，难免会遇到不知从哪里下手的情况，也并不是一开始进行检索时就能找对检索词，但我们要学会在信息的收集整理过程中，透过相关信息慢慢找到适合的信息，从而更有目的性和目标性地进行下一步的信息检索，发现检索方向不对时要及时做出调整，防止做过多无用功。

3. 继承性

有些解决相关问题的信息已经有了权威解答，这个时候我们可以借鉴前人的经验成果，站在"巨人的肩膀上"，继续开始自己的探索，从而最终有效率地获得我们想要的相关信息。

4. 增加自身知识储备

自身知识储备越完善、信息素养越好、个人综合能力越高，获取到有效信息的能力也就会随之相应增强，你本人的大脑就是一个很好的有效信息过滤器，它能够率先帮你进行信息筛选，筛除虚假信息、获取权威有效信息等，但是筛选的质量是由你的大脑的知识储备量决定的。

5. 三人行，则必有我师

可能大家都曾经听到过这样一个小故事：一个小男孩和父亲在花园里玩耍时，小男孩试图搬起一块大石头，他使劲地搬，每当他快取得进展时，石头就滑落了，最后一次使出了"全力"，还弄伤了手指。父亲说："你为什么不用上所有的力量呢？"小男孩委屈地抽泣道："我已经用尽全力了。"父亲说："不对，我就在这里，你却没有向我求助，我也是你的力量啊，所以我说你还是没有竭尽全力。"说完，父亲弯下腰就把石头搬了起来。所以，人互有长短，当你觉得很难解决某个问题时，对你身边的某个人来说却可能轻而易举。

在我们无法辨别信息的有效性时，可能有两种处理方式来供你选择：一是自己去试验是否有效，最终得出是否有效的结论，二是可以咨询身边有经验的人，请他们帮助你进行信息筛选。三人行则必有我师，在我们自己无法做出判断时，不妨咨询一下有这方面经验的人，或许有时候可以有意想不到的收获。任何一种信息筛选方式也不可能百分百确保你所筛选到的信息就是有效的，但是我们可以最大程度去提高筛选出来的信息为有效信息的概率。

【探索学习 3-4】思考与练习

（1）你所了解的信息探索能力提升的途径有哪些？你觉得哪种途径提升效果最好，为什么？

（2）信息探索能力的提升能够对你的生活和学习带来哪些帮助？

（3）在日常生活学习中，你有没有选取检索词的技巧可以与大家分享？

素养提升单元：有效信息对你的帮助

【案例导入】三人的"完美"毕业旅行

珠三角地区某大学的三名准大学毕业生，在进入职场开始工作之前，想一起策划一场难忘的毕业旅行。小黄比较酷爱户外运动，对自然景观比较向往，爬爬山出出汗，在山巅看云卷云舒、日出日落对于他来说是一种放松和享受，而且他觉得自己求学多年已经读了"万卷书"，步入社会之前他想再行"万里路"。小王则是更想游览一下人文景观，在古人的物质文化遗产里进一步接受文化熏陶，所以人文景观在他们的行程里也必不可少。小李体型上最胖，他说："无论是名川大山还是文化遗产我都可以跟随，但是在食宿的选择方面，你们得充分考虑我一个胖子的感受，吃的可不能含糊。"那么三位同学如何才可以既满足尽可能多地游览名山大川，还要兼顾人文景观，同时又有高性价比的住宿条件、美味可口的食物呢？答案可能就在他们的旅游线路里，而这条旅游线路的制定，就需要他们多方搜索信息。

在开始信息的检索之前，我们可以先试着提取几个检索关键词，比如"性价比"，但是如果把"性价比"这个词语输入网络搜索引擎，得到的信息五花八门，并不能有针对性地检索到高性价比的毕业旅游产品。所以，我们还得从旅游的六要素"食、住、行、游、娱、购"着手去提取检索关键词，从三位同学的需求里可以看出他们的毕业旅行对于"娱"和"购"的需求不是特别大，"娱"贯穿于他们毕业旅行的过程，专门的娱乐活动他们可能并不需要，这个时候我们就可以把检索的重点放在"食""住""行""游"方面。"游"是他们三人中的一个最大需求矛盾点，小黄倾向于自然景观，而小王更青睐人文景观，要解决这个矛盾，那他们的毕业旅行目的地就必须既要有自然景观，又要有人文景观。"食"和"住"是小李的重点需求，相信也是小黄和小王的需求之一。最后的一个"行",交通工具的选择方面,飞机票价受季节性影响较大,毕业季旅游高峰期的票价虽然不一定是最高的,但是相对学生的经济水平而言可能是一个挑战,且飞机以点对点的方式使用时最为便捷,如果旅游线路较长可能并不方便;高铁兼具了快速和舒适的特点,票价在这个毕业季时期可能处于飞机和普通绿皮火车之间;绿皮火车价格便宜,但是时间成本也较大;客运大巴车票价和火车可能相当,但是长途旅行舒适度不高,线路可能也不够丰富。综合来看,在他们的毕业旅行中,"行"的方面既要有性价比,又要照顾旅游线路,同时又能兼顾舒适性,那可能是他们的最佳选择。

由此,我们可以看出最主要的问题集中在了"游"和"行"上,与这两个要素最息息相关的就是旅游目的地,旅游目的地包含的景点决定了游览的内容,旅游目的地的远近决定了出行方式的选择。

打开地图,离珠三角地区较近,拥有人文和自然景观,高铁票价相对又比较便宜,同时满足的地方可能不多,广西可能算是一个。这时你在任意一个网络搜索引擎里输入"广西 旅游",可能都能发现,在离珠三角地区不远的广西,既有贺州的黄姚古镇,又有桂林的山水甲天下,更有龙脊梯田的自然景观和人文景观合二为一;再一查珠三角地区到桂林的高铁票、动车票,票价感人,通勤时间适中,而且这条线路上停靠站点处处是惊喜,像是一条天然的旅游线路。

22个站,贵广高铁串起了一根独一无二的美食线。从珠江三角洲的"美食之乡"佛山到恭城瑶乡小吃,从粤菜的发源地到漓江"四宝",这条美食线联系了粤菜和湘菜两大体系,诞生了200多种独具特色的风味小吃。除了美食,好茶佳酿也为这条高铁线增添了不少"香气",贺州站的黄姚古镇有着近千年的历史,被称作中国最美十大古镇之一,这里就是酒酿爱好者的天堂,配上传统手工制作的"秋歌三茶",说十里飘香也绝对不为过。

三位同学的毕业旅行,总算是找到了一条近乎"完美"的线路。

一、信息社会的个人信息管理与保护

现如今信息获取越来越便捷，信息获取的途径越来越多样，同时也带来了一个新的问题，我们在获取相关信息时，"别人"也在获取你的信息。比如大家在手机上安装各种 App 时，都会提醒你是否同意"用户隐私条款"，有些 App 可能会需要你授权读取你的用户信息、获取你的定位、允许使用通讯录功能等。我们掌握了信息探索的各种技能、途径，以及信息筛选、整理、识别的方法，同时还要做好个人信息管理与保护，养成良好的信息安全素养。

（一）从我做起，构筑国家信息安全防护网

国家安全是国家生存和发展的根本保障，维护国家安全是每个公民的义务，当人类社会进入信息化时代以后，国家信息安全作为国家安全工作的一部分愈发重要，信息已经成为国家的重要战略资源，可以说是人类社会现如今赖以生存和发展的重要支柱之一。网络安全和信息化是事关国家安全和发展、事关广大人民群众工作生活的重大战略问题。个人信息安全与国家信息安全就如同个体与集体、部分与整体之间的关系。从我做起，从自身做起，自觉加入维护国家信息安全工作之中，才能组建起内能保护自身信息安全、外能抵御外部"网络侵略"的防护网，国家信息安全了，我们才能够有一个更好的个人信息管理与保护的条件，我们的信息安全才能更有保障。

（二）保护个人信息安全

对个人信息安全的防护，不仅仅是在使用各种网络工具时要谨慎填写个人相关信息，更不能在未经认证的、未知来源的链接、网站上随意填写自己的个人信息，在我们的日常生活中也要注意防护，街边的登记信息赠送"小礼品"，有时可能轻则电话骚扰不断，重则掉入下一个"陷阱"。有些同学甚至把记录有自己各种信息的材料随意乱丢、乱放、乱发，且不以为然，如果被不法分子获取，可能就会用你的或者你身边人的真实信息获取你的初步信任，然后进一

步行骗。因此，我们要凡事多问一个为什么，"好事"为什么那么容易被我遇上了？为什么要让我提供验证码给对方？

（三）养成良好的信息意识

养成良好的信息意识，就像运动员重复地练习某个动作，从而形成肌肉记忆和惯性一样。在我们日常进行信息检索时，为了确保网络检索到的信息在一定程度上的真实性，我们可以尽量使用权威的信息平台进行检索，尽量登录官方网站，如政府、教育机构官网、正规的非营利机构网站等，慎用商业机构、网络组织或个人网络资源等。同时我们也要掌握一定的互联网域名的基本知识，从而不被一些假域名所迷惑。对于一些常用的网络搜索引擎，可以采取直接输入网址、收藏官方网址等方式进行快捷访问，从而减少登录到仿冒网站的可能性。养成良好的信息素养，注意识别不良信息网站，可以帮助我们提高信息的检索效率，同时避免掉入一些"网络陷阱"。

（四）养成良好的信息获取能力

进入大学在学习上最大的改变可能是老师和家长突然间没有那么"督促"你学了，大部分同学好像从一个被"时刻监督"学习的状态，突然间到了一个你需要主动去获取知识、获取信息的阶段。这个时候有些同学可能会有点茫然，除了教材上和课堂上的内容，该去何处寻找相关知识和信息呢。大学可能强调更多的是你自主学习的能力，学习的是你可以用来学习的学习能力，有些同学可能适应不了这种快速转变，在尝试了几次主动探索无果，或者效率比较低下，也无人监管之后就选择了"放弃"或者"退一步"。退一步一开始很容易，但是越退越难，进一步刚开始很难，但是可能越进越容易。信息获取能力的提升也是一样，拥有良好的信息获取能力可以帮助我们度过一个"高品质"的大学生活，哪里可以获取相关讲座信息、哪里可以进行课程相关知识的延伸学习、哪里可以找到一些实习实践机会、哪里可以找到参加比赛信息，等等，如果我们掌握了这种能够有效获取信息、加工处理信息以及创造新信息的能力，那么在以后的生活、学习、工作中无疑是有较大益处的，它可以帮助我们在如今的信息社会中更好地生存和发展，帮助我们在其他能力的培养和锻炼方面获得更大的进步，如学习能力、写作能力、逻辑思维能力、口头表达能力、环境适应能力等，从而促进我们的全面提升，促使我们取得更大的成就。

（五）提升信息道德素养

在当今的信息社会，信息的获取越来越简单便捷，对于通过各种途径得到的信息，我们可能首先要做的是对其进行甄别判断，然后做出适用性选择，同时摒弃不良信息，建立起阻隔不良信息的屏障，自觉地选择对我们的生活、学习、工作等有用、有益的信息内容。在对检索到的信息进行使用的过程中也要注意对他人知识产权的保护，学习、继承和借鉴他人的成果与经验，可以帮助我们避免做重复功，提高效率，少走弯路，节约相关资源，但同时我们也要防止侵犯他人相关权益的情况出现。日常生活中也要不传播、不传递不良信息，做正能量信息的传播者与守护者，养成良好的信息道德素养，有益于他人、有益于自我、有益于社会。

二、大数据时代与数字素养

（一）大数据与大数据时代

大数据，或称巨量资料，指的是所涉及的资料量规模巨大到无法通过目前主流软件工具，在合理时间内达到撷取、管理、处理并整理成为帮助企业经营决策更积极目的的资讯。大数据技术的战略意义不在于掌握庞大的数据信息，而在于对这些含有意义的数据进行专业化处理。换言之，如果把大数据比作一种产业，那么这种产业实现盈利的关键，在于提高对数据的"加工能力"，通过"加工"实现数据的"增值"。

我们生活在大数据时代，你可能不懂什么是大数据，也不会大数据所需的专业化处理，但是你可能经常会听到大数据，在不知不觉中你其实可能也是大数据技术的使用者、消费者、参与者。你使用的手机、平板电脑、台式电脑，家中的电视、物联网设备，公共场所出于安全所需安装的摄像头等，可能就是大数据技术的数据来源或者是承载的工具；你经常使用的某些 App 可以根据你的使用记录情况，帮你智能推荐你喜欢的内容。大数据方便了我们的生活同时也会带来一些负面影响，比如隐私泄露、杀熟等，因此，在大数据时代，一方面要注意保护国家、社会和自身数据安全，防范不法侵害，另一方面也要提高警惕与自身数字素养，紧跟时代步伐。

（二）数字素养与生活

近年来，互联网、大数据、云计算、人工智能、区块链等技术加速创新，日益融入经济社会发展各领域全过程，数字经济发展速度之快、辐射范围之广、影响程度之深前所未有，正在成为重组全球要素资源、重塑全球经济结构、改变全球竞争格局的关键力量。

在大数据时代，我们每个人可能都无法置身事外，数字技术、数字货币等已经在我们的生活中出现，并助力我们的生活。如何在大数据的潮流中"激流勇进"，让大数据成为我们工作、生活、学习中的助力，就需要我们养成良好的数字素养。数字素养在我们日常生活中可能体现为：利用数字化信息手段增益自己的生活，自觉维护大数据时代的信息安全，合理合法使用数字技术，防范隐私泄露、大数据杀熟、算法歧视与陷阱等。

【自主学习 3-2】数字化时代需要"数字素养"

互联网、大数据和人工智能等技术的普遍应用，构筑了一个数字化的信息空间，改变了人们的生活方式。从社交、娱乐、购物到出行，人们越来越多地借助各种网络平台。这一变化在赋能数字产业、释放科技创新红利的同时，也带来了诸多不容忽视的挑战，短视频沉迷现象就是其中一种。应对数字化时代的挑战，需要提升数字素养，运用数字化时代的伦理智慧加以调适。

近年来，数字伦理问题一直备受关注。所谓数字伦理，是指立足以人为本，在数字技术的开发、利用和管理等方面应该遵循的要求和准则，涉及数字化时代人与人之间、个人和社会之间的行为规范。比如，在社会层面，如何弥补"数字鸿沟"，让数字技术的发展更加公平可持续；在企业层面，怎样避免技术滥用、不当采集用户数据，以正向社会价值创造为目标；在个人层面，应该怎样区分现实与虚拟，化解网络成瘾、短视频沉迷等困扰，解决注意力缺失、知识碎片化等问题。正确应对数字化时代带来的挑战，才能让人们成为数字化时代的主人，而不是被数字和算法所驱使。

短视频沉迷等现象成为很多人的困扰，一定程度上是由于科技加速创新，而观念、伦理和法律等相对滞后造成的。对此，应该充分运用系统思维，在创新发展与社会公平正义之间寻求动态平衡。一方面，对那些明显不正当的企业行为和严重的侵权行为，相关部门应当加强监管，比如最近对平台垄断、侵害用户权益等行为开展治理；另一方面，应通过价值观、伦理规范等柔性调节，促使社会、企业和个人等多元主体更加重视数字伦理、提升数字素养，实现数字化时代的协同治理，迈向更加美好的数字生活。其中的关键，是明确造福人类、可持续发展、公众利益优先、共享科技红利等科技伦理原则，并通过制度安排、产品设计和服务规范，嵌入数字技术研究与应用的各个环节。

对于生活在数字化时代的个体而言，数字素养意味着如何更好地面对生存方式和生活方式的数字化。今天，人们越来越多地独自面对各种电子屏幕和数字界面，每个人的注意力和行为数据也成为数字技术持续获取的目标。这一趋势不仅产生了隐私保护、信息茧房、大数据杀熟、算法歧视与陷阱等问题，还造成了注意力缺失、游戏与短视频成瘾等心理与行为失调。改变的关键，在于个体能够在数字生活实践中反思数字技术对人的认知与行为的影响，学会自我调适、适度节制，让自己掌握信息获取和遨游数字世界的主动权，而不是被碎片信息所淹没，甚至沉溺于数字娱乐不能自拔。要让数字娱乐和虚拟生活成为现实生活的补充，进而借助虚拟生活改善现实生活的质量，让数字技术服务于现实所需。

科学技术从来没有像今天这样深刻影响着国家前途命运，从来没有像今天这样深刻影响着人民生活福祉。随着数字化时代的到来，让科技造福社会和人民，需要全社会提升数字素养，让科技成为自我实现与追求美好生活的阶梯。

三、"互联网+"与网络素养

(一)"互联网+"

可能大家对于"互联网+"这个词语并不陌生。2015年7月4日,国务院印发《国务院关于积极推进"互联网+"行动的指导意见》。2016年5月31日,教育部、国家语委在京发布《中国语言生活状况报告(2016)》。"互联网+"入选十大新词和十个流行语。"互联网+"助力着我们的生活,"互联网+政务服务""互联网+旅游""互联网+护理服务""互联网+农业"等,为我们的日常生活所需提供了新的方式,在校师生们可能还会有过"互联网+"大学生创新创业大赛的参赛经历。"互联网+"是创新2.0下互联网发展的新业态,是知识社会创新2.0推动下的互联网形态演进及其催生的经济社会发展新形态。通俗来说,"互联网+"就是"互联网+各个传统行业",但这并不是简单的两者相加,而是利用信息通信技术以及互联网平台,让互联网与传统行业进行深度融合,创造新的发展生态。

"互联网+"的主要特征有跨界融合、创新驱动、重塑结构、尊重人性、开放生态、连接一切等。

1. 跨界融合

"+"就是跨界,就是变革,就是开放,就是重塑融合。敢于跨界了,创新的基础就更坚实;融合协同了,群体智能才会实现,从研发到产业化的路径才会更垂直。融合本身也指代身份的融合,如客户消费转化为投资、伙伴参与创新等,不一而足。

2. 创新驱动

中国粗放的资源驱动型增长方式早就难以为继,必须转变到创新驱动发展这条正确的道路上来。这正是互联网的特质,用所谓互联网思维来求变、自我革命,也更能发挥创新的力量。

3. 重塑结构

信息革命、全球化、互联网业已打破了原有的社会结构、经济结构、地缘结构、文化结构。权力、议事规则、话语权不断在发生变化。"互联网+社会治理"、虚拟社会治理会是很大的不同。

4. 尊重人性

人性的光辉是推动科技进步、经济增长、社会进步、文化繁荣的最根本的力量，互联网的力量之强大最根本的也来源于对人性的最大限度的尊重、对人体验的敬畏、对人的创造性发挥的重视。例如UGC，例如卷入式营销，例如分享经济。

5. 开放生态

关于"互联网+"，生态是非常重要的特征，而生态的本身就是开放的。我们推进"互联网+"，其中一个重要的方向就是要把过去制约创新的环节化解掉，把孤岛式创新连接起来，让研发由人性决定的市场驱动，让创业并努力者有机会实现价值。

6. 连接一切

连接是有层次的，可连接性是有差异的，连接的价值是相差很大的，但是连接一切是"互联网+"的目标。

（二）网络素养

随着网络和各种电子设备越来越普及，上网的方式也越来越多样和便捷，网名的年龄跨度也得到极大的扩展，从小孩到老人，各种智能电子设备"无障碍"般地帮助各路网民畅游互联网。但是大家在享有互联网带来的便利性和娱乐性的同时，更要注意培养良好的网络素养，共同维护互联网环境。

1. 科学上网，文明用语

网络的普及方便了大家的生活，但同样的，网络也是一把双刃剑，使用得当可以助力我们的生活、工作与学习，使用不当也可能会对我们自身和他人甚至是社会产生一定的影响。有些网民可能觉得隔着一层"互联网"，你也不知道我是谁，不注意自己的言谈，发布不当言论等，还有一些沉迷于网络游戏，荒废学业、事业，也有一些不法分子利用网络实施诈骗，散布色情材料，进行人身攻击、兜售非法物品等违法犯罪活动，甚至从事一些危害国家安全的网络活动，这些是坚决不允许的。网络社会、信息社会需要我们从自身做起，科学上网、文明用语、合理利用互联网，共同营造良好的网络绿色环境，共同维护国家网络安全。

2. 不信谣，不传谣

谣言止于智者。我们随手转发的未经证实的信息很有可能会对他人造成一定程度的伤害，相信大家都见过、听过各种各样的谣言，在我们暂时无法分辨某个信息的真假时，等待权威机构的官方答复是最佳的选择。有些人可能道听途说就添油加醋地四处传播，也有一些不良商家，为了引流可能刻意制造一些吸引眼球的虚假话题，更有一些网络敌对势力充斥其中，散播一些虚假言论，但是，只要我们做到"不信谣、不传谣"，这些虚假信息自然就会失去市场，不攻自破。

【合作学习3-1】网络安全圆桌

生活中你是否被冒充客服、网络兼职刷单、"恭喜您已中奖"等电信网络诈骗电话或信息骚扰过，请以5～6人为一组相互学习讨论，讲讲你了解到的真实发生的网络安全案例，或你接受到的网络诈骗教育知识，相互探讨交流。

（1）日常生活学习中，你觉得还有哪些我们需要注意的信息安全防范知识，可以和大家分享。

（2）你是如何做好个人信息管理和安全防护的？

（3）试分享还有哪些方法可以帮助我们有效进行信息素养提升。

模块四　心理素养

学习导航

在这一模块，首先我们通过简要介绍心理学如何成为一门研究心智的科学的发展之路，帮助你打开心理学的知识大门，了解心理学是一门怎样的学科，包含哪些科学知识。然后，你将学习到关于心理健康与心理疾病的相关知识和观念，获得识别心理疾病，促进心理健康的基本能力。我们不仅要健康，还要幸福。最后，我们将分享心理学最前沿的研究之———积极心理学研究的成果，正确地去认识幸福、学习如何提升积极心理素养，打开幸福之门，活出心花怒放的人生。

知识学习单元：心理科学的探索

【案例导入】星座性格的心理学解析

你相信星座对于人的性格的预测吗？

你的性格平稳、有毅力和耐力，勤劳智慧，富有实干精神。为人处世小心谨慎，感情真诚专一。此外，你有极其敏锐的感官，内心怀有各种欲望。喜欢舒适的生活环境，大自然的壮丽景色、花草和动物。你很难改变自己的观念。另外，你固执己见，对事物很容易产生偏激。你是一个喜欢按自己的人生哲学走路的人。你不轻易改变自己的生活习惯。

你温文尔雅、性格平稳、目光敏锐，具有合作精神。不足之处是优柔寡断、缺乏坦率、难于理解，过分追求高雅的生活，因循守旧、注重琐事、不专心和缺乏坚定性。你需要别人的钦佩和赞扬，只有在你感到欣然的环境中，你才能无忧无虑地生活。

……

这些"星座学说"科学吗？就这个问题，下面要分享在心理学历史中一段富有传奇色彩，同时又能体现心理学严谨和科学性的有趣故事，我们暂且把这个故事命名为"心理学家'大战'占星学院创始人"。

对心理学有了解的人对汉斯·艾森克教授一定不陌生。艾森克教授可能是20世纪最具影响力的思想家之一，在1997年去世之前，他也是科学期刊和杂志最常提及的心理学家之一。艾森克将毕生的大部分精力用于研究如何量化人性中的某些方面，这些特质通常被认为是无法借助科学的方法加以衡量的，比如诗歌、幽默和天赋等。而且，他发明编制的艾森克人格问卷（EPQ）在现代心理学各个领域依然是被最广泛应用的工具之一。

艾森克一直致力于从事对人格（Personality，大概可理解为日常所说的性格、个性等）的分析研究。他曾安排了成千上万的人填写人格调查问卷，然后借助强大的统计技术对结果进行分析，从而找出人与人之间在人格上存在差异的主要维度。调查数据显示，人们的性格并没有想象的那么复杂。事实上，在艾森克看来，它们主要是在少数几个最为基本的特质上存在一定的差异。这三个范围很广的维度分别是：外向性（心理能量主要导向内在或外在），神经质（情绪稳定或不稳定），精神质（善良的、体贴的或有攻击性、反社会的）。艾森克人格问卷就是用来衡量这些特质的。

艾森克发现，在占星学说中也有相关的星座性格说法：十二星座中有六个星座（白羊座、双子座、狮子座、天秤座、射手座和水瓶座）和外向有关，另外六个星座（金牛座、巨蟹座、处女座、天蝎座、摩羯座和双鱼座）则和内向有关。另外，三种土象星座（金牛座、处女座和摩羯座）的人看起来更能保持情绪的稳定和心态的平和，而三种水象星座（巨蟹座、天蝎座和双鱼座）的人则更神经质一些，情绪和心态也更容易出现波动。

为了验证这种星座性格的说法是否属实，艾森克和广受欢迎的英国占星学家杰夫·梅奥联手展开了一项调查。梅奥在几年前创办了梅奥占星学院，并很快从全球各地招收了一大批学生。在梅奥的客户和学生中，有2000多人被要求提供他们的出生日期并填写艾森克人格问卷。

对占星学持怀疑态度的人期望看到的调查结果，是被调查对象的个性与古老的星座学传说之间根本就没有任何关系。与此相反，拥护占星学的人则认为出生时的星象位置毫无疑问会对一个人的思维方式和行为模式产生一定的影响。让怀疑论者大吃一惊的是，调查结果竟然与古老的占星学传说完全吻合！星座与外向有关的人，在艾森克人格问卷外向特质上的得分的确要比其他人高一些。占星学期刊《现象》也因此宣称，这些发现"可能是本世纪占星学上最为重要的进展"。

然而，艾森克自己却对该研究结果产生了怀疑，因为他突然意识到参加调查的人事实上已经对星座性格说笃信不疑了，这些人事先早已知晓星座对他们性格的描述和预测是什么。艾森克担心这种先入为主的想法可能会导致并不准确的调查结果，"会不会因为调查对象觉得自己应该具备星座学说所赋予他们的性格而选错了答案，从而引出了那个让怀疑论者大跌眼镜的调查结果？"换句话说，这个调查结果可能只是心理作用导致的结果，而跟调查对象出生时的星象位置，以及其真实个性毫不相干。

为了证实或证伪这个推断假设，艾森克又做了两个后续实验。

第一个实验的对象是1000名孩子，他们几乎不可能听说过性格和星座之间的关系。这一次，调查结果出现了颠覆性的变化，而且显然与古老的占星学传说毫无吻合之处。孩子们在外向和神经质两个特质上的得分，跟他们的出生星座根本就扯不上任何关系！

为了进一步验证生日星座和个性之间到底有没有关联，艾森克做了第二个实验。他将调查对象从孩子扩展到了成人。这一次，调查对象对占星学的了解程度深浅不一。结果发现，如果调查对象很清楚星座对性格有何影响，他们的问卷结果跟星座性格说的吻合程度就会非常高。相反，如果调查对象对星座和性格没有太多了解，他们的问卷结果与星座性格学说就不那么一致了。因此，结论已经很明确：出生时的星座并不会对一个人的个性产生什么魔法效应。然而，的确有这么一些人，由于对星座和性格之间的关系非常熟悉，竟然真的就变成了具有某种星座特质的人。

这个故事回答了你对于星座和性格关系的迷思吗？另外，希望通过故事的分享，也能让大家对于心理学家是怎么工作的，如何开展对于心理现象的科学研究有一个粗略的直观印象。

我们人类在探索自身的发展道路上从未停止脚步。心理学就是一门关于人类探索自身的科学，研究人的心理和行为及其影响因素。有趣的是，一方面，比起数学、物理、化学、历史、地理、生物、政治等关于外部世界的知识教学，关于探索我们自身知识的学习占比少之又少，同学们接触到的主要就是"心理健康"课程；另一方面，比起数理化之类的科学，人们对于心理学却往往有着大得多的好奇心和亲切感。由于这种"供不应求"，于是市面上、大众媒体上出现的林林总总的所谓通俗心理学，如"读心术""星座、血型与性格""成功心理学""看穿别人的心理测验"等也就不足为奇了。

真的是这样吗？这就是心理学吗？难怪不少心理学家感慨和疾呼，心理学看似一派"红红火火"，实则被深深误解，导致普罗大众"恍恍惚惚"。[①]

你是否也有这样的感受，既对心理学充满好奇和热情，又好似雾里看花，对它看得不够真切，也不够亲近？希望这部分内容的学习能够帮助你"拨开迷雾"，走近科学的心理学，消除误解，为你认识和感受心理学的真正魅力起到绵薄之力。

【探索学习 4-1】这是心理学吗

以下有一些关于心理学的常见说法，请你判断正误。在判断的基础上，也可以和同伴分享讨论你做出判断的依据或理由。

---

① 夏克特. 心理学 [M]. 3 版. 傅小兰，等译. 上海：华东师范大学出版社，2016.

（1）心理学是研究精神病和心理有问题的人，心理学家就是看病的。

（2）心理学家会读心术，知道"我"在想什么。

（3）"通过你选择咖啡、果汁、茶、可乐、鸡汤还是水，就能知道你的恋爱类型"，这是一个心理测验。

（4）心理学就是使人成功，或者使人快乐。

（5）心理学就是研究潜意识的，心理咨询就是对人进行催眠。

一、心理学是什么

心理学是关于行为与心理/精神过程的科学研究。让我们来划出这个定义的重点：科学、行为、精神/心理过程。

首先是科学。这个很关键，可以说它是心理学之所以是心理学的"定海神针"。科学性是心理学的根本要求，主要建立在依据科学方法原则收集数据、分析数据并得出结论。什么是科学方法？它包括一套用来分析和解决问题的有序步骤，这种方法用客观收集到的信息作为得出结论的事实基础。[①] 本模块开篇的案例导入中，心理学家艾森克正是运用科学的方法，一步步揭示了个性与星座之间的真实关系。

其次是行为。行为是我们适应环境的方式和行动。心理学研究的主题在很大程度上是人类和其他动物的可观测的行为，像微笑、哭泣、奔跑、握手、点头、交谈以及触摸等，这些都是可以观察到的行为。心理学家主要是探索个体做些什么，以及如何在特定的行为模式以及更广泛的社会环境或文化环境中进行这些行为。

再次是心理/精神过程。在这里，我们对于心理和精神不做严格区分，有时也可以将其称为心智。它指的是个体内部的思考、计划、情绪体验、做梦、记忆等心理加工过程，它们往往是不能直接观察到的。因此，心理学家为了探

---

① 格里格，津巴多. 心理学与生活[M]. 王垒，等译. 北京：人民邮电出版社，2003.

索这个"黑匣子",设计了许多精巧的科学实验和测量方法来研究个体内在的心理事件和过程。

最后,我们再简单谈一下心理学的研究对象,也就是研究"谁的"行为与心理过程。心理学通常以研究人的心理为主要内容,包括个人,如一个新生婴儿、一个刚刚失业的中年男士,也可以是一个群体,比如大学生群体、运动员群体等,还可以是整个社会。心理学的研究对象也包括动物,比如学习心理学研究中走迷宫的白鼠、学习用符号交流的黑猩猩等。

综上所述,我们可以这样来认识和描述心理学:关于心理和行为的系统科学;关于行为和心理过程的科学研究;运用科学方法从个体、群体和社会层面认识人的心理和行为。[①]

二、心理学发展简史

说到心理学的历史,最常会被引用的描述肯定是德国心理学家艾宾浩斯的名言:心理学有漫长的过去,却只有短暂的历史。这句看似矛盾的话语,却再贴切不过地概括了心理学的发展。其中,"漫长的过去"指的是科学心理学建立之前,作为前科学的心理学的时期;"短暂的历史"则指的是科学心理学建立以后的发展阶段。

(一)前科学的心理学

至少从公元前 5 世纪开始,就有了关于古希腊哲学家探讨人类行为、推测心灵如何活动的记录。苏格拉底和柏拉图认为,人的身体死亡后,心灵不会停止,思想和意念可以独立于身体而存在。这就是关于身心的"二元论"观点。亚里士多德更是在概括前人对于心理和行为的观点基础上,写就了欧洲历史上第一本心理学专著《论灵魂》,探讨了对感觉、知觉、记忆、联想、想象、欲

---

① 阿尔本. 心理科学之门 [M]. 徐展,译. 北京:人民邮电出版社,2011.

望、梦、情绪等一系列心理现象的看法。[①] 此外，他还写作有《论感觉》《论记忆》《论梦》等心理学论著。

古希腊的名医、"西方医学之父"希波克拉底通过其医疗实践，提出脑是心理的器官。这与当时人们普遍认为心脏是心理活动的器官相比，具有划时代的先进性。他还在《论人的本性》一书中提出，体液是人体性质的物质基础，人有四种不同的体液，每种体液对应一个特定的气质类型，分别为血液——多血质，黏液——黏液质，黑胆汁——抑郁质，黄胆汁——胆汁质。这与我们今天仍在使用的气质类型说有着重要的渊源。

从古希腊到文艺复兴后期的科学革命时期，一直有哲学家致力于探索人的心灵活动，以及灵魂与身体的关系。例如，通过解剖动物的大脑，笛卡尔认为大脑的松果体是灵魂的根源，在那里能够形成思想。他提出灵魂通过空心管流过身体，控制肌肉运动。虽然如果现在还相信笛卡尔的观点，那你肯定生物考试不及格，但是笛卡尔所注意到的"空心管"，即我们现在所熟悉的神经，对于控制反射确实非常重要。

（二）科学心理学的建立

尽管心理学的思想和观点可以追溯到上古先贤和伟大的哲学家们，但是学界普遍公认，心理学脱胎于哲学母体，真正成为一门独立学科或科学，是以1879年德国心理学家威廉·冯特在莱比锡大学建立第一个正式的心理学实验室为标志的。由此，心理学像其他科学——如生物学、物理学，将实验法应用于研究心理精神活动——原来通过思辨、经验推论的哲学基本问题时，现代的心理学——科学心理学诞生了。

冯特认为，心理可以通过科学和客观的方法进行观测，并且邀请全世界的研究者学习如何研究人类的心理结构。冯特在莱比锡实验室训练了一批批致力于心理学科学研究的研究生，这些学生后来在世界各地建立起心理学实验室。因此，冯特也被称为"科学心理学之父"。

[①] 车文博. 西方心理学史 [M]. 杭州：浙江教育出版社，1998.

【探索学习 4-2】思想实验：建立你的心理学实验室

假设你和冯特一样，建立一个心理学实验室，你将研究哪些方面的内容？请列举 3～5 个你最感兴趣的心理学问题，并尝试寻找答案。

（三）临床心理学的发展

当以冯特为代表的实验心理学家们在实验室里对心理学问题进行孜孜不倦的科学研究的同时，在诊疗室里的心理学家们也在进行着关于心理疾病诊断和治疗的研究实践。

法国的内科医生让·马丁·沙可和皮埃尔·让内从对癔症（Hysteria，又称歇斯底里症）患者的诊疗中发现，在可以排除器质性病变的情况下，癔症患者仍可能会出现失明、失忆、晕厥，甚至瘫痪等功能障碍。但是当使患者进入催眠状态时，他们的症状可能消失，失明患者可以重见光明，失忆的人可以重拾那段记忆，瘫痪的人可以支配丧失感觉的肢体。然而，从催眠状态恢复清醒后，被催眠的患者却记不起在催眠时发生的任何事情，并且又"恢复"了原有的病症。

这些惊人的发现引起了一位奥地利年轻医生的强烈兴趣。他来到了法国巴黎，并师从于沙可。他就是后来大名鼎鼎的西格蒙德·弗洛伊德——精神分析学派的创立者，20 世纪最有影响力的思想家之一。

从巴黎回到维也纳以后，这位专业致力于神经系统障碍研究的年轻的医学博士开始了他治疗癔症和其他精神疾病患者的工作。他从自己的临床工作中发展出解释患者各种奇怪言行和症状的理论——精神分析理论。该理论强调无意识心理过程在人的感觉、思维、行为乃至人格发展中的重要作用。他认为各种问题行为是由被压抑的原始性驱力和欲望冲突、无法进入意识中的童年创伤回忆引起的。而弗洛伊德创立的精神分析疗法，强调通过催眠、自由联想、释梦等技术，把人潜意识当中被压抑的内容引入意识状态，从而更好地化解冲突、修复创伤，治疗心理疾病。

精神分析理论的影响是巨大的。20世纪之初，弗洛伊德及其众多的追随者兴起了精神分析运动，不仅是心理治疗领域，随后半个多世纪的文学、艺术和历史领域等，都受到该理论的很大影响。同时，自精神分析理论诞生之日起，也引发了无数的争议。例如弗洛伊德过分强调生物本能对人行为的影响，其对人性的看法过于黑暗和片面，以及精神分析的方法无法进行科学验证等。

20世纪中叶，随着行为主义心理学的兴盛，精神分析的影响逐渐式微。特别是在"二战"以后，当时的美国表现得非常积极和充满活力：技术的发展正在战胜贫穷和死亡，普通美国人的生活标准大幅提升，人类实现登月。那个时代的鲜明特征是成功而非衰败。弗洛伊德对人性的看法落后于时代精神了。[1] 于是，一个因应时代精神的新观点出现了。

亚伯拉罕·马斯洛和卡尔·罗杰斯是这个心理学新势力——人本主义心理学的建立者。与弗洛伊德对人过于悲观、过度病理化的看法迥异，他们对人性抱有积极的态度，相信人性本善，强调自尊、人的积极潜能。人本主义心理学认为，人不是过去经验的囚徒，人是具有自由意志的，能够掌握自己的命运。

人本主义心理学家研究人的心理和行为不是通过把它们简化为一些成分、元素或者实验室实验中的变量，而是关注个体所体验到的主观世界，从人们的生命历程中探寻其心理行为模式。他们努力尝试研究整体的人，并把文学、历史等领域中有价值的内容都包括进来，如马斯洛研究人的动机需要和情感时，名人传记是重要的研究资料。

人本主义心理学对于心理咨询与治疗大发展产生了重大影响，这些影响一直持续至今。罗杰斯的来访者中心疗法，把寻求心理治疗或咨询的求助者称为来访者（也有译为"当事人"）而非传统的"病人"或"患者"。他强调来访者和咨询师的关系是平等的，咨询师需要在咨询中以真诚、温暖、共情和无条件积极关注的态度与来访者一起工作。人本主义心理治疗的目的是帮助人们意识到自身的潜能，并发挥个人的潜能，实现自我。

---

[1] 夏克特. 心理学 [M]. 3版. 傅小兰，等译. 上海：华东师范大学出版社，2016.

（四）对客观测量的探索：行为主义心理学

从冯特的结构主义心理学派，到精神分析心理学，甚至人本主义心理学，虽然他们的学说各异，但有一个共同点——这些学派都尝试通过探索意识或潜意识状态下的知觉、思维、记忆和情绪体验的内容，从而了解人的心理的内部运作，其方法均为通过参与者的主观报告的形式。由于研究内容的不可观测，研究方法的缺乏客观性，导致了研究结果的"不可靠性"，这使得一个新的流派——行为主义诞生了。

行为主义的代表人物之一约翰·华生认为，个人的知觉或情绪体验过于抽象和含糊不清，无法进行客观的观测，不能作为科学研究的对象。因此，行为主义心理学把行为反应作为主要的研究对象。行为反应是可以观察到的，并且能够进行客观的量化测量，研究结果还可以通过实验条件的控制得以重复，是可靠的。

行为主义对心理学研究的发展有重要影响。它对严格的实验和仔细定义变量的强调，影响了心理学的大多数研究领域。行为主义的心理学原理已经被广泛应用于教育心理学、行为矫正等方方面面（如奖励、惩罚、强化、即时反馈、系统脱敏等）。

【自主学习 4-1】扩展阅读：心理学中的经典动物实验

巴甫洛夫的狗——经典条件反射

巴甫洛夫在研究消化现象时，观察了狗的唾液分泌，即对食物的一种反应特征。他的实验方法是，把食物呈现给狗，并测量其唾液分泌（见图 4-1）。在这个过程中，他发现如果随同食物反复给一个中性刺激，即一个并不自动引起唾液分泌的刺激（如铃响），狗就会逐渐"学会"在只有铃响没有食物的情况下分泌唾液。

图 4-1　巴甫洛夫实验图例

一个原是中性的刺激与一个原来就能引起某种反应的刺激相结合，而使动物学会对那个中性刺激做出反应，这就是经典性条件反射。

桑代克的猫——联结主义

桑代克将一只饿猫关在他专门设计的实验迷箱里，箱门紧闭，箱子附近放着一条鲜鱼，箱内有一个开门的旋钮，碰到这个旋钮，门便会启开（见图4-2）。一开始饿猫无法走出箱子，只是在里面乱碰乱撞，偶然一次碰到旋钮打开门，便得以逃出吃到鱼。经多次尝试错误，猫学会了碰压旋钮打开箱门的行为。

图 4-2　桑代克实验图例

桑代克认为，学习的实质在于形成刺激—反应联结，学习的过程是通过盲目的尝试与错误的渐进过程，人和动物遵循同样的学习规律。

斯金纳的老鼠——操作性条件作用理论

斯金纳发明了一种学习装置——斯金纳箱（见图4-3）。斯金纳箱内装有一根操纵杆，操纵杆与另一提供食丸的装置连接。把饥饿的白鼠置于箱内，白鼠偶然踏上操纵杆，供丸装置就会自动落下一粒食丸。白鼠经过几次尝试，会不断按压杠杆，直到吃饱为止。白鼠从这一过程学会了按压杠杆以取得食物的反应，按压杠杆变成了取得食物的手段或者工具。操作性条件作用故而又被称为工具性条件作用。

在斯金纳看来，几乎在人类的各种情境中，学习都可操作。要想改变行为，就需奖励行为。当所预期的行为一旦出现立即予以强化，再出现、再强化，这种行为再发生的概率就上升了。

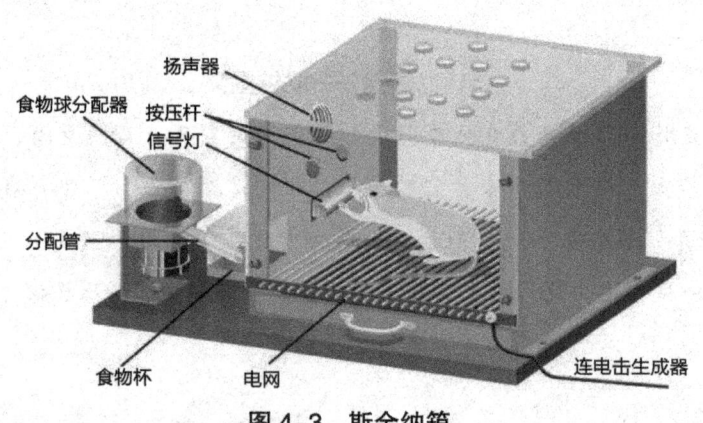

图 4-3　斯金纳箱

（五）心智的回归与心理学的拓展

以华生和斯金纳为代表的行为主义心理学家在20世纪30—50年代统治着心理学界。但是行为主义心理学的统治地位并没有持续太久，因为行为主义内在固有的缺陷——对于人类高级认知功能，如知觉、思维、记忆和情感的忽视，以及极端的环境决定论，加之20世纪60年代科学技术的发展，语言学、神经生物学和电脑科学为人类心理的研究提供了新的见解。尤其是电脑的发展促进了对一直被视为"黑箱"的人类大脑的信息加工过程的研究，于是信息加工的认知心理学兴起。认知心理学家从不同层面研究高级的心理过程，如知觉、记忆、思维的发展，语言的产生，问题解决和决策，推理和创新思维等。他们认为人脑和电脑不同，但是两者都可以看作是输入、存储和提取信息的过程，人类大脑的运作机制可以通过类比电脑的信息加工过程进行探索。认知心理学在行为主义的基础之上，大大拓宽了心理学的研究范围。后续的脑神经科学如脑成像技术的发展等，则是进一步加速了认知心理学的发展。

如果说认知心理学是把人脑比作电脑，从大脑信息加工处理的角度来探索人类心理，那么进化心理学的观点则是把人类作为大自然的一部分，在更广阔的生物进化轨迹当中来研究人类的心智如何为生存而适应环境，并发展出各种心理机制。人类不仅是自然中的生物，还是"社会动物"，身处不同社会和文化环境中的人们，心理、行为乃至生活方式都可能存在巨大差异。文化心理学家的目光聚焦于文化如何影响与塑造身处其中的人们的心理过程与行为，比如，不同文化有不同的民族性格，德国人严谨理智、法国人浪漫感性。文化如何影响我们的个性？文化影响我们的情感表达方式吗？历史文化影响人的心理发展与成熟吗？这些都是文化心理学探讨的问题。

（六）整合的视角

上面介绍的几个现代心理学派虽然观点各异，每一学派都有其独特的主张，但这恰恰为我们提供了多元的视角去探索和了解本就精妙而复杂的人的心理。下面，我们将通过一个关于攻击性的例子，具体来看看持不同理论观点的心理学家可能如何开展相关研究。[①]

精神分析：把攻击性作为对因为不能获得快乐感受而引起的挫折反应；把攻击性看作最初来自童年时期针对父母的反抗在成人后的一种转移。

行为主义：确定过去攻击性的反应的强化，比如对一个打了同学或兄弟姐妹的孩子予以额外的关注。

人本主义：寻找导致攻击性的限制自我和潜能的因素，寻找分享个人经

---

① 格里格，津巴多. 心理学与生活 [M]. 王垒，等译. 北京：人民邮电出版社，2003.

验，促进无条件积极关注和自我成长。

认知：探索人们在目睹暴力行为时的攻击性思维和想象，研究电影和录像中暴力的影响。

进化：考虑什么样的条件能使攻击性成为早期人类的适应性行为，确定在哪些条件下能选择性地产生攻击性行为的心理机制。

文化：考虑不同文化中的成员如何表现和理解攻击性；确定文化力量如何影响不同类型的攻击性行为的可能性。

【自主学习4-2】关键知识小测验

（1）欧洲第一本专门论述人类心理的专著《论灵魂》的作者是（　　）
  A. 苏格拉底　　　　　　　B. 柏拉图
  C. 希波克拉底　　　　　　D. 亚里斯多德

（2）威廉·冯特被誉为是（　　）
  A. 实施了第一个心理实验　　B. 精神分析之父
  C. 科学心理学的创始人　　　D. 行为主义代表人物

（3）以下哪项不属于精神分析的治疗技术（　　）
  A. 自由联想　　　　　　　B. 催眠
  C. 释梦　　　　　　　　　D. 系统脱敏

（4）以下哪项不属于人本主义心理学的主要观点（　　）
  A. 强调无意识心理过程在人的感觉、思维、行为乃至人格发展中的决定作用
  B. 人性本善
  C. 人具有积极的潜能
  D. 心理咨询师和来访者的关系是平等的

（5）行为主义心理学的研究涉及（　　）
  A. 客观观察和测量行为　　　B. 无意识对于行为的影响
  C. 头脑的认知加工过程　　　D. 人的积极潜能开发

（6）谁提出了操作性条件反射的概念（　　）

　　A. 巴甫洛夫　　　　　　B. 华生

　　C. 斯金纳　　　　　　　D. 桑代克

（7）主要研究人类知觉、记忆、思维的高级心理过程的是（　　）

　　A. 精神分析心理学　　　B. 认知心理学

　　C. 进化心理学　　　　　D. 行为主义心理学

（8）进化心理学关注的主要是心理与行为的什么功能（　　）

　　A. 适应　　　　　　　　B. 生理

　　C. 文化　　　　　　　　D. 情绪

（9）文化心理学的观点认为（　　）

　　A. 人类心理是进化的产物

　　B. 心理过程在所有人身上的表现都是一样的，不需要考虑文化差异

　　C. 通过特定的刺激可以控制特定的行为反应

　　D. 文化影响着人们的心理和行为

（10）"心理学有漫长的过去，却只有短暂的历史"是哪位心理学家的名言（　　）

　　A. 艾宾浩斯　　　　　　B. 弗洛伊德

　　C. 卡尔·罗杰斯　　　　D. 马斯洛

（参考答案：D；B；D；A；A；C；B；A；D；A）

【探索学习4-3】今日心理学

现在，你对于心理学已经有了一个基本的认识，那么你知道现在的心理学工作者从事哪些工作吗？当今的心理学发展如何？对社会有何贡献？

请你访问中国心理学会和美国心理协会的网站做进一步的了解，并分享让你印象最深刻的三个小点。

能力发展单元：心理障碍的识别与应对

【案例导入】我有一只叫抑郁症的黑狗①

我有一只黑狗，它的名字叫抑郁
每当它出现时，我便感到空虚，生活似乎也慢了下来
它总是突然跑出来让我吓一跳
这黑狗让我看起来和感觉上都变老了
当全世界都在享受生活时，我却只能透过黑狗看世界
那些曾经让我感到开心的事情，忽然就不见了
它喜欢毁了我的食欲
它吃掉我的记忆力和专注力
有这黑狗跟着，要做任何事、去任何地方，都需要有超人的意志力
在社交场合，它总是有办法赶走我的自信
我非常害怕被人发现这件事
我也担心别人会评论我
因为人们对黑狗的羞辱与污名化
我总是担心被人知道
所以我花了很大的力气将它隐藏起来
但是要假装好心情实在是很累人的
黑狗让我思想负面、说话也很消极
它还让我烦躁易怒，很难和人相处
它带走了我的爱情，也埋葬了我的亲密关系
它最爱用不断重复又消极的念头把我吵醒

---

① 此内容为世界卫生组织官方宣传片《我有一只黑狗》文字稿。

提醒我接下来的一天我将多么筋疲力尽

生命中有这样的黑狗并非只是有点低落、有点悲伤、有点抑郁

最糟的时候我会失去所有的感觉

当我渐渐变老，黑狗却渐渐地长大

它开始无时无刻在我身边徘徊

我想尽各种办法想把它赶走，却还是常常被它打败

继续躺着，好像比再站起来容易

我开始试着疗愈自己，可是那一点帮助也没有

最后，我感觉自己像与世隔绝一般

黑狗终于成功绑架了我的生命

当你失去生命中的所有快乐，你会问这到底还有什么意义

很幸运的，那时我寻求了专业的帮助

那是我迈向康复的第一步，也是我生命的转折点

我学习到：无论是谁，黑狗困扰着千千万万的人，人人都有可能被袭击

我学习到：没有什么灵丹妙药

药物治疗对有些人有帮助，但其他人还需要加上其他的方法

我学习到：真实地向亲近的人表达自己的感受，可以起到相当关键的变化

最重要的是，我学会不再害怕黑狗，甚至会陪它玩一些把戏

你越累或压力越大时，它就叫得越大声

所以学会让自己心灵平静下来很重要

临床表明，规则的运动可以有效缓解中度抑郁，效果和抗抑郁药一样

所以，出去走一走、跑一跑，把那只黑狗甩开

谢谢心情日记，把想法写出来有助于发泄情绪，也让自己看得更清楚

也把一些值得感谢的事记录下来

最关键的要记得：不论情况多糟糕，只要你按照正确的步骤

找对的人谈一谈，黑狗的日子自然就会过去

我不会说我感谢这只黑狗，但它真的是一个神奇的老师

它强迫我重新审视自己的生活，让生活变得简单

我学会与其遇到问题就逃避，还不如拥抱它们

黑狗也许将永远成为我生命的一部分
但它已经不再是过去的那只野兽
我们有了共同的默契
借由知识、耐心、锻炼，以及幽默，再凶恶的黑狗也能够被驯服
如果你遇到困难，不要害怕求助
这一点也不丢脸
错过生命，才是真正的遗憾

这是一位抑郁症患者的真实独白和心路历程。故事的主人公叫马修，是一名插画家、设计师，曾先后在悉尼、旧金山及纽约从事广告工作15年，数次获得行业大奖。自二十出头，马修便身患抑郁症，看黑狗在生命中时来时往。面对被黑狗充斥的生活，他曾奋起反抗又无力地躺倒在地，努力自救却还是被黑狗制服而无法动弹。黑狗一度令他彻底屈服，几乎失去生存下去的勇气和决心。然而凭着一丝抗争的意志，他决定寻求专业的帮助和指导，正视黑狗，不再独自抵抗，并逐渐治愈。在多年对抗抑郁症的过程中，马修学会了许多驯服黑狗的方法。他由此出发，与太太安斯利共同创作《我有一只叫抑郁症的黑狗》，启发和帮助了无数抑郁症患者及其家庭，让更多人了解抑郁症，帮助抑郁症患者的康复。

抑郁症可能是近些年来最多出现在大众视野、最为民众熟知的一种心理疾病，但是，你真的了解抑郁症吗？抑郁情绪和抑郁症是一回事吗？如果你或身边的人得了抑郁症，你可以及时觉察并帮助自己或他人吗？抑郁症之外的心理疾病，你了解多少？

人们对美好生活的向往，绝不仅仅是物质生活的日益丰富，健康和幸福是更高的追求。然而，事实上，精神障碍患病率正在不断上升。中国首次全国性精神障碍流行病学调查结果发现，近一成国人患有精神障碍。数字触目惊心，它提醒我们，精神障碍并不遥远。了解精神卫生知识，掌握识别心理疾病的能力，促进心理健康，绝不只是医生和患者的事情，而是与我们每一个人都息息相关。

一、心理健康连续体

（一）心理健康的内涵

谈到健康，我们一般最直接的想法就是"不生病"。无论身心，生病了，就是不健康。但事情真的这么简单吗？比如，一个体质不错的人，最近得了感冒，是否就变得不健康了？一个患有近视眼的人，我们一般会认为这是个生病的人吗？类似的，我们每个人都有情绪的高低起伏，例如考试的焦虑、失恋的痛苦、就业的压力、丧亲的悲伤等，这时候的心情和日常的平静愉悦截然不同，这是心理出问题了吗？是不是心理不健康了？

心理健康/心理障碍①，看似一个再简单不过的概念，但仔细推敲会发现内有乾坤，绝不是一个想当然的事情，它包含丰富的心理健康知识，需要我们去用心知晓和掌握。

心理正常与异常的界限在哪里？我们如何判断一个人是否患有心理疾病？对心理健康/心理障碍的科学认识，可以从对心理健康连续体的理解开始。

心理健康与否并不是泾渭分明的对立面，从心理健康到心理疾病是一个心理状态的连续体，如图4-4所示。

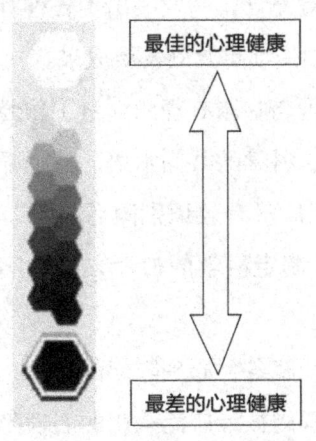

最佳的心理健康
☆ 个人与环境积极、和谐的互动
☆ 积极的情绪、主观的幸福感
☆ 心智能力的最佳发展，有成效地从事工作，对社区做出贡献

☆ 个人与环境的严重冲突
☆ 消极情绪、主观的痛苦感
☆ 心智能力的缺损或发育不良
☆ 严重的心理疾病
最差的心理健康 ☆ 严重的社会功能损坏

图4-4 心理健康连续体

---

① 编者按：在文中出现的"心理疾病""心理障碍""精神障碍""精神疾病"不做严格区分，视作同义词替换使用。

图 4-4 形象地说明，所谓正常与异常之间的界限是相对的，而不是绝对的，每个人的心理都处于动态平衡之中。不染一粒尘埃、生活未遭遇一丝烦忧的绝对心理健康基本不存在，它更多的是一种对于理想状态的追求。在生命的某些阶段，由于种种原因都难免会有心理困扰或不适，只是程度不同而已，灰色区域普遍存在。因此，心理的健康更需要我们的重视与呵护。正如诗偈所云："身是菩提树，心如明镜台；时时勤拂拭，勿使惹尘埃。"

（二）心理障碍及其分类

纵观人类历史，在过去相当长的时间里，人类对心理障碍的认识十分有限，并因此产生了畏惧心理，将之与罪恶联系起来。因心理疾病而出现行为异常的人，往往被视为魔鬼附体，或被恶魔控制，遭到严酷的囚禁或残忍的驱魔"治疗"。直到18世纪，精神病人在西方社会仍被视为没有意识的野兽，应该被铁链铐锁和禁囚。

心理障碍的医学模式和心理学模式都出现在18世纪末。这时的人们才开始认识到，一些出现精神、行为异常的人并非因为魔鬼附体或罪恶的灵魂遭神惩罚，而是存在心理障碍，可能与躯体疾病类似。

现代社会，对于心理障碍的科学认识日益充分，并发展出了各种有效的治疗方法。其中，心理障碍的分类系统就是其中一项重要的发展成果。

一个障碍类别或诊断名称，是对精神病理与临床心理的大量工作经验和研究成果的总结，从而形成的一套专业公认的、科学的共同术语。心理障碍诊断和分类系统的出现，有助于人们根据特征性症状有效识别障碍类别，探讨其成因，进而做出可靠的评估和诊断，并据此制定科学的治疗方案，实施有效治疗。

简而言之，了解心理障碍的分类标准，知晓各种心理障碍的特征，是识别某种心理障碍的关键和基础。目前，全球范围内被最广泛采用的心理障碍分类系统是美国精神病学会制定的《精神障碍诊断与统计手册（第5版）》（简称DSM-5）。

当然，心理障碍分类系统是非常专业的临床诊断工具。作为非专业工作者的普通民众，只需要掌握常见的一些心理障碍类型的基本识别能力即可，医学诊断和心理治疗，还是应该寻求专业医疗机构的帮助。

【自主学习 4-3】DSM-5 心理障碍主要类别[①]

（1）神经发育障碍。症状始于发育早期，导致严重的功能缺陷，例如智力障碍（以前称为"精神发育迟缓"），自闭症谱系障碍，以及注意缺陷/多动障碍。

（2）精神分裂症正谱系及其他精神病性障碍。这类心理障碍的特点是知觉、思维、语言、情绪和行为严重失调。

（3）双相及其相关障碍。包括心境严重起伏——从躁狂到抑郁，并且还包括精神病的经历，因此，DSM-5 把这类障碍放在精神病性障碍与抑郁障碍之间。

（4）抑郁障碍。特点是心情极端，抑郁病持久。

（5）焦虑障碍。特点是过度恐惧，并且焦虑极端到足以损害个人的功能，例如惊恐障碍、广泛性焦虑障碍，以及特定的恐怖症。

（6）强迫及相关障碍。特点是出现偏执的想法，然后用强迫行为去回应那种偏执的想法。

（7）创伤及应激相关障碍。这些是作为对创伤事件的反应而出现的心理障碍，例如创伤后应激障碍。

（8）解离障碍。特点是意识、记忆和身份瓦解或不连续，例如解离性身份障碍（以前被称为"多重人格障碍"）。

（9）躯体症状及相关障碍。在这些状态下，个人会经历与严重的痛苦或障碍相关的躯体症状（例如疼痛、疲劳）。

（10）喂食及进食障碍。进食出现问题，损害健康或功能，例如厌食症和暴食症。

（11）排泄障碍。涉及排尿不当或排便不当。

（12）睡眠—觉醒障碍。睡眠—唤醒周期出现问题，例如失眠、嗜睡发作，

[①] 夏克特. 心理学 [M]. 3 版. 傅小兰，等译. 上海：华东师范大学出版社，2016.

以及睡眠呼吸暂停。

（13）性功能失调。所出现的这些问题与不满意的性活动有关，例如勃起障碍及提前射精。

（14）性别困扰。这是一个单一的心理障碍，特点是个体所体验的／所表达的性别与先天性别不一致。

（15）破坏性、冲动控制及品行障碍。情绪和行为控制出现问题，例如品行障碍、间歇性暴怒障碍，以及盗窃癖。

（16）化学物质相关及成瘾障碍。不顾后果地长期使用一些药物或执行某些行为（例如赌博）。

（17）神经认知障碍。这些思维障碍是由诸如老年痴呆或创伤性脑损伤导致的。

（18）人格障碍。这些障碍是导致严重生活问题的持久的思维模式、情感模式和行为模式。

（19）性欲倒错障碍。特点是不当的性活动，例如恋童癖障碍。

（20）其他精神障碍。这是其余不符合上述类别但与严重痛苦或缺陷相关的类别，例如医疗干预导致的非特异性心理障碍。

（21）药物所致的运动障碍及其他不良反应。这些身体动作问题是由药物导致的（例如震颤、强直）。

（22）可能成为临床关注焦点的其他状况。包括与虐待、疏忽照顾、人际关系相关的问题，以及其他问题。

二、抑郁症的识别与应对

《健康中国行动（2019—2030年）》提出心理健康促进行动，并将居民心理健康素养水平列为心理健康促进行动的第一项结果性指标。国际上已有大量研究表明，心理疾病识别能力可以促进心理健康状况的改善。如果个体能够及时识别自己的心理健康问题，会激发他或她的应对行为模式，否则可能延误病情。① 而国内现有的研究发现，无论是心理疾病识别能力还是心理健康素养水平，整体水平仍然偏低，需有效提升。②

抑郁症是目前全球范围内最高发的心理疾病之一，哈佛大学曾预测到2020年抑郁症将成为人类仅次于心血管疾病的第二大疾病，如今这个预测已经成为现实。近些年来，有关大学生抑郁的报道也时常出现在大众视野，情况不容乐观。世界卫生组织2017年曾指出，四分之一的中国大学生承认有过抑郁症状。学业、人际、恋爱、家庭以及就业压力或成为大学生抑郁症的诱发因素。

抑郁症作为一种精神疾病，现代社会对它的认识日益充分，但同时我们也要看到，这其中依然存在认识的不足和误区。例如，感到抑郁就得了抑郁症吗？抑郁是一种正常的情绪体验，并不是感到抑郁就得了抑郁症。每个人都会有时感到无精打采、悲观或悲伤。但是对于大多数人来说，这样的低落情绪持续时间相对较短，影响程度也较轻微。抑郁是一种正常的情绪体验，体验到抑郁情绪不等于得了抑郁症。因此，有抑郁情绪无须过度紧张，如果有较长时间（两周以上）的抑郁状态则需要引起注意，应寻求专业帮助。这种误区还包括抑郁症是令人畏惧的、会伤害他人的。其实，专家指出，单纯的抑郁症患者往往只会伤害自己，不会伤害别人。

（一）抑郁症的辨识

在 DSM-5 中，抑郁障碍包括破坏性心境障碍、重性抑郁障碍、持续性抑郁障碍（恶劣心境）、经前期烦躁障碍、物质/药物所致的抑郁障碍、由于其他躯体疾病所致的抑郁障碍等类型。其中，重性抑郁障碍是这组障碍中最典型的代表，最为常见，也就是我们通常所称的抑郁症，或称单相抑郁。

---

① 明志君，陈祉妍. 心理健康素养的作用与提升路径 [N]. 中国人口报，2019-12-20（3）.
② 江光荣，等. 中国国民心理健康素养的现状与特点 [J]. 心理学报，2021，53（2）：182—198.

1. 引发抑郁症的相关因素

抑郁症是由多种因素引起的，包括遗传因素、生理因素、社会环境因素、文化因素、地理因素、心理因素等。常见的有两种归类分析方式。

第一种，病因学的视角。

①易感因素。易感因素决定在同样诱发因素的情况下，是否会更容易发生抑郁。包括易感基因遗传、是否使用成瘾物质、人格特质、个人成长经历（原生家庭的影响）。

②诱发因素。这是导致首发或复发的相对显性因素，是诊疗层面要明确的，并且采取正对性的治疗方案。在心理疾病领域，主要是各类心理应激因素，例如急性应激因素（亲人意外亡故、失恋婚变等）、慢性应激因素（持久的学习工作或者生活压力、经济极度困难、长期承受暴力威胁等），这些因素往往会导致大脑脑功能和神经递质的改变，所以药物治疗是打断不良心理应激的重要手段。

③附加因素。它是导致疾病加重或者治疗效果不佳的一些因素，例如社会文化变迁、家庭和社会支持系统缺失等。在国内尤其突出，例如独生子女缺乏同辈支持，家庭成员认为跟自己无关，社会成员也无法理解他们。这一点的治疗原理主要是改善、建立和健全患者的家庭和社会支持系统。比如，针对家庭成员进行家庭成员的心理治疗，或者跟来访者一起进行家庭治疗。这方面在国外应用是非常普遍和主流的。

第二种，生物—心理—社会的整合视角。

①生物因素。包括遗传、躯体疾病、物质（如海洛因、吗啡、酒等）成瘾。

②心理因素。包括个人成长因素，如是否受过躯体虐待、原生家庭的结构和功能等；心理应激因素，如亲人意外亡故、婚变、恶性肿瘤，以及持久的学习、工作或者生活压力等。

③社会文化因素。包括社会变迁，反映在生活中的方方面面，如城市化的进程导致经济收入与负担失衡；空巢家庭，尤其是独生子女家庭空巢带来的无

法短时间调适的心理落差等；社会压力，急速发展的社会带来激烈的社会压力，经济、家庭、职场、生活、情感等方方面面，都可能导致人们的心理、精神问题；社会支持系统，除了家庭成员之外的社会人际关系。

无论是从病因学的角度，还是从生理—心理—社会的整合视角来看，抑郁症等心理障碍的成因都不是单一的，而是多重因素交互作用的结果。

2. 重性抑郁障碍的诊断标准[①]

A. 在同样的 2 周时期内，出现 5 个或以上的下列症状，表现出与先前功能不同的变化，其中至少 1 项是①心境抑郁或②丧失兴趣或愉悦感（注：不包括那些能够明确归因于其他躯体疾病的症状）。

抑郁症最主要的表现是没有明显诱因的持续两周以上的严重抑郁心境。这里说的抑郁心境，是指几乎每天或每天中大部分时间都存在抑郁情绪。

①几乎每天或每天大部分时间都心境抑郁，既可以是主观的报告（例如，感到悲伤、空虚、无望），也可以是他人的观察（例如，表现为流泪）（注：儿童和青少年，可能表现为心境易激惹）。

②几乎每天或每天的大部分时间，对于所有或几乎所有的活动兴趣或乐趣都明显减少（既可以是主观体验，也可以是观察所见）。

③在未节食的情况下体重明显减轻，或体重增加（例如，一个月体重变化超过原体重的 5%），或几乎每天食欲都减退或增加（注：儿童则可以表现为未达到应增体重）。

④几乎每天都失眠或睡眠过多。

⑤几乎每天都精神运动性激越或迟滞（由他人观察所见，而不仅仅是主观体验到的坐立不安或迟钝）。

⑥几乎每天都疲劳或精力不足。

⑦几乎每天都感到自己毫无价值，或过分地、不适当地感到内疚（可以达到妄想的程度，并不仅仅是因为患病而自责或内疚）。

[①] 美国精神医学学会. 精神障碍诊断与统计手册 [M].5 版. 张道龙，等译. 北京：北京大学出版社，2015.

⑧几乎每天都存在思考或注意力集中的能力减退或犹豫不决（既可以是主观的体验，也可以是他人的观察）。

⑨反复出现死亡的想法（而不仅仅是恐惧死亡），反复出现没有特定计划的自杀观念，或有某种自杀的企图，或有某种实施自杀的特定计划。

B.这些症状引起有临床意义的痛苦，或导致社交、职业或其他重要功能方面的损害。

C.这些症状不能归因于某种物质的生理效应，或其他躯体疾病。

注：标准A—C构成了重性抑郁发作。

D.这种重性抑郁发作的出现不能更好地使用其他精神病性障碍来解释。

E.从无躁狂发作或轻躁狂发作。

注：若所有躁狂样或轻躁狂样发作都是由物质滥用所致的，或归因于其他躯体疾病的生理效应，则此排除条款不适用。

还值得我们注意的是，对于重大丧失（例如丧亲之痛、经济破产、自然灾害的损失、严重的躯体疾病或伤残）的反应，可能也包括上述标准A中所列出的症状，类似抑郁发作。但也应注意两者之间的区别与联系。

学习关于抑郁症的专业诊断标准，在于帮助大家更及时有效地发现和识别这种障碍，但这不能替代医生的专业诊断。抑郁症的诊断、治疗，必须尽快寻求符合规定的医疗机构（精神科）就诊和帮助。

说到这里，不免有人产生疑问，那作为当事人，以及疑似抑郁症、确诊抑郁症的亲友或一般民众，我们是否对抑郁症就无能为力了？我们可以做些什么，有哪些应对之道呢？

【探索学习4-4】测一测：PHQ-9健康问卷

PHQ-9健康问卷是基于DSM-5对于抑郁障碍的诊断标准设计的一个简便、有效评估抑郁症状和严重程度的自评量表。

在过去的两周中，以下问题有多常出现给你带来困扰？

序号	项　目	没有	少数几天	大半时间	几乎每天
1	做事时提不起劲或没有兴趣	0	1	2	3
2	感到心情低落、沮丧或绝望	0	1	2	3
3	入睡困难，总是醒着，或睡得太多	0	1	2	3
4	常感到很疲倦，没劲	0	1	2	3
5	胃口不好，或吃得太多	0	1	2	3
6	对自己不满，觉得自己是个失败者或让家人丢脸	0	1	2	3
7	无法集中精力，例如在读报纸或看电视时	0	1	2	3
8	行动或说话缓慢到引起他人的注意，或刚好相反、坐立不安、烦躁、走来走去的情况远多于平常	0	1	2	3
9	有不如一死了之或伤害自己的念头	0	1	2	3
10	（不计分附加题）：如果你存在上述项目的状况，这会给你的工作、家庭和社交带来多大程度的困难？ □没有困难　　□一些困难　　□很多困难　　□极大困难				

分数计算与解释：

1）请将上述 9 个项目得分相加，得到总分。

2）0~4 分：没有忧郁。

3）5~9 分：可能有轻微忧郁，主动监测，随后可重测 PHQ-9。

4）10~14 分：可能有中度忧郁，建议心理咨询和/或前往精神科就诊。

5）15~19 分：可能有中重度忧郁，一定要前往精神科就诊。

6）20~27 分：可能有严重忧郁，立即前往精神科就诊。

（二）抑郁症的应对

上述问题的答案是肯定的！有效应对抑郁症，除了专业人士，还亟须抑郁症当事人、身边人和社会合力参与，积极应对。

1. 如果你认为自己可能患有抑郁症，可以这样应对

同你信赖的人谈论自己的感受。多数人在与关心他们的人交谈后都会感觉好一些。

寻求专业人员帮助。首先应当去找当地的卫生保健工作者或医生。请记住，在正确的帮助下你能够好转，继续从事你健康时通常喜欢的活动。

保持联系。常与家人和朋友联系。

经常运动，哪怕只是短距离散步。

坚持规律的饮食和睡眠习惯。

接受自己可能患有抑郁症的事实并调整自己的期望（你可能无法完成与往常一样多的事情）。

避免或限制酒精摄入并避免使用非法药物，这些都可能加重抑郁症。

如果有自杀念头，请立即联系他人寻求帮助。

请记住：抑郁症可以治疗。如果你认为自己有抑郁症，请寻求（专业）帮助！

2. 如过你身边有抑郁症患者，可以这样应对

清楚表明你想帮助，只倾听不判断，并主动提供支持。

了解更多关于抑郁症的情况。

如可能，鼓励患者寻求专业人员的帮助，主动陪患者一起赴约。

如果规定药物治疗，帮助患者按处方服药。务必耐心，一般需要几个星期才会有所好转。

帮助患者履行日常任务，采取规律的饮食和睡眠模式。

鼓励患者经常运动和参加社会活动。

鼓励患者关注积极的方面，而不是消极的方面。

如果患者有自残念头，或已经故意伤害了自己，不要将他们单独留下。要向急救服务或卫生保健专业人员寻求进一步帮助，同时，拿走药物、尖锐器具等。

也要好好照顾自己。尽量设法放松并继续做自己喜欢的事情。

请记住：同抑郁症患者一起生活，你可以帮助他们恢复，但同时也要照顾

好自己!

3. 应对抑郁症,我们还应该知道

抑郁症是一种疾病,而不是一种性格弱点。

抑郁症可能发生在任何人身上。

抑郁症可以得到治疗,办法包括谈话疗法(心理治疗、心理咨询)或抗抑郁药物,也可两种办法兼用。

照护人员、朋友和家人的支持有利于抑郁症患者的恢复。恢复需要时间,所以必须有耐心和毅力。

压力可能使抑郁症恶化。

抑郁症在老年人中很常见,但往往被忽视并且得不到治疗。

4. 抑郁症的治疗

抑郁症的治疗有心理治疗、药物治疗和物理治疗三种途径。

轻度抑郁可主要采用心理治疗的方法,中重度抑郁则应以药物治疗、物理治疗为主,有严重自杀风险的建议住院治疗。

抑郁症的药物治疗必须遵医嘱服药,不可随意停药、随意换药或多药合并、胡乱用药。

抑郁症服药应在医嘱下坚持全病程治疗:急性治疗期(8~12周),控制症状,达到临床治愈,促进功能恢复;巩固治疗期(4~9个月),继续用急性期有效药物治疗;维持期(至少2~3年),降低复发风险。[1]

三、焦虑障碍的识别与应对

2019年中国首次全国性精神障碍流行病学调查显示:各类精神障碍中,焦虑障碍患病率最高,终生患病率为7.57%,但现实中焦虑障碍的识别率和治疗

---

[1] 李凌江,等. 中国抑郁障碍防治指南 [M]. 北京:中华医学电子音像出版社,2015.

率并不理想，很多患者饱受数年痛苦后才寻求专业帮助。因此我们有必要提高对焦虑障碍的认识。

（一）认识焦虑障碍

焦虑障碍是一组障碍心理的总称。在 DSM-5 中，具体包括分离焦虑障碍、选择性缄默症、特定恐怖症、社交焦虑障碍（社交恐惧症）、惊恐障碍、广场恐怖症、广泛性焦虑障碍、物质/药物导致的焦虑障碍、由于其他躯体疾病所致的焦虑障碍、其他特点的焦虑障碍、未特定的焦虑障碍等不同类型。

各种焦虑障碍中，都以过度的害怕和焦虑为主要临床特征，但导致害怕、焦虑和回避行为以及伴随的认知观念的物体或情境类型有所不同，由此彼此区分开。

有分离焦虑障碍的人对与依恋对象的分离紧张或害怕，焦虑的程度与年龄不符。具体表现如持续地害怕或担心依恋对象会受到伤害、发生意外导致与之分离或失去对方，以及不愿意离开对方，还存在因此做噩梦或痛苦的躯体症状。虽然症状通常从儿童期开始出现，但是它们的表现可能贯穿整个成人期。

选择性缄默症的特征是经常在被期待发言的社交场合无法发言，而个体在其他情境下是能够发言的。这种在社交场合的无法开口会导致学业或职业上明显的不良后果，或者是影响正常的社会交往。

患有特定恐怖症的人对于特定的物体、情境有紧张、恐惧或回避的反应。与其他焦虑障碍不同，特点的认知观念不是这种障碍的特点。特定恐怖症的恐惧、焦虑或回避几乎总是会被特定的物体或情境即刻诱发，并达到持续的、与实际危险性不相符的程度。

有社交焦虑障碍（社交恐惧症）的人，会恐惧、紧张或回避社交互动和那些可能被审视、评价的情境。例如，与不熟悉的人见面、在大庭广众之下吃喝、在他人面前表演等场合。社交恐惧的认知观念往往是认为会被他人责难、差评、羞辱、拒绝等，或自己会出丑、冒犯他人。

有广场恐怖症的个体，对以下两个或两个以上的情境会出现紧张或恐惧情绪。这些情境包括：使用公共交通工具，待在开放空间，待在密闭空间，站在队伍或人群中，独自离家外出到其他情境中。个体在这些情境中发生惊恐或其他令人局促不安、失能的症状，是因为觉得逃走很困难或可能得不到帮助，所以害怕这些情境。

物质/药物所致的焦虑障碍涉及物质中毒、戒断或某种药物治疗所导致的焦虑。在其他躯体疾病所致的焦虑中，焦虑症状是其他躯体疾病的生理后果。

其中，广泛性焦虑障碍和惊恐障碍是焦虑障碍中的两个具有代表性的类型。

（二）广泛性焦虑障碍的识别

广泛性焦虑障碍，也称慢性焦虑，其基本特征是对于诸事产生过度的焦虑和担心（焦虑性期待）。这里的"过度"是指焦虑、担心的持续时间、出现频率和感觉程度都与现实可能性或预期事件的冲击不成比例。有广泛性焦虑障碍的成年人经常担心常规生活的情况，例如工作纰漏、健康状况、家庭财务，担心不幸的事情会发生在孩子身上，或各种各样的琐事。有这一障碍的儿童青少年，则倾向于会过分担心其能力或表现的水准。

有这种障碍的个体，担心的焦点会在不同主题之间转移，甚至往往没有明确的焦虑对象或者缺乏相应的外部环境。而且他们发觉很难控制担心的情绪和念头，注意力难以集中，无法专注在手头的事务上。

用来鉴别广泛性焦虑障碍与正常焦虑的特征包括三点。[1]

第一，与广泛性焦虑障碍有关的担心是过度的，而且通常显著干扰心理社交功能。日常生活性的担心不过度且更可控，当更为紧急的事情出现时，可以暂时放下。

第二，与广泛性焦虑障碍有关的担心更为广泛、明显、令人痛苦，病程更长，在没有促发因素的前提下频繁发生。一个人对生活状况的焦虑越广泛（例如财务情况、孩子的安全、工作业绩），其症状就越可能符合广泛性焦虑障碍的诊断标准。

---

[1] 美国精神医学学会. 精神障碍诊断与统计手册[M]. 5版. 张道龙，等译. 北京：北京大学出版社，2015.

第三，日常的担心伴随躯体症状（例如坐立不安、感觉紧张或烦躁不安）的可能性较小。有广泛性焦虑障碍的个体会报告由于持续的焦虑和相关的社交、职业或其他重要功能领域受损所致的主观痛苦。

除了显著、泛化、持久的焦虑和担心之外，广泛性焦虑障碍还需要具备下列额外症状的至少三种：坐立不安、感觉紧张或烦躁、容易疲劳、注意力集中困难或思维出现空白、易激惹、肌肉紧张、睡眠紊乱。而在儿童身上，只需具备其中一种额外症状。

（三）惊恐障碍的识别

惊恐障碍，也称急性焦虑，是一种急性的、意外的严重焦虑（惊恐）的反复发作。一次惊恐发作是突然发生的、强烈的害怕或强烈的不适感，并在几分钟内达到高峰，发作期间还伴有以下症状中的四项及以上。①

（1）心悸、心慌或心率加速；

（2）出汗；

（3）震颤或发抖；

（4）气短或窒息感；

（5）哽噎感；

（6）胸痛或胸部不适；

（7）恶心或腹部不适；

（8）感到头昏、脚步不稳、头重脚轻或昏厥；

（9）发冷或发热感；

（10）感到异常（麻木或针刺感）；

（11）现实解体（感觉不真实）或人格解体（感觉脱离了自己）；

（12）害怕失去控制或"发疯"；

（13）濒死感。

---

① 美国精神医学学会. 精神障碍诊断与统计手册 [M].5 版. 张道龙，等译. 北京：北京大学出版社，2015.

加之，至少在一次惊恐发作之后，出现：（1）持续地担忧或担心再次惊恐发作或其后果（例如失去控制，心脏病发作、"发疯"），（2）在与惊恐发作相关的行为方面出现显著的不良变化（例如设计某些行为以回避惊恐发作，包括回避锻炼或回避不熟悉的情况），这两种情况或其中的一种，并持续1个月或更长时间。而且这些状况不是由于某种物质（例如滥用毒品、药物）或其他躯体疾病导致的，也不能用其他精神障碍来更好地解释。

因为惊恐障碍发作时会有剧烈的躯体不适，多数有惊恐障碍的个体会误认为患有躯体疾病而打急救电话求助，然而经过检查往往得到"没有躯体疾病"的结论。一般惊恐障碍的发作缺乏明确的触发因素，发作不局限于特定的情景，但个别也可能会有一定的触发情境。

有惊恐障碍的人往往对再次发作感到担忧，并且可能会回避一些场合，比如既往有过惊恐发作的场合、一些无法及时获得医疗救助的场合，或者为了避免独处而变得依赖他人。

美国惊恐障碍的中位起病年龄为20~24岁。少数个案开始于儿童期，而45岁后起病较少见，但也有可能发生。迄今为止，尚未发现青少年与成年人惊恐障碍的临床表现有差异，且通常与其他焦虑、抑郁或双相障碍共病。

【探索学习4-5】案例探讨：焦虑障碍的识别

案例一：小A，23岁，大学生。

某次在商场等待就餐时突然感到呼吸困难，心跳变快，很快就感觉"完全喘不上气了""就要死了""想大喊又喊不出来"，极为惊恐，脸色苍白，一身大汗。友人打了120，送至附近医院急诊。候诊中，小A的不适、恐惧慢慢褪去，但感到身体非常疲惫。急诊检查心电图、心肌酶等均未发现异常。之后两周又在课堂及宿舍中各发作一次，表现类似，而且发作的持续时间越来越长。发作间期没有不适，但总担心再次发作，因担心发作时得不到救治而不敢独处。

案例二：G女士，30岁，家庭主妇。

自从两年前父亲意外去世，开始担心亲人得重病或者意外，尤其担心独居的母亲，每天都要打几个电话过去，遇上母亲没接到电话就格外紧张，不停联想到各种糟糕的情景，什么都不能做，直到再联系上母亲才能松口气。平日里大事小情都让G女士担忧，孩子在外玩担心遇到意外，丈夫回家晚点就担心出事了，去超市排队结账时莫名紧张甚至手抖，自己也苦恼"真不知道结个账有啥紧张的"，即便没事在家待着，也总是心烦意乱、坐立不安。而且对事对人都没有耐心，例如衣服叠了一会儿就开始心急，乱糟糟一把扔进衣柜；冲两岁孩子都发脾气，事后又极度后悔。后来因为反复一阵阵地心慌，多次去医院检查心脏，未发现异常，还长期头疼、肩背痛，经常失眠，一到晚上就发愁睡觉的事，但越愁越睡不着。

结合所学内容，辨识上述个案可能存在什么问题，为什么？如果是你或亲友出现上述类似情况，如何应对？

（四）焦虑障碍的积极应对

【自主学习4-4】你的焦虑是正常的吗

正常焦虑，亦称非病理性焦虑，是生活中的重要工具，能够帮助我们集中注意力在现实的问题上，并产生清晰、具体的行为来解决问题。病理性焦虑，临床又称焦虑症状，指持续地紧张不安，无充分现实依据但感到即将要遇到威胁或大难临头（灾难化），常伴有明显的躯体焦虑症状（心慌、出汗、胸闷、肌肉紧张等）。只有以病理性焦虑为主要表现的，才是焦虑障碍。

当你焦虑的时候，可以拿出笔记本，详细记下来。比如，你可以写："明天考试会挂科"，然后问自己以下几个问题。

（1）这个焦虑/担心是现实的吗？

（2）这个问题可以解决吗？
（3）这个焦虑激励我采取行动吗？
（4）有可行的解决方案了吗？
（5）我行动了吗？

如果这些问题的答案全是否定的，那么你的焦虑可能就是病理性焦虑，让你产生了没有必要的紧张、焦虑和压力。

1. 正确认识焦虑情绪，有效区别正常焦虑和病理性焦虑

焦虑和恐惧是很常见的情绪。焦虑是对未来威胁的预期性反应，可以表现为紧张、担心、着急等。比如，想到几天后的考试非常紧张，听说小区发现了传染病例十分担忧。而恐惧是对迫在眉睫的威胁产生的反应，是一种更剧烈的焦虑。例如，被一辆迎面失速冲过来的汽车吓得惊叫。

适度的焦虑和恐惧都有一定的积极意义，可以激发人们内在的动力去做更好的准备以改善处境或躲避危险。比如对病毒的担忧会让我们加强防护、减少不必要的出行，对车祸的恐惧会让我们更好地遵守交通规则。但如果过度焦虑或恐惧，与相应的压力或威胁不成比例甚至脱离相应的处境，成为持久的情绪状态，那么就成了病理性的，比如广泛性焦虑障碍和惊恐障碍。

2. 更多了解焦虑障碍，积极应对、寻求专业帮助

通过前面的学习，相信你已经认识到：有焦虑情绪不等于有焦虑障碍！规律作息、保证充足睡眠、适量运动、及时倾诉与求助等方式，都可以帮助缓解焦虑情绪。但如果焦虑已经影响日常生活及工作，自我调节仍没有帮助，就一定要寻求专业帮助。

焦虑障碍的治疗包括药物治疗及心理治疗。通常认为，药物治疗起效更快，急性期效果更确切，可得性更好，消耗时间精力也更少。而心理治疗作用更持久，但可得性不如药物，需要的时间精力更多。如果条件允许，建议药物联合心理治疗，疗效优于单用药物或单用心理治疗。

药物治疗须前往正规医院的精神科就诊，根据诊断遵医嘱进行。切不可通过非正规渠道自行购买药物服用。心理治疗和心理咨询，包括个体心理治疗/咨询、焦虑障碍的团体心理治疗。例如认知行为治疗（CBT），能够帮助当事人了解问题、想法、感受和行为以及这四者之间的关系，并帮助调整焦虑相关的负性思维和回避行为。在专业治疗的前提下，也可以辅以自助的心理调适。例如放松训练，通过学习肌肉放松技术，可以在感到焦虑紧张时应用；正念训练，可以提高应对不良情绪的能力和技巧，在一定程度上起到改善焦虑症状和稳定情绪的效果。

总之，焦虑障碍并不可怕，可以通过药物治疗或心理治疗等方法积极应对。如果发现你或亲友有上面所述的类似表现，经过自己积极调整仍无法缓解，请一定及时到精神/心理科门诊寻求专业帮助。

【自主学习4-5】双相障碍，两面人生[①]

每年的3月30日是"世界双相情感障碍日"，这一天是艺术家梵高的生日，这位天才仅仅活了37年。医学界推断梵高生前很可能患有双相情感障碍（以下简称双相），为了提高公众对双相的认识，将这一天设定为"世界双相情感障碍日"。

双相曾被称作"天才病"，但疾病并不挑人，受双相困扰的更多的是普通人。

由于双相抑郁、躁狂交替甚至混合出现，常常会引起各种各样的问题，在抑郁期间被误解为"脆弱、懒惰、不思进取"等，在躁狂期间被认为"发疯"，避之唯恐不及。

但实际上，人们恐惧害怕的不是人，而是未知的双相障碍。如果人们更了解双相，对这一疾病的误解就能减少，也能够更好地帮助身边患病的人应对疾

---

① 引自微信公众号：精神卫生686（北京大学第六医院公事部/国家精神卫生项目办公室）。

病，恢复正常的生活。

橙子是一位年轻的姑娘，她是一名培训班讲师，崇尚健康的生活方式，对护肤有着独到的心得。同时，橙子也是一名双相患者。她一直规律就诊，也曾因双相住院治疗。她的经历可以说是绝大多数双相患者经历的缩影。我们来看看她的故事。

橙子：2008年我读大一，第一次出现了躁狂发作，起初我积极参加各种活动，表现得很出色。后来逐渐失控，原本学校派我参加省主持人大赛，没多久我就陷入了抑郁状态，主持人大赛最终没有参加。我的生活变得一团糟，时而抑郁时而亢奋，在这两极之间循环往复。

双相情感障碍，也称躁郁症，指既有躁狂或轻躁狂发作，又有抑郁发作的一类心境障碍。躁狂发作时，表现为心情异常兴奋，精力旺盛，兴趣与动力增加，话多、活动多、花销多等症状，持续至少1周以上，且明显影响社交或职业功能。如果上述症状未明显影响功能，但也持续了4天以上，则为轻躁狂发作；而抑郁发作时则出现心情低落，兴趣减少，疲乏，脑子转得慢，活动少，悲观、绝望、自杀想法等症状，持续至少2周以上。躁狂和抑郁交替或循环出现，也可以混合方式同时存在。两种极端差异的表现令患者经历着"两面人生"，也经历着极大的痛苦。

橙子：第一次是男朋友陪我去看医生，已经是发病一年以后了。开始去的是综合医院的心理科，医生说我是双相，给我开了药，但我逃走了。又过了一年，有一段时间我发现自己每天只睡几个小时，很亢奋。从那以后开始了求医问药的征程。

2019年中国的调查显示，双相情感障碍的终生患病率为0.6%。1/3以上患者在首次出现肯定的双相症状后的1年内寻求专业帮助，但遗憾的是很多患者需要经过数年才能得到确诊。双相患者发病后平均10年才能得到首次治疗。

在橙子的故事中，我们看到，接受诊断并开始认识双相，是非常重要的转变，这并不意味着以后的每一天都只能小心翼翼地生活、需要被照顾，这一转变是掌握"战争"主动权的开始。

双相是可以控制的！

橙子：十年求医的经验告诉我，好的医院、大夫，合适的药物和药量，这四个因素是最具有决定性的。我走了很多弯路，不停地找医院、医生、药物，甚至连偏方、"大仙"也都试过、找过。直到四年前我才开始坚持规律地治疗，情况开始好转。

药物治疗是双相最重要的治疗。坚持服药可以控制和减轻疾病发作的严重程度，减少复发概率，稳定情绪。

和橙子一样，很多患者是花了很长时间、付出了很多代价，才了解到药物对于疾病治疗、恢复正常生活的重要性的。服药或许会出现副作用，但也不能忽视疾病本身对患者功能的损害和对生命的威胁。药物治疗期间，可以记录下副作用，并与医生详细讨论，权衡利弊，调整优化治疗方案。

对任何人来说，接受长期服药都是非常重大的决定和承诺。药物相当于"枪炮"，而患者是双相"战场"上最让人敬佩的勇士。

作为双相患者，除了药物治疗和心理治疗，掌握自我管理技巧非常重要，包括记录并识别影响情绪的危险因素和保护因素、保持作息规律、避免饮酒、发展和维持社会关系等。很多患者和橙子一样希望发出声音：把感悟和经验统统传递给其他患者，帮助其他人尽快康复。

双相患者之间都是值得信赖的"战友"，看到这样一群可爱的人，在了解双相后，你还会害怕吗？

双相患者的进步总是跌跌撞撞的，但患者仍期待被爱、被理解。

在双相"战场"上，患者也需要团结一切可以团结的力量，病友即战友，医生、亲人是盟友。

作为社会大众，如果您怀疑自己也在经历着"双面人生"，请及时到医院就诊;如果您身边有"双面人生"患者,我们邀请您,作为最强后援队,加入到"同盟"中;如果您未曾了解这个疾病,也请关注双相情感障碍!

关注情绪健康,关爱自己!

【合作学习 4-1】关爱清单:可以为身边的心理障碍患者做些什么

(1)请阅读学习以下科普文章《精神障碍患者康复过程中,家属可以做些什么》①。

(2)请与学习小组成员讨论与分享学习的收获,例如,让你印象最深刻的是什么?有什么使你的观念发生转变吗?如果有,是什么观念发生了怎样的转变?

(3)结合文章指引与小组分享的内容,小组成员共同设计制作一份"关爱清单",具体列出 10 条可以为身边心理障碍患者提供的帮助。

精神障碍患者康复过程中,家属可以做些什么

家庭是每个人一生中生活时间最长的环境,家人的支持和照顾可以让一个人不断地健康成长。

家属是精神障碍患者主要的照护者和监护者,家属对疾病的认识及干预,对患者的遵医行为及社会功能康复至关重要。

下面我们就具体谈谈,在精神疾病患者康复中家属可以做些什么。

首先是疾病及症状应对方面。

(1)尽早陪伴家人到精神科就诊。当家属发现家人出现精神症状征兆时,如出现自语自笑、情绪过度激惹等异常变化,应尽早陪伴家人到精神科就诊。早发现、早治疗,缩短从发病到就诊的时间,对改善精神疾病结局至关重要。

(2)观察并防范家人发生危险行为。家属应重视与患者的沟通,及时观察

---

① 引自微信公众号:精神卫生 686(北京大学第六医院公事部/国家精神卫生项目办公室)。

其病情变化，加强危险物品的管理。若患者因精神症状影响，出现自伤自杀、伤人毁物、外走等风险时，应保证专人看护，尤其外出时要有家属陪同，必要时考虑住院治疗。

（3）了解精神疾病相关知识和信息。如症状表现、药物作用和常见副反应及处理、复发征兆、怎样预防复发等。掌握了一定的基本知识，才能遇事不惊，并能以科学的态度帮助患者治疗和康复。

（4）帮助患者坚持药物的维持治疗。家属应向患者耐心讲解药物的治疗作用及必要性，督促患者遵医嘱按时按量服药，养成良好服药习惯。应注意观察药物的疗效及副反应，若出现严重的副反应，如行动僵硬、排尿困难等情况时要及时就诊。

（5）注意识别复发先兆。定期带患者复诊，使医生连续、动态地了解患者病情，及时调整治疗方案，也可以使家属和患者及时得到咨询。家属应注意复发的先兆，如持续失眠1周以上、情绪波动、既往症状再次出现、拒绝服药等，此时要及时就诊，做进一步的观察和处理。

其次是心理调适方面。

（1）接纳疾病、稳定情绪。当家人被诊断为某种精神疾病时，家属需要尽快接受现实，先稳定自己的情绪。家属要认识到精神疾病与糖尿病、高血压等一样，都是一种疾病，并非由"不良行为"所引起。采取适当的情感表达方式，避免负性情绪影响到患者。

（2）主动关心患者。给患者一个温暖的家庭氛围，关心他/她的生活和心理感受，提供情感和物质全方位的支持。家属的鼓励和支持是患者康复的巨大动力。

（3）学会与患者良好沟通。以平和、亲切的态度与患者沟通，注意倾听，减少打断，及时澄清，多使用鼓励性语言，保证每天有一定的沟通时间。不过度关注患者的病态行为，保持良好的心态接纳患者。如患者"妄想症状"出现时，不要试图说服，更不要争辩或嘲笑，否则会让他/她产生误会或不信任。讲话内容要明确，对患者提出要求时最好每次只提一个，如果一下子提好几个要求，会使患者无所适从。

（4）帮助寻找必要的专业性心理服务。家属可以帮助患者寻找并获得专业的心理咨询或心理治疗，使患者学会应对负性应激事件的技巧，帮助其正确对待疾病，提高心理承受能力，培养乐观态度。

最后是社会康复训练方面。

（1）建立家庭康复训练的观念。要认识到家庭康复训练的重要性。与患者平等进行沟通、商议，疾病的不同阶段需求也不同，找出目前的主要问题，如症状的应对、自我管理、维持服药、文娱体育活动、技能康复训练等。家属与患者一起进行康复训练，相互合作与支持。

（2）帮助患者制定最佳的家庭康复计划。对患者既不过分迁就，也不事事包办。帮助患者建立规律的生活秩序，与患者共同制定切实可行的生活作息表，包括饮食起居、个人卫生等，并且督促他／她去完成。鼓励患者学习生活新技能。鼓励患者言语表达，正确地表达自己的情绪，创造交流的机会和场合，注重与患者的情感交流。

（3）用优势视角寻找患者康复中的资源。善于发现家庭和患者自身的优势，帮助其寻找康复中的资源。寻找专业性康复服务机构及过渡性的康复平台，让患者获得专业、科学、规范的康复服务，如日间康复中心、志愿者服务机构、温馨家园等。为患者提供社交机会，充实生活内容。适时培养患者的兴趣爱好，调动其内在潜能，充分发挥特长，培养自信与价值感。

（4）为患者设立康复档案。可以定期记录患者的病情、治疗及康复过程，并做好阶段总结。社会康复训练中注意期望值应适度，制定短期目标，计划尽可能明确具体，循序渐进，接纳挫折。鼓励患者微小的进步，在生活和工作中不论有多小的进步都要加以肯定和鼓励，避免抱怨和责备，重建患者的自尊与自信。

精神障碍的康复旅程中，家属具有重要作用，要最大限度地发挥家属的能力，使患者能够有一个轻松的生活环境、一个健康平衡的心态，最大限度地全面康复。

素养提升单元：积极心理的促进

【案例导入】伤痕效应

心理学家进行过一项有趣的心理学实验，名曰"伤痕实验"。

他们向参与的志愿者宣称，该实验旨在观察人们对身体有缺陷的陌生人做何反应，尤其是面部有伤痕的人。每位志愿者都被安排在没有镜子的小房间里，由专业化妆师在其左脸做出一道血肉模糊、触目惊心的伤痕。志愿者被允许用一面小镜子照照化妆的效果。当志愿者们在心中记下自己可怕的"尊容"后，他们的镜子就会被收走。

之后，最关键的一步是，化妆师告诉每一位志愿者，为了让疤痕更逼真、更持久，他们需要在疤痕上再涂抹一些粉末。实际上，化妆师用纸巾偷偷抹掉了化妆的痕迹，每个人脸上都恢复了原貌。

对此毫不知情的志愿者，被分别带到了各大医院的候诊室，装扮成急切等待医生治疗面部疤痕的患者。候诊室里，人来人往，全都是素昧平生的陌生人，志愿者的任务就是观察来往的人们对其面部伤痕的反应。实验结束后，他们分别单独向心理学家陈述观察到的反应和感受。

志愿者们竟然出奇地一致地叙述了相似的感受。志愿者 A 说："候诊室里那个胖女人最讨厌，一进门就对我露出鄙夷的目光。她都没看看她自己，那么胖，那么丑！"志愿者 B 说："现在的人真是缺乏同情心。本来有一个中年男子和我坐在同一个沙发上的，没一会儿，他就赶紧拍屁股走开了。我脸上不就是有一块疤吗？至于像躲避瘟神一样躲着我吗？这样的人，可恶得很！"志愿者 C 说："我见到的陌生人中，有两个年轻女人给我的印象特别深。她们穿着非常讲究，像是有知识、有修养的白领，可是我却发现，她们俩一直在私下嘲笑我！如果换成两个小伙子，我一定将他们痛揍一顿！"他们普遍认为，众多的陌生人对面目可憎的自己都非常粗鲁无理、不友好，而且眼睛总是盯着自己脸上的伤疤看！

可实际上，他们的脸上没有任何疤痕，与自己日常干净的面容没有不同。他们之所以产生这样的感受，是因为他们将"疤痕"牢牢地装在了心里。正是由于心中的"疤痕"在频频作怪，才使得他们自己的言行、对陌生人的感受与以往大为迥异。

这一实验结果，使得早有准备的心理学家们也吃惊不小：人们关于自身错误的、片面的认识，竟然如此深刻地影响和改变着他们对外界的感知。原来，一个人内心怎样看待自己，在外界就能感受到怎样的眼光。

这个心理实验真切地告诉我们：一个健康、积极的心态对人生何其重要。

一个从容的人，感受到的多是平和的眼光；

一个自卑的人，感受到的多是歧视的眼光；

一个和善的人，感受到的多是友好的眼光；

一个叛逆的人，感受到的多是挑剔的眼光；

……

可以说，有什么样的内心世界，就有什么样的外界眼光。如此看来，一个人若是长期抱怨自己的处境冷漠、不公、缺少阳光，那就说明，真正出问题的可能是他自己的内心世界，是他对自我的认知出了偏差。这个时候需要改变的正是自己的内心，而内心的世界一旦改善，身外的处境必然随之好转。

正如一句西方谚语所说："别人是以你看待自己的方式看待你。"在这个世界上，只有你自己，才能决定别人看你的眼光。

那么我们如何看待自己，就变得格外重要。

"伤痕实验"明确地告诉了我们答案——内心，一个内心烦躁的人纵然身处幽静也是狂躁不安的，一个内心清净的人虽然深处闹市，他的世界还是清净的。

真实的你究竟是什么样的呢，真正的你又在哪里呢？

无论是追求幸福、宁静、安全……都到你内心去寻找吧，那里有无穷无尽的资源和能量。

对于自我的探讨、幸福的追寻是人类永恒的话题,从远古先哲到今天包括心理学在内的许多学科领域,仍在进行着孜孜探索。这一单元将选取积极心理学的最新发展成果,从积极情绪、积极自我以及积极关系三个方面与大家一同探索幸福人生的知识与实践。

一、积极情绪

(一)认识情绪

1. 情绪的含义

情绪是人类适应环境、生存和发展的重要手段。人类通过情绪和情感所引起的生理反应发动身体的能量,使身心处于因应需要的机能状态,使之适应环境的变化。例如,当我们遭遇危险时,情绪反应处于高度紧张状态,身体分泌肾上腺素等激素,能让人呼吸加快(提供大量氧气),心跳与血液流动加速,瞳孔放大,为身体活动提供更多能量,使反应更加快速,为战斗或逃跑做准备。

我们很难简单地对情绪下一个精确的定义,目前心理学中比较普遍的看法是,情绪和情感是人对客观事物的态度体验及相应的行为反应。[1]这种看法说明,情绪是以个体的愿望和需要为中介的一种心理活动。当客观事物或情境符合主体的需要和愿望时,就能引起积极的、肯定的情绪,如炎热夏天口渴的人喝到一瓶冰镇饮料的畅快满足、找到了心意相通的恋人感到的幸福甜蜜等;当客观事物或情境与主体的需要和愿望不符时,就会产生消极的、否定的情绪,如学生在考试中不及格挂科的失落和懊恼、人们在失去亲人时的悲痛等。

2. 情绪的分类

关于情绪的分类,我国古代的经典《礼记》中有"七情"之说,即喜、

---

[1] 彭聃龄. 普通心理学(修订版)[M]. 北京:北京师范大学出版社,2001.

怒、哀、惧、爱、恶、欲。现代心理学的情绪分类，主要源于达尔文生物进化论的思想。

（1）基本情绪和复合情绪。

人类情绪可以分为基本情绪和复合情绪。基本情绪是人和动物共有的、先天的、不学而能的，在发生上有共同的原型或模式，它们在个体发展的早期就已出现，每一种基本情绪都有独特的神经生理机制、内心体验和外部表现，并有不同的适应功能。复合情绪，又称"非基本情绪"或"高级情绪"，是不同基本情绪的混合产物，或者是基本情绪和内驱力、认知评价等相互作用的结果。

（2）积极情绪和消极情绪。

积极情绪和消极情绪是不同进化任务中的神经生理系统不同成分的反映。[①]消极情绪，如愤怒、悲伤、恐惧和焦虑，是我们应对外界威胁的第一道防线，让我们进入逃跑或战斗准备。从生物进化角度来看，消极情绪是行为禁止系统中驱动回避的一种成分，其功能在于发动回避行为，禁止接近行为，以便于保护有机体避开可能遭遇危险、伤痛或惩罚损失的处境。因此，遗传偏向于消极情绪。消极情绪帮助人类适应生存环境，使人类祖先可以在险恶环境中存活下来并进化到今天。在现代生活中，消极情绪同样有其重要的存在价值，要完全消除消极情绪是不科学，也不合理的。

与之相对，积极情绪是行为接近系统的一部分，这个系统的功能在于帮助人类获得生存所必需的资源，如食物、住所和配偶。积极情绪有助于人类构建资源，促进我们在财产、能力和有益特质上的不断发展。同时积极情绪可以拓宽我们思维的灵活性，开放我们的心灵，帮助个体更有效地解决问题，促进积极行为（如利他行为），以及与他人建立更积极关系的可能性。因此，积极情绪在进化过程中对于人类获取资源和群体生活是必要和适应性的。

[①] 卡尔.积极心理学：关于人类幸福和力量的科学 [M].郑雪，等译.北京：中国轻工业出版社，2008.

【探索学习 4-6】测一测：积极和消极情感量表

本量表由一些描述不同情绪和情感的词语构成。请阅读每一项内容，并在适当的位置标出最符合你的答案。

情绪或情感	极少或没有	非常少	中等	相当多	极多
感兴趣	1	2	3	4	5
苦恼	1	2	3	4	5
兴奋	1	2	3	4	5
难过	1	2	3	4	5
坚强	1	2	3	4	5
内疚	1	2	3	4	5
恐惧	1	2	3	4	5
敌意	1	2	3	4	5
热衷	1	2	3	4	5
自豪	1	2	3	4	5
易怒	1	2	3	4	5
警觉	1	2	3	4	5
羞愧	1	2	3	4	5
鼓舞	1	2	3	4	5
紧张	1	2	3	4	5
有决心	1	2	3	4	5
专注	1	2	3	4	5
焦虑	1	2	3	4	5
活跃	1	2	3	4	5
害怕	1	2	3	4	5

说明：积极情绪得分为第1、3、5、9、10、12、14、16、17、19题得分之和；消极情绪得分为第2、4、6、7、8、11、13、15、18、20题得分之和。

（二）管理消极情绪

如前所述，消极情绪在人类的进化和生存发展中具有重要的价值，而另一方面，过度的消极情绪确实为会我们带来许多的负面影响甚至伤害。因此，消极情绪需要管理，但无法也不应完全消除。

接下来，我们就一起重点学习如何管理消极情绪。

1. 觉察消极情绪

运用自我对话的方式觉察情绪。

· 我怎么了？稍等！我出现了什么情绪？（觉察情绪）

· 是因为什么事情引起的？发生了什么事情让我这样吗？我怎么想的？（觉察事件和影响）

这一步很关键，可以起到对刚才引发的强烈情绪的缓冲作用。例如，小明学习很努力，但期末考试核心专业课不及格，小明感到非常沮丧。这时小明可以试着和自己的情绪对话。

· 刚刚我遇到了什么情绪？——有些失望、低落的情绪感受。

· 什么事情使这些情绪出现？——知道专业课挂科了。

2. 接纳消极情绪

· 我可以难过吗？

· 当然可以，因为我是人。（是人都会有各种情绪反应）

觉察自己的情绪是第一步，看见就是疗愈的开始。然后问自己："我可以难过吗？""当然可以，因为我是人。"接纳自己的消极情绪，允许自己表达和释放这些情绪。当有了这样接纳的想法之后，强烈的消极情绪才会逐渐缓和，对个体的困扰和影响也会减小，与消极情绪相处成为可能。

3. 改变思维

理性情绪行为疗法认为：每当我们心烦意乱的时候，并非我们生活中的事情本身困扰导致的，而是由我们持有的一些导致抑郁、焦虑、暴怒等不良情绪的信念导致的。也就是说，引起人烦躁的不是事情本身，而是我们对事件的看法。因此，通过改变认知（非理性思维），可以帮助改变情绪，促进积极行动，进而实现幸福。

"理性情绪行为疗法之父"、著名心理学家阿尔伯特·艾利斯创立了一个简单的情绪 ABC 模型来告诉人们，我们的思维是如何导致我们的情绪和行为反应的。A 表示发生的事件，B 表示当事人对这一事件的看法，C 表示当事人由此看法产生的情绪和行为反应。举例如下。

A：老板误解小 F 在工作中中饱私囊了，并辱骂小 F，威胁要炒他鱿鱼。

B：小 F 认为，"他没有权利指责我，他是个暴君！"

C：小 F 感到愤愤不平，很生气。

如果面对同样的事件 A，小 F 有一个不同的信念，他的情绪反应将很可能会不同。

A：老板误解小 F 在工作中中饱私囊了，并辱骂小 F，威胁要炒他鱿鱼。

B：小 F 认为，"我不能丢掉这份工作，我得靠它养家活口。"

C：小 F 感到担心焦虑。

ABC 模型显示，个人产生消极情绪或行为通常是由于 B，即对事件所持的不合理信念或思维导致的。因此，可以通过改变非理性思维来调整情绪和行为。

艾利斯认为，困扰人们情绪和生活的思维源自三种一般的非理性的信念。这些非理性信念被概括为三个基本的"必须"：我必须要做好并且获得别人对我表现的称赞，不然我就毫无用处；其他人必须对我体谅、公平、友好，并且要像我期望中他们对待我的那样，不然他们就是毫无用处的，应该受到谴责和惩罚；如果我想要，我必须得到它，如果我不想要，它们就不能出现在我的生活中，我如果不能得到我想要的，这非常糟糕，我不能容忍。

第一种信念常常会导致焦虑、抑郁、羞耻和罪疚；第二种信念往往会带来暴怒、消极的攻击和暴力行为；第三种信念通常会导致自怨自怜和拖拉。这些信念的要求本质导致了问题的产生。要求越少，更多灵活的信念会导致健康的情绪和有益的行为。

4. 积极应对

消极情绪在人类的进化和生存发展中具有重要的价值，它往往是需要超出个人拥有的应对资源时出现的身心反应，我们可以运用应对策略和行动来更有效地处理困难情境。

（1）问题解决。

生活中有诸多的压力和挑战，它们大多数是部分可控的，很少完全不可控或出现失控的危机，因此，我们可以通过提高问题解决的能力，以积极的问题解决方法来应对困难。研究证明，积极的问题解决思维和方法可以促进人们身体上和精神上的健康，从而提高人们的幸福感。[1]

（2）社会支持。

社会支持是指当个体需要得到他人的关心和帮助时，其他人会提供情感或物质上的支持。进化论认为，群体生活可以给人类提供巨大的益处，帮助人类祖先抵抗更大的动物带来的死亡威胁，通过分工合作求得生存的环境和资源。人类发展至今天高度发达的文明社会，社会支持人际关系的作用不但没有消退，而且更显重要。研究发现，若个体有更多的社会支持，和朋友保持更亲密的联系，其身心也会更健康，更少生病和抑郁，可以更快地从身心疾病中康复。

（3）健康宣泄。

为健康而哭——越来越多的研究证实，哭泣可以导致即时的情绪舒缓和在短期内减少紧张。但是，哭泣对长期心理适应与身体健康的影响还有待进一步研究。书写也被证明是相当有效的情绪宣泄方法。我们可以在一个能够安静独处、不被打扰的空间一口气把面对的困难事件写下来，不去考虑语法、行文或修辞，写下事件的客观情况和由此引起的最深层的想法和情绪感受。请注意，这个记录完全是写给我们自己看的，读者不是知己亲朋，这样我们才能非常坦率和没有顾虑地写下真实的体会。写完后我们可能会暂时处于相关的消极情绪

---

[1] 卡尔. 积极心理学：关于人类幸福和力量的科学 [M]. 郑雪，等译. 北京：中国轻工业出版社，2008.

之中，但从长远来看，这将有益于我们的身心健康。

（4）坚持运动。

在生活中坚持定期的运动，例如每周最少两到三次，每次一小时的有氧运动，可以帮助我们对应生活中的烦恼，调节和促进身心健康。在生理层面，运动可以起到健身的效果，并即时释放多巴胺等神经化学物质，为我们带来轻松和愉悦的感受。在心理层面，坚持定期运动还可以减少压力和焦虑，降低抑郁，提升我们的自我概念和学习工作效率。

（5）放松练习。

大量研究证明，肌肉放松、冥想、正念等放松活动可以有效降低情绪的生理唤醒，带来身心放松。所以进行放松练习可以很好地用来应对压力、焦虑、恐惧等情绪，特别是应对那些由不可抗的应激源导致的应激反应。

【探索学习4-7】放松练习

通过下面的内容，你将学习到一些可以帮助你摆脱无益的身体紧张和情绪波动的方法，请坚持练习。经过数周每天的练习，你会逐渐熟练掌握这些技能并很好地运用它们，同时，去感受和觉察练习给你带来的变化。

1. 练习前的准备

· 每天安排20~30分钟进行放松练习。

· 每天在相对固定的时间和不被打扰的地点进行。

· 开始之前，清除可能的干扰源，如手机关机或静音，调至合适的室内亮度，不穿紧身的衣服，摘除眼镜、手表、皮带或鞋子等。

· 舒适地坐在椅子上或躺在床上，闭上眼睛。

2. 进入练习

· 练习开始时，在脑海默念"放松"这个词，同时进行三次舒缓的腹式呼吸（尚未掌握腹式呼吸方法的同学，自然呼吸即可）。

· 以下每项练习重复做两遍。

3. 肌肉放松练习

（1）头部。

· 咬紧牙齿，然后放松。注意颚部从紧张到放松状态的变化，然后让这种变化持续一段时间直到颚部的肌肉变得越来越放松。

· 紧皱鼻子，然后放松。注意鼻子周围的面部肌肉从紧张到放松状态的变化，然后让这种变化持续一段时间直到面部的肌肉变得越来越放松。

· 紧闭双眼，然后放松。注意眼睛周围的肌肉从紧张到放松状态的变化，然后让这种变化持续一段时间直到眼部周围的肌肉变得越来越放松。

（2）肩膀。

· 把肩膀耸起，尽可能让它可以碰到耳朵，然后让肩膀恢复到自然放松的位置上，注意肩膀从紧张到放松状态的变化，然后让这种变化持续一段时间，直到肩膀上的肌肉越来越放松。

（3）手臂。

· 弯曲手肘，直到手掌可以碰到肩膀为止。接着让手臂恢复到自然放松的位置上。注意手臂从紧张到放松状态的变化，然后让这种变化持续一段时间直到手臂上的肌肉变得越来越放松。

（4）手掌。

· 握紧拳头，然后再慢慢地松开。注意感受手掌从紧张到放松状态的变化，然后让这种变化持续一段时间，直到手掌上的肌肉变得越来越放松。

（5）胸腹部。

· 深度吸气并屏息3秒钟，感受胸腹部的肌肉呈现的紧张状态，然后慢慢吸气。注意感受胸腹部肌肉从紧张到放松状态的变化，然后让这种变化持续一段时间，直到腹部的肌肉变得越来越放松。

（6）腿脚部。

· 用力把脚趾朝下弯曲，使腿的前部到脚面肌肉紧张，然后恢复到放松的位置上。注意腿的前部从紧张到放松状态的变化，然后让这种变化持续一段时间直到腿脚的肌肉变得越来越放松。

（7）全身。

- 想象一下头部，然后让它们再放松一点。
- 想象一下肩膀，然后让它们再放松一点。
- 想象一下手臂，然后让它们再放松一点。
- 想象一下手掌，然后让它们再可放松一点。
- 想象一下胸腹部，然后让它们再放松一点。
- 想象一下腿脚，然后让它们再放松一点。

4. 呼吸冥想练习

（1）呼吸练习。

- 深度吸气3秒，然后慢慢呼气6秒，重复一次。
- 深度吸气3秒，然后慢慢呼气6秒，重复一次。
- 深度吸气3秒，然后慢慢呼气6秒，……

（2）想象练习。

- 想象你现在躺在一片景色优美的沙滩上，温暖的阳光照在身体上。
- 尝试在脑海中对柔软的沙滩和温暖的阳光进行描绘。
- 当躺在柔软的沙子上时，你觉得越来越放松。
- 当阳光温暖你的身体时，你觉得越来越放松。
- 天空呈现出一片明朗的蔚蓝色。在你的头顶上，你可以看到一片片白色的云朵正缓慢地飘动。
- 当云朵慢慢地飘过来，你觉得你越来越放松。
- 当云朵慢慢地飘走时，你觉得越来越放松。
- 当阳光温暖你的身体时，你觉得越来越放松。
- 当云朵慢慢地飘远时，你觉得越来越放松。
- 自然呼吸5~10次。
- 当你准备睁开眼睛时，你会感觉自己变得很放松、很平静。

（三）提升积极情绪

"积极心理学之父"塞利格曼教授认为，积极情绪和消极情绪在作用上的区别是：积极情绪主要让我们为非零和博弈做准备，而消极情绪让我们为零和博弈做准备。① 从进化的视角来看，消极情绪如恐惧、愤怒，是我们面临威胁时的第一道防线。消极情绪收缩我们的注意力范围，让我们集中关注威胁源头，动员我们战斗或逃离。与之相反，积极情绪例如愉快或满意，则告诉我们好事即将发生或正在发生。积极情绪能够拓宽我们的注意力范围，使我们对新思想和新事物保持开放心态，并更具创造性。同时，积极情绪也可以让我们更愿意帮助他人，与他人发展更积极的人际关系。

在塞利格曼教授的《真实的幸福》一书中，他将积极情绪分为三类，分别与过去、现在和未来有关。

（1）与过去有关的积极情绪主要包括满意、感恩、充实、骄傲和安详。

（2）与现在有关的积极情绪可以分为两类：即时的快感和持续的愉悦。快感包括生理和精神层面。生理的快感来自感官、性、美食、香气等引发的即时的、短暂的快乐感受。精神上的快感来自更复杂的活动，如打游戏、跳舞、被赞美等。持续的愉悦和即时的快感主要区别在于，前者有一种沉浸的体验，来自全神贯注地持续投入令人快乐并有意义的事情当中，例如阅读是最常被提及的一种使人愉悦的沉浸体验。

（3）与未来有关的积极情绪主要有乐观、希望、信任等。

1. 感恩

感恩是一种感谢的体验，是对他人行为的感谢和感激。感恩出现在个人意识到他人的行为给自己带来积极结果，尤其是他人的行为损害了其自身而有益于接受者，或他人有意提供帮助等。在英文中，感恩（gratitude）起源于拉丁词源"gratia"，有"友善、慷慨、礼物、给予和接受之美"的意思。

感恩需要注意和欣赏生活中积极的事情。通过这样，我们承认了积极的价值和意义。感恩拓宽了我们的视野，建立了其他积极情绪和积极思维。

---

① 零和博弈指参与博弈的各方，在严格竞争下，一方收益必然意味着另一方的损失，博弈双方的收益和损失相加总和永远为"零"；非零和博弈则指双方在博弈结束时，收益都有所增加。

培养感恩的建议如下。①

（1）多与有感恩之心的人交往，少和没有感恩之心的人交往。在群体中表达的情绪会产生连锁反应，并被群体分享。快乐和感恩的人具有感染力。

（2）我们使用的词汇创造了现实。感恩的人有一种特殊的语言风格，会使用礼物、给予、财富、富足、满足、祝福和幸福的语言。忘恩负义的人会用剥夺、后悔、缺乏、需要、稀缺性和损失来表达。如果你想培养感恩之心，那就时时监督自己的言行。我们不是在建议你用肤浅的赞美使自己膨胀，而是要关注别人为你做的好事。

（3）直接向他人表达感激之情。感恩是人与人之间的一种特质，当你面对面地、通过电话或信件等来表达感激之情时，这种特质是最有效的。避免只说"谢谢"这样的客套话，而是要用具体的词汇来表达你的感谢。

【探索学习4-8】感恩日志②

每晚睡觉前，请写下三件好事。在每件好事的旁边，至少写上一句话：为什么今天会发生这样的好事，这对你意味着什么；你从花时间命名这件好事中学到了什么；你或其他人以什么方式为这件好事做了贡献。

每日祝福：周一

第一件好事：　　　　　　　　反思：
第二件好事：　　　　　　　　反思：
第三件好事：　　　　　　　　反思：

············

---

① 拉希德，塞利格曼. 积极心理治疗手册[M]. 邓之君，译. 北京：中信出版社，2020.
② 同上。

每日祝福：周日

第一件好事：　　　　　　　　反思：

第二件好事：　　　　　　　　反思：

第三件好事：　　　　　　　　反思：

2. 乐观和希望

思考一个独特的、令人向往的未来，并找到实现这个未来的途径，是人类最非凡的能力之一。希望和乐观这是这样能力所固有的特质。丘吉尔曾说："悲观的人从机会中看到困难；乐观的人从困难中看到机会。"这句话对你意味着什么？你倾向于表现得像一个悲观主义者还是乐观主义者？

乐观包括对现在和未来的积极情绪。乐观的人能从坏事中看到好的一面，在困难面前会继续为目标而奋斗，还会采取有效的应对策略，不断调整自我状态，以便尽可能实现目标。

希望是一个和乐观密切相关的概念。根据斯奈德教授的理论，希望主要包括两个部分：一个是能力，一个是动力。能力指能够规划出克服困难、实现目标的路径；动力是指愿意沿着这些路径前进。

二、积极自我

随着积极心理学的兴起与蓬勃发展，以塞利格曼等心理学家为代表，首次将人的乐观、希望、感恩、专注、韧性、好奇心、智慧和创造力等人的积极心理品质作为实证研究关注的主题。这是心理学学科发展史上，对以病态心理为主要关注的研究范式的一次矫正与革命。积极心理学关注个体的品格优势与美德，增加人们对自身优势的认识与发挥。当我们能更多地发现积极自我，培养与运用自身的品格优势时，我们将获得更多的积极体验，从而更有效地学习、工作和生活，拥有积极的情绪和积极向上的心态。

（一）认识品格优势

积极心理学核心发起人彼得森和塞利格曼的《品格优势与美德》是心理学上第一个全面、系统、连贯地对人类核心优势进行分类的研究。他们将人类核心优势归纳为6大美德、24个优势品质的价值实践优势分类。品格优势被定义为一种普遍的特质，它本身就具有价值，是目标而不是工具性手段。它们是后天获得的，可以通过实践发展，并能促进个人成长和健康。

1. 智慧和知识：获取知识和运用知识的认知优势

（1）创造力。同义词有独创性和原创力。该优势是指总能想出新颖的想法和多产的做事方法，并付诸实现，比如艺术成就，但不局限于此。

（2）好奇心。同义词是兴趣、经验开放性等。该优势是指对经验过程本身感兴趣，并能从中寻找有趣的主题进行探索。

（3）思维能力。同义词有批判性思维、开放性、判断力等。指能够从各个角度全面考虑问题，不会过早下结论，在有证据的情况下，能够调整思路并公平地衡量所有证据。

（4）好学。这项优势指通过自学或正式的学习掌握新技能，了解新知识。好学与前面的好奇心有很强的关系，但是又超越了好奇心，好学包括系统地增加自己的知识。

（5）洞察力。同义词是智慧。这项优势指能够给他人提供明智的忠告和有智慧的建议，能够以一个对自己和他人都合理的方法来看待和解释世界。

2. 勇气：包含了展现意志以完成目标和面对内部和外部的压力依然坚持的情感优势

（6）勇敢。同义词是英勇。这项优势品质包括行为上的勇敢，但还包括敢于面对威胁、困难、挑战或者痛苦，即使面对不同意见仍敢于弘扬正确事物，处于少数的时候也能据理力争，坚持自己的信念。

（7）坚韧。同义词有毅力、勤奋。这项优势是指善始善终，即使遇到阻碍也能坚持不懈，执行力强，享受完成任务的喜悦。

（8）正直。同义词有诚实、真诚。这项优势是指坚持真理，表述诚恳真挚，不虚伪，向别人呈现真实的自己，用真诚来行事，为自己的感情和行为负责。

（9）活力。同义词有热情、富有激情、有能量。这项优势是指充满热情和能量地去生活，做事情不半途而废或三心二意，过有挑战性的生活，能够感觉到自身的活力。

3. 人道：包含对他人友善相待和乐于帮助他人的人际品德优势

（10）爱。它包括爱与被爱的能力。是指珍惜与他人的亲密关系，特别是懂得感恩，相互关爱，对人亲近。

（11）善良。同义词有慷慨、关照、同情心、利他、友善。这项优势是指为他人做好事，乐于帮助他人、照顾他人。

（12）人际智力。同义词有情商、社交智慧等。这项优势是指能够了解自己和他人的动机和情绪，在不同的社交情景下行为得当，知道如何激励别人，取得他人认同。

4. 公正：拥有健康、积极的团体生活的品德优势，是健康社会生活的公民品格优势

（13）团队合作。同义词有公民精神、社会责任、忠诚。这项优势是指作为团队成员善于合作和分享，对团队忠诚，能顺利完成自己的任务。

（14）公平。这项优势是指能够公平、公正地对待他人，不让个人的偏见左右自己对他人的看法，给每个人平等的机会。

（15）领导力。这项优势是指鼓励团队成员把事情圆满完成，同时又能够在团队中有良好的人际关系，保持团队和谐。

5. 节制：具有自我约束，使我们不过度的品格优势

（16）宽恕和仁慈。这项优势指原谅做错事的人，宽容别人的缺点，能够给人改正错误的机会，心里没有仇恨或报复心。

（17）谦虚。同义词有谦逊、平实。这项优势指不吹嘘炫耀自己的成就，

不认为自己比别人特殊。

（18）谨慎。同义词为审慎。这项优势是指慎重地做出选择，不过分冒险，不鲁莽行事而后悔。

（19）自制。同义词有自我控制、自我规范。这项优势是指能够规范自己的感情和行为，自律、有原则，能够控制自己的欲望和情绪。

6. 超越：将个人生命与更宽广的宇宙联系起来，给生命带来意义感的优势品质

（20）对美的欣赏。同义词有敬畏、崇敬。这项优势是指发现并欣赏自然、艺术、科学和日常生活等方方面面的美丽和杰出。

（21）感恩。这项优势是指明白和感激美好事物的发生，并花时间去表达感谢和感激。

（22）希望。同义词有乐观、未来取向、前瞻。这项优势是指对未来充满期待，并为美好期待的实现付出努力。

（23）幽默。同义词有玩兴、风趣。这项优势是指喜欢笑和为他人带来欢笑，能够看到生活中美好、光明的一面，增添趣味。

（24）灵性。同义词有虔敬、信仰、目标。这项优势是指对宇宙的更高目的和意义有清晰的信念，在大的背景脉络中明白自己的位置，用对生命意义的信念来塑造行为和提供慰藉。

（二）探索品格优势

了解了我们身上所具有的这些积极心理品质的内涵后，接下来我们将从多个角度来探索和评估自己显著的品格优势。[①]

第一步：请按照表 4-1 的说明，确定和记录 5 个最能代表你的优势，并将识别出的品格优势填入表 4-5 的第二列。

---

① 拉希德，塞利格曼. 积极心理治疗手册 [M]. 邓之君，译. 北京：中信出版社，2020.

表 4-1 你的"心灵"优势是什么

准备好你的笔,用最少的思考时间圈出代表你个性的优势,或者在右边的栏目里画O。试着把你的选择限制在5个最能代表你的优势上。如果你选择多于5的优势,在填入表4-5之前你都可以划掉任何多余的项目。

	品格优势	最能代表你
1	创造力	
2	好奇心	
3	思维能力	
4	好学	
5	洞察力	
6	勇敢	
7	坚韧	
8	正直	
9	活力	
10	爱	
11	善良	
12	人际智力	
13	团队合作	
14	公平	
15	领导力	
16	宽恕	
17	谦逊	
18	谨慎	
19	自制	
20	对美的欣赏	
21	感恩	

续表

	品格优势	最能代表你
22	希望	
23	幽默	
24	灵性	

第二步：请阅读表 4-2 中对于 24 种品格优势的描述，并选择最能代表你的 5 种（不多于或少于 5 种）。慢慢做这个练习！当你完成后，将确定的 5 种显著优势填到表 4-5 的第三列。

表 4-2 你的"头脑"优势是什么

阅读以下 24 种关于品格优势的描述，选择可以最常用来描述你自己的 5 种特质，并在"显著优势"一列画〇。

	描述	显著优势
1	我善于想出新的、更好的做事方法	
2	我喜欢探索、问问题，并乐于接受不同的经历和活动	
3	本人思路开阔灵活，在做决定之前，我会仔细考虑各个方面	
4	我喜欢在学校学习或课余自己学习新知识、新技能	
5	亲友们喜欢和我讨论重要的事情，因为他们认为我的想法成熟，考虑周全	
6	即使害怕，我也不会放弃面对困难或挑战	
7	即使被干扰我也能完成大部分的事情，我能够重新集中精力完成任务	
8	我认为自己是一个真诚、诚实的人，值得信赖。我的行为符合我的价值观	
9	我精力充沛、性格开朗、充满活力	
10	表达和接受真诚的爱和感情对我来说很自然	

续表

	描　述	显著优势
11	我喜欢为别人做一些善意的举动，通常不需要别人要求	
12	我在社交场合能很好地管理自己，并有良好的人际交往能力	
13	我是一个积极的团体成员，我为我的团队成功做出了贡献	
14	当别人受到不公平对待、欺负或嘲笑时，我为他们挺身而出	
15	其他人经常选择我作为一个领导者，因为知道我领导能力强	
16	我很容易宽恕冒犯我的人，不怀恨在心	
17	我不喜欢成为众人瞩目的焦点，更喜欢别人大放异彩	
18	我认真谨慎，我可以预测我的行为的风险和问题，并做出相应的反应	
19	即使在富有挑战的情况下，我也能控制自己的情绪和行为，我通常遵守规则和行为规范	
20	自然之美、艺术之美或/和生活许多领域的美都能深深打动我	
21	我用言语和行动来表达对美好事物的感激之情	
22	我希望并相信好事会比坏事发生得更多	
23	我很有趣，我用幽默来促进和别人的交流	
24	我信仰更高的目标和力量，自愿参加精神修炼方面的实践（如冥想、禅修等）	

第三步：请使用表4-3和4-4，从两个来源的重要他人，即家庭成员和亲密朋友，探讨他们认为最能体现你个性特点的5种品格优势。请让他们通过打√来确定你的显著优势。当完成表4-3后，请你将家庭成员识别的优势填到表4-5的第四列；当完成表4-4后，请你将朋友识别的优势填到表4-5的第五列。

表 4-3 家人眼中你的显著优势

下表由家人填写。

请阅读以下24种关于品格优势积极性格的描述，选择在当事人身上最常见的5种性格特质（不多于或少于5种），并在"显著优势"一列打√。

	描　述	显著优势
1	善于想出新的、更好的做事方法	
2	喜欢探索，问问题，并乐于接受不同的经历和活动	
3	思路开阔灵活，在做决定之前，会考虑到方方面面	
4	喜欢在学校学习或课余自己学习新知识、新技能	
5	重要的事情亲友会询问他/她的意见，被认为想法成熟，具有超龄的智慧	
6	面对困难或挑战，即使害怕也不会轻言放弃	
7	完成很多事情，能在分心受干扰时重新集中注意力完成任务	
8	是一个真诚、诚实的人，值得信赖，言行一致	
9	精力充沛、性格开朗、充满活力	
10	重视与他人的亲密关系，有爱与被爱的能力	
11	喜欢主动为他人做一些善意的举动，通常是在没有被要求的情况下	
12	在社交场合能很好地管理自己，并有良好的人际交往能力	
13	是一个积极的团体成员，我为我的团队成功做出了贡献	
14	当别人受到不公平对待、欺负或嘲笑时，为他们挺身而出	
15	经常被别人选为领导，领导能力强	
16	容易宽恕冒犯他/她的人，不记仇	
17	不喜欢成为众人瞩目的焦点，更喜欢别人光芒四射	
18	细心谨慎，能够预测他/她自己的行为的风险和问题，并做出相应的反应	

续表

	描 述	显著优势
19	即使在富有挑战的情况下,也能管理自己的情绪和行为,通常遵守规则和行为规范	
20	被自然之美、艺术之美或/和生活许多领域的美深深打动	
21	通过言语和行动来表达对美好事物的感激之情	
22	希望并相信好事会比坏事发生得更多	
23	是好玩有趣的人,用幽默来促进和别人的交流	
24	信仰更高的目标和力量,自愿参加精神修炼方面的实践(如冥想、禅修等)	

表 4-4 朋友眼中你的显著优势

下表由朋友填写。

请阅读以下24种关于品格优势积极性格的描述,选择在当事人身上最常见的5种性格特质(不多于或少于5种),并在"显著优势"一列打√。

	描 述	显著优势
1	善于想出新的、更好的做事方法	
2	喜欢探索,问问题,并乐于接受不同的经历和活动	
3	思路开阔灵活,在做决定之前,会考虑到方方面面	
4	喜欢在学校学习或课余自己学习新知识、新技能	
5	重要的事情亲友会询问他/她的意见,被认为想法成熟,具有超龄的智慧	
6	面对困难或挑战,即使害怕也不会轻言放弃	
7	完成很多事情,能在分心受干扰时重新集中注意力完成任务	
8	是一个真诚、诚实的人,值得信赖,言行一致	
9	精力充沛、性格开朗、充满活力	
10	重视与他人的亲密关系,有爱与被爱的能力	

续表

	描 述	显著优势
11	喜欢主动为他人做一些善意的举动，通常是在没有被要求的情况下	
12	在社交场合能很好地管理自己，并有良好的人际交往能力	
13	是一个积极的团体成员，我为我的团队成功做出了贡献	
14	当别人受到不公平对待、欺负或嘲笑时，为他们挺身而出	
15	经常被别人选为领导，领导能力强	
16	容易宽恕冒犯他/她的人，不记仇	
17	不喜欢成为众人瞩目的焦点，更喜欢别人光芒四射	
18	细心谨慎，能够预测他/她自己的行为的风险和问题，并做出相应的反应	
19	即使在富有挑战的情况下，也能管理自己的情绪和行为，通常遵守规则和行为规范	
20	被自然之美、艺术之美或/和生活许多领域的美深深打动	
21	通过言语和行动来表达对美好事物的感激之情	
22	希望并相信好事会比坏事发生得更多	
23	是好玩有趣的人，用幽默来促进和别人的交流	
24	信仰更高的目标和力量，自愿参加精神修炼方面的实践（如冥想、禅修等）	

第四步：请登录塞利格曼教授的"真实的幸福"网站，完成一份免费的线上"品格优势调查"，该问卷将根据你的作答确定你的5~6个显著优势，将其填入表4-5第六列对应的空格内。

第五步：在完成前面四步之后，你已经填写了表4-5显著优势档案中的大部分内容，接下来，请通过计算表中每一行的分数来完成第七列。前面6列中每一格勾选的，得1分，得分最高的前5~6项是你最突出的优势。

表 4-5　显著优势档案

品格优势	表4-1 （心灵）	表4-2 （头脑）	表4-3 （家人）	表4-4 （朋友）	测评	总分
创造力						
好奇心						
思维能力						
好学						
洞察力						
勇敢						
坚韧						
正直						
活力						
爱						
善良						
人际智力						
团队合作						
公平						
领导力						
宽恕						
谦逊						
谨慎						
自制						
对美的欣赏						
感恩						
希望						
幽默						
灵性						

（三）发挥品格优势

通过以上多角度的探索与评估，你自己的优势档案中就有了 5~6 项你所具有的显著优势品质，与此同时，你还可以回头再看看表 4-5，是否有一些你认为应该突出的优势，但在优势档案的总分中没有显现？思考一下，为什么这些优势没有出现在你的显著优势中，没有得到充分利用？又是否有一些优势被过度使用？这可能会带来什么影响？

接下来，我们为你更好地发挥和培养各项品格优势提供了一些建议。选一个品格优势，通过下面的练习任务加以练习，坚持一到两周或更长时间，在具体的情景中逐渐将这一品格优势培养成实践智慧的技能。

1. 智慧和知识

（1）创造力。

①选一个常做的事情，用全新的方式去完成。

②用非常简短但精准的语言描述你能想到的最美的一幕。

（2）好奇心。

①选一个你每天经过但一点都不了解的地方，弄清它的状况。

②放学后（下课后）换条路线回去，留意一下新路线上有什么你没注意过或没见过的东西。

（3）思维能力。

①想一想你特别坚持的某个观点，然后换位思考别人会以什么理由质疑这个观点，至少想出 5 个理由。

②碰到有人表达了不认同你的一个观点时，问问这个人为什么会这样，认真听这个人讲述原因。

（4）好学。

①要求自己每天都能学到新东西。

②每天花 15 分钟阅读你原来没计划或跨专业的一本书或一篇文章。

（5）洞察力。

①如果碰到两个朋友意见相左或争论，弄清双方各自的想法。

②花一天时间，少说、多问、多听，只在别人要求时才发言和提供建议，而且发言前要经过仔细的思考。

2. 勇气

（6）勇敢。

①做一件会让你紧张或退缩的事情，证明自己可以做到勇敢。

②找一件会让你胆怯的事情（不是坏事），向自己承认害怕，然后去做这件事。

（7）坚韧。

①为今天列一个任务清单，按时完成单上的任务。

②想一想你有什么重要的事情一直拖着没有完成，为这件事列个分步骤执行计划，一小步一小步去做，直到完成。

（8）正直。

①花一天时间，只说你真正相信和认同的东西。

②每天做一件你认为体现你深层价值观的事情。

（9）活力。

①今天做一件你想做的事情，而不是你应该或必须做的。

②选一天，睡足8小时，锻炼1小时，三餐吃得健康适量，注意你会由此变得多有精神。

3. 人道

（10）爱。

①陪朋友或恋人去做他们真正想做的事。

②别人赞美你，你不抗拒只真心说"谢谢"。

（11）善良。

①不图回报地帮助一个朋友或陌生人。

②探望一个孤独的人（如孤寡老人），和这个人好好聊聊。

（12）人际智力。

①当某人说了让你生气的话或做了让你生气的事时，不要立即以牙还牙，

试着冷静想想背后的原因。

②说些什么或做些什么,让一个紧张担忧的人放松下来。

4. 公正

(13) 团队合作。

①参加集体活动时提前到场,多分担一些事情。

②找时间做志愿服务。

(14) 公平。

①当你发现误会或错待了某个人时,承认错误并努力弥补。

②当有人说的话你并不认同时,不要打断,认真倾听。

(15) 领导力。

①在朋友或家人之间组织一次聚会。

②让你所在朋友圈的一个新人或某个不活跃的人觉得受到欢迎,融入圈子。

5. 节制

(16) 宽恕和仁慈。

①给对不起你的人写封原谅信(先不寄出去),每天读一次,坚持一周。

②如果有人让你生气,试试一笑置之。

(17) 谦虚。

①今天,别谈论自己。

②赞美一个朋友在一件具体的事情上做得比你好。

(18) 谨慎。

①今天,问问自己,是否拿健康冒险,如吃垃圾食品、超速驾驶或暴饮暴食等。

②今天,控制某个冲动。

(19) 自制。

①觉得自己想发脾气时,从 1 数到 10。

②今天约束自己不要说人闲话。

6. 超越。

（20）对美的欣赏。

①一天两次留下脚步欣赏周边美景。

②写下你当天看到的最美的人事物，坚持一周。

（21）感恩。

①每天结束之前写下当天值得感恩的经历。

②给帮助过你但你未曾致谢的人写封感谢信，详细描述他/她是如何帮助你的。

（22）希望。

①想想你下个月的目标，制定完成它的计划。

②想一件让你失望的事情，再思考这件事给你带来了什么机会。

（23）幽默。

①今天，逗笑一个人。

②今天，调侃一下自己。

（24）灵性。

①今天练习冥想15分钟。

②今天思考一下你为什么而活。

三、积极关系

到目前为止，我们的积极心理之旅一直专注在我们自身的心理资源，从勇敢地面对消极情绪，到科学地提升积极情绪，感受生活的美好，再到发现自身的品德优势，发展更好的我。接下来，我们将聚焦积极关系，希望关于人际资源的学习和实践，可以帮助大家拥有更加丰盛和幸福的人生。

（一）积极沟通——主动的建设性回应

在20世纪大部分时间里，心理学研究者更多关注的是消极的沟通过程，如解决冲突、矛盾和沟通不良等,但也有个别心理学家坚持不懈地强调积极关系行为的重要性。而在 21 世纪的头 20 年,积极心理学研究取得的进展愈加证明了积极关系(行为)给我们个人身心健康、人际关系和幸福生活带来的益处。比如,戈特曼通过对几千对夫妻的多年研究,发现了亲密关系的"魔法比率"——要维持一段健康的关系,积极交流和消极交流的比率需达到 5∶1。如果双方的积极沟通和消极沟通比例接近 1∶1,那么这段亲密关系很可能会破裂,以离婚或分手收场。

美好的关系是以积极、有建设性的回应为特征的。如果想要建立和维持良好的关系,我们需要掌握"主动的建设性回应"这种沟通方式。

什么是主动的建设性回应呢?它是他人与你分享好事时的一种积极有效的反应方式。试着回忆,当有人与你分析他/她的好消息时,你是否积极乐观地去回应,关心询问对方有关的问题,并且为其感到高兴,分享他们的快乐?相比于其他的反应方式,你是否更常采取上述这样的反应?如果是这样,你就是在使用积极的建设性回应!

我们可以通过表 4-6,进一步了解积极的建设性回应和其他三种沟通方式。

表 4-6　四种对他人分享好事的反应方式

	建设性的	破坏性的
主动的	热情反应,具体分享自己的感受,他人感到被认可和理解,主动关心,详细询问这件好事的具体情况（举例:这太棒了,我真为你高兴,你在这个新职位会有更大发展的。这个工作你是经过很激烈的竞争才得到的吧?）	无法共情对方的喜悦,分析弊端,消除这件好事的积极意义,使对方感到尴尬、内疚或生气（举例:唔,这真的好吗?如果你接受这个新工作,就得一天到晚加班,失去自己的生活了。你的家庭怎么办?）
被动的	不太积极的响应,应付几句,使他人觉得不被重视、尴尬、失望（举例:哦,是吗?是好事,恭喜了。）	缺乏兴趣,忽略对方的好事,转移话题等,使对方感到困惑、失望,不被关心（举例:好吧,一个新工作。你知道吗?我同学明天要过来,我们想想请他去哪吃饭呢?）

（二）相互的肯定和欣赏

建立积极关系的一种重要方式是发现和赞美他人的优势。比如，当你看见和欣赏喜欢的人优点那一刻，你们会相互产生一种正向的共鸣，这种共鸣和惺惺相惜又会反过来促进你们的关系。又比如，前面提到积极的建设性沟通和其他沟通方式在理想关系中的比例是 5∶1，或者在一段健康关系的互动中至少应达到 3∶1，它也是在强调关系中营造彼此认可和欣赏氛围的重要性。

戈特曼在研究中进一步发现，这种积极关系行为非常有效的原因最少有两点：它促进了对他人和他人行为的积极接受；它可以防止忽略或不被重视感的产生。

为了在积极的建设性回应基础上扩大效能，我们可以练习发现和认可亲人或好友的优势。在前面探索品格优势的练习中，你已经学会发现和确定自己的显著优势，现在你将和一位亲人、好友或恋人一起完成类似的练习。

在一个轻松的环境中，和你的亲人/好友/恋人一起做这个练习。让对方在表 4-3 或 4-4 中找出最能代表你的 5 个优势，在"显著优势"一列打勾或画圈来标注，但不需要对 5 个显著优势排序。同样的，你用另一份同样的表格，为对方找出最能代表他/她的 5 个显著优势。完成后，你们交换表格进行交流，可以思考和讨论后面的问题。

（1）如何选择和确认彼此的 5 个显著优势？之前和对方做过类似的事情吗？

（2）对方表现出哪些行为、习惯或做好什么事情体现了你发现的优势？

（3）你们有彼此共同的优势吗？分享你们共同的或不一样的优势。

（4）你们的优势在哪些方面是互补的？

（三）建立专注的情感联结

致力于研究亲密关系的积极心理学家们发现，用心经营的感情健康而持久，能使关系丰盛发展。其中约翰·哈维和他的研究团队发展出了专念关系的五因素模型，用以说明如何提升亲密感和有助于积极关系的行为。专念是"人们相互了解的过程，包含关系中的人的持续的互动的思想、情感和行为"。[①] 专念是一种需要有意识地实时努力的心理过程。

专念关系需要意识的参与，这体现在五因素模型的第一个因素——了解和被了解。它指出，关系中的每个人都需要知道对方的希望、梦想、恐惧、脆弱和不确定性等，同时需要监控自己的自我表达和对方的是否平衡，并优先了解对方，而不是总关注自己的个人信息。在关系中成功的相互了解的人们，能够更有效地理解和应对时间给关系带来的变化。

专念关系的第二个因素是对行为做出促进关系的归因。把积极行为归因于内部的特质因素，把消极行为归因于外部的环境因素，这是理解对方行为最具有适应性的方法。长此以往，专念于对方的人能够适当地结合内外部归因，往往会在冲突导致关系破裂前解决冲突。这是因为，这种宽容大度的归因，能在对伴侣行为的解释与对其已有了解不一致时，更愿意去重新检查归因，并往好处想。

专念关系的第三个因素是接受和尊重。随着关系中双方在彼此了解的过程中变得更亲密，双方会分享一些好的和不好的经历，对关系的深入发展来说，接受彼此的优点和缺点非常关键。而当这种接受带着尊重时，更可以起到解毒剂的作用，化解可能导致关系破裂的轻视或高高在上的态度和行为。

专念关系的最后两个因素是保持专念的互惠性和持续性。专念的互惠性是指，双方都要主动地投入加深关系的想法和行为当中。这对于双方维持良好的关系很必要。如果一方表现出缺乏参与的意愿，会导致对方产生挫折感或不被重视的感觉。专念的持续性是指需要经常留意关系中彼此的目标和需要，并且愿意有计划地学习和运用培养专念关系的这些知识和技能。哈维团队的研究证明，能够学习和应用这些技能的人们获益良多，对关系起到积极的促进作用。

---

① 斯奈德，洛佩斯. 积极心理学：探索人类优势的科学与实践 [M]. 王彦，等译. 北京：人民邮电出版社，2013.

【合作学习 4-2】心理健康素养小调查

请以小组形式开展以下学习与探讨。

（1）学习了解心理健康连续体与 DSM-5 中对于心理障碍的主要分类。

（2）选取其中一种障碍进行较深入了解，例如这种障碍的主要特征和表现、成因有哪些、对个体可能带来哪些影响、有哪些应对与治疗的方法等。

（3）设计一份问卷，从心理健康知识（如心理健康基本知识、心理障碍的识别等）、对待心理疾病的态度（如对心理障碍本身的态度、自己有这种障碍的求助态度、对精神疾病患者的态度、对寻求心理疾病治疗的态度等），以及维护与促进心理健康的能力（如觉察自我与他人情绪的能力、情绪调节的能力、应对心理疾病的能力等）等方面，对所在社区的人群进行小范围调查。

（4）收集整理调查数据，形成小组的调查报告，并展示分享。

模块五　职业素养

📖 学习导航

什么是职业素养？为何要及早培养职业素养？

曾经，在职业领域没有淘宝，没有iPhone，没有庞大的网络社交平台，没有旅游体验师、服装陈列师、职业规划师这些"奇怪"的职业；我们的职业大多从父辈甚至祖辈就已经存在并流传下来……

但，从什么时候开始，职业世界存在各种新的可能，职业生涯长度不断延长，我们有更多机会、更多的选择，甚至，我们可以创造新的职业。

从什么时候开始，企业发展越来越迅速、生存周期越来越短、管理更加科学严谨，同时更加人性化和灵活；企业所提供的不仅是满足就业者的物质生存需求，还提供发展完善自我、实现个人价值的平台……

这一切，意味着我们处于一个全新的时代，面临着一个巨大的发展空间——我们从一个单位、一个固定职业中解放出来，进入了由众多职业、角色组成的生涯发展过程。面对着众多的选择，我们想要的是什么？我们能得到什么？如何在不断发展变化的社会中找到合适的、理想的职业，追寻和实现自我价值？如何在不确定的世界里把握自己的人生方向？如何在现实与理想之间搭起一座桥梁，在幸福的彼岸翩然起舞？为此，你需要了解自己的需求、个性特征、能力倾向、价值观，找到自己立身处世的根本；你需要了解你的专业领域、所处的职业社会、目标职业的特征、对求职者提出的要求以及它给予的发展空间，在众多职业机会中学会判断和取舍；你需要在知己知彼的前提下，尽早确立发展目标，以不断接近你定义的"成功"与"幸福"……在此过程中，职业素养的培育可以帮助你运用正式及非正式的测评工具，了解自己、了解职业世界，帮助你在适应和成长中逐步实现自己的发展目标，成长为自己想成为的样子，拥有你所梦想的人生。

知识学习单元：职业世界面面观

【自主学习 5-1】想想十年后的自己[①]

女孩 18 岁之前，是个不知道自己想要什么的人，每天就在艺校里跟着同学唱唱歌、跳跳舞，偶尔有导演来找她拍戏，她就会很兴奋地去拍，无论角色多么小。直到 1993 年的一天，教她专业课的赵老师突然找她谈话，她问："你能告诉我，你未来的打算吗？"女孩一下子愣住了。她不明白老师怎么突然问她如此严重的问题，更不知该怎样回答。

老师又接着问她："现在的生活你满意吗？"她摇摇头。老师笑了："不满意的话证明你还有救。你现在想想，十年以后你会怎样？"

老师的话很轻，但是落在她心里却变得很沉重。她脑海里顿时开始风起云涌。沉默许久后她说："我希望十年以后自己能成为最好的女演员，同时可以发行一张属于自己的音乐专辑。"

老师问她："你确定了吗？"她慢慢咬紧嘴唇："是。"而且拉了很久的音。"好，既然你确定了，我们就把这个目标倒着算回来。十年以后你 28 岁，那时你是一个红透半边天的大明星，同时出了一张专辑。""那么你 27 岁的时候，除了接拍各种名导演的戏以外，一定还要有一个完整的音乐作品，可以拿给很多很多的唱片公司听，对不对？""25 岁的时候，在演艺事业上你要不断进行学习和思考。另外，你还要有很棒的音乐作品开始录制了。""23 岁必须接受各种各样的培训和训练，包括音乐上和肢体上的。""20 岁的时候开始作曲作

[①] 周迅. 想想十年后的自己 [J]. 时代青年（悦读），2015（4）：33.

词,并在演戏方面要接拍大一点的角色……"

老师的话说得很轻松,但是她却感到一种恐惧。这样推下来,她应该马上着手为自己的理想做准备了。可是她现在什么都不会,什么都没想过,仍然为小丫鬟小舞女之类的角色沾沾自喜。她觉得一种强大的压力忽然向自己袭来。老师平静地笑着说:"要知道,你是一棵好苗子,但是你对人生缺少规划。如果你确定了目标,希望你从现在就开始做。"

想想十年后的自己——当她意识到这是一个问题的时候,她发现自己整个人都觉醒了。从那时起,她就始终记得十年后自己要做最成功的明星。所以,毕业后,对角色她开始很认真地筛选。渐渐地,她被大家接受了,她慢慢地尝到了成功的欢乐。

2003年4月,恰好是老师和女孩谈话的十周年,她不知道是偶然还是必然,她居然真的拥有了属于自己的第一张专辑——《夏天》。

这个女孩就是如今红遍全国、驰名海内外的影视歌三栖明星周迅。从1991年到2008年初的17年,周迅已拍摄各类题材的影视剧37部,成为32种知名品牌的形象代言人。她已获得过45个影视歌奖项,百花奖、金紫荆奖、金像奖、金马奖她都先后一一问鼎,她的歌曲也深受广大歌迷的喜爱。毫无疑问,所有这些成就的取得,正是周迅牢记老师的话,孜孜以求、奋争不止的结果。

人生能有几个十年?只有及时地拷问自己:"十年后我会怎样?"及早规划,及早行动,并且矢志不移,百折不挠,你就会拥有多彩的人生。是的,时刻想着十年以后的自己,想想十年以后会怎样,你就会离自己的理想和目标越来越近。

一、职业概念

所谓职业,从其科学的含义上看,是指人们从事相对稳定的、有收入的、专门类别的工作。它是对人们的生活方式、经济状况、文化水平、行为模式、思想情操的综合性反映,也是一个人的权利和义务,是一个人社会地位的一般性表现特征。职业是一个人社会角色中非常重要的方面。职业往往还成为一个人最基本的符号和最主要的特征。职业能反映一个人的社会身份、社会地位与自身的文化、能力和素质水平。《中华人民共和国职业分类大典》明确规定了职业的 5 个基本要素：职业名称，它是职业的符号特征；工作的对象、内容、劳动方式和场所；特定的职业资格和能力；职业所提供的各种报酬；在工作中建立的各种人际关系。

二、职业特征

职业特征包括时代性、差异性、层次性、专业性、技术性等。

（一）时代性

职业随着时代的发展而变化，新的职业不断产生，原有的职业又增加了新时代的内容，而且有些职业会随之消失。例如 20 世纪以来，陆续出现了广播电视播音员、计算机程序设计员、计算机文字处理员、汽车玻璃维修工、婚姻家庭咨询师、化妆品配方师等新职业，而原来的农民、教师、会计等传统职业，其劳动的科技含量也越来越高，电话接线员、机械打字操作员、铅字工等已经或者趋于消失。不同的历史时期具有不同的热门职业。劳动者在择业时，受到社会对职业的需求情况、个人兴趣、社会观念、时代风尚及社会舆论等的影响，就形成了不同时期的不同热门职业，如我国历次出现的"银行热""经商热""计算机热""炒股热""公务员热"等。

（二）差异性

在不同职业之间存在很大的差异，其劳动条件、劳动强度、工作对象、工作性质、工作内容等方面都不相同，形成了不同的行为模式、道德规范和语言习惯等。人们常说"隔行如隔山"，就是指不同职业之间的差异性。

（三）层次性

层次性是指各类职业之间的层次和各个职业类型内部的层次。对于各类职业之间的层次，从理论上分析，职业之间并没有贵贱之分，但实际生活中由于不同职业对人的素质和能力的要求是不同的，如医疗卫生、教育、工商税务、法律事务等职业要求较高的素质和能力；其次，不同职业的体力劳动、脑力劳动的付出，收入水平、工作任务的多少，社会声望、权力地位等的不同，以及社会对职业的看法或舆论评价的不同，也产生了职业之间的层次。对于各个职业类型内部的层次，主要是根据劳动者所履行的领导职权和责任不同进行划分的，也就是指职位。

（四）专业性

职业是指人们从事的专门业务，一个人要从事某一种职业，就必须具备专门的知识、能力和特定职业道德素质。例如，汽车维修工要有汽车构造等方面的知识，具备汽车故障诊断与维修的能力和精益求精的工作态度。随着社会的发展、科技的进步，劳动的专业化程度越来越高，职业的专业性也越来越强。

（五）技术性

每一种职业都有一定的技术含量或技术规范要求。例如，厨师在刀工、火候上都有一定的技术要求和操作规范，需要进行专门的学习与训练。在人类进入工业时代之后，科学技术得到广泛应用，职业的科学技术含量也越来越高，以至于在从事某种职业之前，必须经过一定时间的专业知识教育和专门的职业技术技能或职业操作规程的训练，这也正是职业教育兴起并广泛发展的原因。

三、职业生涯

职业生涯是一个人一生中所有与职业相联系的行为与活动，以及相关的态度、价值观、愿望等的连续性经历的过程，也是一个人一生中职业、职位的变迁及工作理想的实现过程。[①] 狭义的职业生涯限定于直接从事职业工作的这段生命时光。广义的职业生涯是指从职业能力的获得、职业兴趣的培养、选择职业、就职，直到最后完全退出职业劳动这样完整的职业发展过程。

一个人的一生中连续从事的职业，不仅包括过去、现在和未来那些可以客观观察到的职业发展过程，而且还包括个人对职业生涯发展的见解和期望。职业生涯是一个动态的、发展的概念，即把个人的职业生活看作是一个动态的发展的过程。一个人从 20 岁左右参加工作，到 60 岁左右退出职业，职业生涯时间约占人生的二分之一，而这段时间也是人生经历最旺盛、创造力最强的一段。因此我们应该科学有效地规划、利用好如此宝贵的时间。

施恩认为，现代社会的职业发展是组织成员之间满足各自需要和彼此受益的过程。因此，将职业生涯分为外职业生涯与内职业生涯两种类型。一是外职业生涯。外职业生涯是对组织而言的职业生涯。组织努力为员工在组织的职业生涯中确立一条有所依循、可感知、可操作性的发展道路。外职业生涯是外在的、客观存在的。二是内职业生涯。内职业生涯是对个人而言的职业生涯，是个人追求的一种职业。在内职业生涯中，个人力图使工作与个人的其他需要相统一。例如，维持或提高生活水平、安全保障、社会交往、获得尊重、自我实现、家庭义务及个人休闲等达成平衡。[②]

职业生涯是内职业生涯（员工）与外职业生涯（组织）合理有效的结合与平衡，它使得双方的需要都得到满足，彼此受益。由内职业生涯进入外职业生涯，个人要维护职业声誉，忠于职责。任何一种职业都不会是单独某一个人的职业，而是群体职业。如果有人违背职业要求、破坏职业声誉，会受到该职业群体其他成员的谴责，以至迫使其退出该群体。

---

① 张再生.职业生涯开发与管理 [M].天津：天津大学出版社，2003.
② 李颖.高校教师职业生涯发展及其管理激励创新研究 [D].苏州：苏州大学，2004.

四、职业素养

素养表达到职场上就是职业素养,职业素养是指职业内在的标准、要求,是在职业过程中表现出来的综合品质,包含以下几个方面。

(一)职业道德

职业道德是从业者在职业活动中应该遵循的符合自身职业特点的职业行为规范,也是人们通过学习实践养成的优良职业品质,它涉及了从业人员与服务对象、职业与职工、职业与职业之间的关系。

职业道德的主要内容是:爱岗敬业,诚实守信,办事公道,服务群众,奉献社会。

职业道德的含义包括以下八个方面。

(1)职业道德是一种职业规范,受社会普遍的认可。

(2)职业道德是长期以来自然形成的。

(3)职业道德没有确定形式,通常体现为观念、习惯、信念等。

(4)职业道德依靠文化、内心信念和习惯,通过从业人员的自律实现。

(5)职业道德大多没有实质的约束力和强制力。

(6)职业道德的主要内容是对员工义务的要求。

(7)职业道德标准多元化,代表了不同企业可能具有不同的价值观。

(8)职业道德承载着企业文化和凝聚力,影响深远.

(二)职业技能

职业技能指的是在职业的分类基础之上,根据职业的活动内容,对于从业人员的能力水平进行的规范性的要求,也是从业人员从事职业活动、接受职业教育培训和职业技能鉴定的一个主要依据。主要包括以下内容。

1. 专业知识的学习

专业知识是知识结构的核心部分,只有对自己所从事专业的知识和技术精益求精，对工作涉及学科的历史、现状和发展趋势有较深的认识和系统的了解，并善于将其所学的专业和其他相关知识领域紧密联系起来，才能真正建立自己的核心竞争力。

基础知识、基本理论是知识结构的根基，拥有扎实的基础知识，才能有持续学习和发展的基础和动力。

2. 能力的自我培养

（1）自学能力。

自学的能力一方面是自我学习的坚持，另一方面是学习方法的探索和学习意识的培养。而一个良好的习惯是实现以上目标的保证，科学的方法也能更加促进自己的学习规划和增强自我学习的动力。在日常学习和工作中，要善于聆听自己内心的声音，忠于自己的承诺和规划。

（2）勤于实践。

善于学习是培养能力的基础，实践是培养和提高能力的重要途径，是检验学习成果的标准。而把工作做到最好是对所学知识的最好检验，全心全意地投入工作、投入生活，自己就能领悟得更多。

（3）人际交往能力和团队合作精神。

随着社会分工的日益精细以及个人能力的限制，单打独斗已经很难完成工作任务，人际间的合作与沟通已必不可少。人际交往能力是一种实践性学习，各种交际技巧也只能在实践不断习得，在生活中要注意培养和别人进行有意义的交谈。真正影响人际交往能力的核心因素是个人能力的加强，也就是个人的人格魅力。一个人的未来怎么样，很大程度上取决于你和什么样的人待在一起。

3. 身心素质培养

身体素质和心理素质合称为身心素质。身心素质和事业的成败有着重大关系，不断提升身心素质显得尤为重要。现代社会生活节奏快、工作压力大，没有健康的体魄很难适应。与此同时，健康的心理也是一个人事业能否取得成功的关键，健康的心理主要包括自我意识的健全、情绪控制的适度、人际关系的和谐和对挫折的承受能力。心理素质好的人能以旺盛的精力、积极乐观的心态处理好各种关系，主动适应环境的变化；心理素质差的人则经常处于忧愁困苦中，不能很好地适应环境，最终影响了工作甚至带来身体上的疾病。

4. 创新精神的培养

现代社会日新月异，我们不能墨守成规。在市场经济条件下，企业要参与激烈的市场竞争，迫切需要运用创新精神和专业知识来改造技术，加强企业管理，使产品不断更新和发展，给企业带来新的活力。人才，尤其是信息时代的人才，更需要创新精神。对此，当代大学生必须注重培养创新精神，认真踏实地学习和掌握基础知识，只有打下坚实的基础才会有创新，跨领域的学习能够激发创新的灵感，同时对同行佼佼者的持续关注也可以激发创新精神。

（三）职业作风

职业作风主要指的是从业者在其整个职业实践和职业生活中所表现出的一贯的工作态度。职业态度指个人职业选择的态度，包括选择方法、工作取向、独立决策能力与选择过程的观念，简而言之，职业态度就是指个人对职业选择所持的观念和态度。影响职业态度的因素主要包括以下几个方面。

1. 自我因素

自我因素包括个人的兴趣、能力、抱负、价值观、自我期望等。职业态度的自我因素与职业发展过程有相当密切的关系，因为个人因素的形成多与其成长背景相关，个人价值观是在成长过程中一点一滴慢慢养成的。个人若能对自我的各项因素有深入的了解，有助于了解何种职业适合自己，有助于做出明确的职业选择。个人在选择职业时所表现出来的态度，也是个人兴趣、能力、抱负、价值观、自我期望的一种反应的表现。但若只是依照自我因素来选择职业，有时难免会产生与社会格格不入的感觉，因此，在选择职业时仍须考虑其他相关因素。

2. 职业因素

职业因素包括职业市场的需求、职业的薪水待遇、工作环境、发展机会等。就理想而言，兴趣、期望、抱负应该是个人选择职业的主要依据，但事实上必须同时兼顾自我能力，以及外在的社会环境、职业市场动态等。对职业世界有越深的认识，就越能够掌握真实、准确的职业信息，也可以获得比较切合实际的职业选择。相反的，对职业认知有限的人，甚至连何处有适合自己需求的工作机会都不清楚，又如何能够做出正确的职业选择。因此，个人对职业的认知会影响到个人的职业态度。

3. 家庭因素

家庭因素包括家庭的父母期望、家庭背景等因素。从国内外研究看来，家庭教育对个人发展影响的数据并不明显。但是，不论父母的学历高低、职业经历如何，大多数的父母都希望自己的子女能拥有比自己高的学历、从事比自己有发展的工作。因此，在做职业选择时，家人的意见通常会影响个人的职业态度。

4. 社会因素

社会因素包括人际关系、社会地位、社会期望等因素。在职业发展的过程中，个人的最终目标是在其职业上能有所表现，有更多的人希望自己能成为社会中有身份、有地位的人。以目前的社会现象为例，一般人认为医生、律师、艺术家有较高的社会地位，虽然这有一定的片面性，并不是正确的观念，但或多或少也影响了个人的职业态度。

能力发展单元：职业规划我做主

一、职业目标的确立

所谓生涯目标是指一个人渴望获得的与职业相关的结果，是个人在选定的职业领域的某一节点或某一时期要取得的成绩或要达到的高度。[①] 个人生涯目标是职业生涯设计的关键与核心，生涯目标是在考虑个人的内因和外因的基础上确立的职业上要达到的成就。内因主要包括价值观、兴趣、能力、知识等，外因主要包括人脉关系、经济状况、父母期望、劳动力供求关系、岗位能力和素质要求、工作地点、企业文化等。

（一）职业目标的界定

按照职业所涵盖的内容，可以将生涯目标划分为外生涯目标和内生涯目标。外生涯目标是指生涯过程中外显的、具有能见性的标记，通常包括职务目标、技术等级目标、经济收入目标、社会影响目标、工作内容目标等内容。内生涯目标是指在整个职业生涯过程中个人自身得到了长足的发展，收获了知识、积累了经验、提高了职业技能、转变了陈旧观念、内心得到了丰富与升华，具体包括个人工作能力目标、工作成果目标、心理素质成长目标等观念目标。职业生涯的内目标与外目标之间相互促进，具有十分密切的关系，二者表现出相辅相成的关系，内生涯目标的长足发展能够带动外生涯目标的发展，外生涯目标的成功实现可以促进内生涯目标的达成。要特别注意的是，内生涯目标的实现不同于外生涯目标，要实现内生涯目标，必须通过个人的不懈努力，而这些东西一旦获得，就成为真正意义上属于自己的无价之宝，别人再也无法从自己身上拿走，这是与外生涯目标所不同的。[②]

按照时间对于个人生涯目标进行分类，可以将生涯目标分为短期目标、中期目标、长期目标和人生目标。短期目标是在一到两年内实现的生涯目标，是中期目标和长期目标的细化和具体化，它具有的特点是现实化和可操作化，是所有生涯目标中最清楚的行动目标。中期目标在整个生涯目标体系中的作用是承前启后，能否实现个人职业生涯的目标，中期目标的作用非常关键，它一般

[①] 王丽. 大学生职业目标和职业生涯设计关系的研究 [D]. 西安：西安工业大学，2014.

[②] 共青团中央学校部. 大学生职业生涯设计 [M]. 北京：中国言实出版社，2004.

界定为三到五年可以实现的生涯目标，相较于长期目标要具体得多。长期目标规划得不能具体，一般要比较粗略，以便于随着各种主客观情况的变化而进行调整，在制定长期目标时一般是以画轮廓为主。通常界定为五年以后实现的目标。人生目标则是指整个人生发展历程中要实现的目标，它的实现时长一般界定在40年左右。

（二）目标设立的重要性

生涯目标就是个人在自己选定的职业领域中未来某个时点上所要达到的具体目标，是一个人渴求获得的同职业相关的具体目标。在设定目标的过程中会产生职业生涯设计，因此要进行具有可行性的职业生涯设计，关键在于要确立好职业生涯目标。只有尽早定立合适的生涯目标，未来职业的发展方向才能定下来，才可以以更加积极的态度去面对生涯目标实现过程中遇到的各种挑战与困难，最终指引我们走向职业的成功。

有一篇关于人生目标的调查发现，在一批学历、智力和环境条件都差不多的哈佛大学毕业生中，有27%的人没有目标，60%的人目标模糊，10%的人有清晰但比较短期的目标，只有3%的人有清晰而长远的目标。25年后，哈佛大学再次对这群学生进行调查时发现：3%有长远目标的人，在25年间朝着一个方向不懈努力，几乎都成为社会各界的成功人士，其中不乏行业领袖和社会精英；10%有短期目标的人，不断实现了他们的短期目标，成为各个领域中的专业人士，大多生活在社会的中上层；60%目标模糊的人，有安稳的生活与工作，但都没有什么特别成绩，几乎都生活在社会的中下层；剩下27%的人，因为他们的生活没有目标，过得很不如意，常常怨天尤人，抱怨这个世界"不肯给他们机会"。

从以上调查中不难看出，目标是多么重要，对于生涯发展具有何等重大的指导意义。然而很多时候大家忙忙碌碌，选修各种课程，参加各种活动，准备各样考试，却没有目标。部分大学生一方面感到迷茫，另一方面却又不能停下来，花一点时间看清楚自己的方向，只有盲目地胡奔乱跑。"忙—盲—茫"的现象在当代大学生中屡见不鲜，这种"边跑边看路"的做法无异于缘木求鱼。就像《爱丽丝梦游奇境》里猫对爱丽丝说的那样："如果你不知道自己想去哪儿,那么走哪条路都无所谓。而你只要一直往前走,哪怕是胡奔乱跑,也总可以到达某个地方。但你对自己的处境满意与否可就是另一回事了。并且,如果连自己都不知道要什么的话,那么别人也不可能给予有效的帮助。"只有当一个人在头脑中对自己的职业发展方向有清晰的概念,他的生命才会有意义和方向,而这也许是人生中最珍贵的财富之一。

【自主学习5-2】瑞克·李特"逐梦技巧训练"

美国"逐梦技巧训练"课程创始人瑞克·李特,也是一位为了梦想而坚持不懈的人。19岁时,一次意外的车祸使他在家躺了6个月。他用了许多时间去思考人生,接下来几个月他酝酿出一个想法——发展一套课程,使学生获得更高的价值感,学会处理人际关系及应付冲突的技巧。决定后,他中断了大学学业,着手收集资料、访问中学生,这期间他有两个月的时间睡在车上,有时连饭都不吃。当他快20岁时,已卖掉衣服与车子,负债3200美元。有人建议他去找基金会筹钱,跑遍各类基金会,共被退回155封资金补助申请书,连一直帮他的老师都动摇了,但他仍然坚持。最终家乐氏基金会答应赞助13万美元。从那时起,瑞克·李特的梦想成真了。目前在32个国家及全美50个州的3万多所学校,都在使用"逐梦技巧训练"课程。1989年,由于他的惊人成就,瑞克·李特创立了国际青年基金会,得到6500万美元赞助金,这是美国历史上第二大笔的赞助金。

分析:职业目标为我们指明了方向,我们需要做的是找到达到目标的路径,并朝着这个方向坚定地走下去,可能有许多坎坷,可能要走很远,但是经过不懈的努力,坚持到底,就可能获得成功。成功最大的障碍即放弃,因此,不要放弃你深思熟虑之后选择的想做的事情,除非及时撤退的理由比坚持下去的理由充分得多。

(三)职业目标确立的影响因素

通常来说,生涯目标确立的影响因素主要有以下几点,如表 5-1 所示。[①]

表 5-1 确立生涯目标的影响因素

因素	内涵
人的个性特征	个人不同的年龄、性别、文化程度、兴趣、爱好、性格等,都会对生涯目标产生不同的影响
组织内部工作信息	组织内部的职业机会、晋升程度、组织承诺、特性和环境等,对个人确定生涯目标具有很大的参考价值
外部工作环境	来自不同单位的工作机遇、了解非本单位的工作岗位、外单位从事的事业等,好的外部环境会影响生涯目标的树立
非工作的需要	个人的职业愿望与来自非工作(如家庭、身体)压力之间的冲突,也会对生涯目标的最终确立形成影响
做出决策的考量和忧虑	在确定生涯目标的过程中,不确信自己能做出合适的选择,因此害怕或忧虑而不敢做出决策,不决绝的忧虑会减弱对生涯目标的设定

前三个因素——人的个性特征、组织内部工作信息、外部工作环境,对生涯目标确定中自我认知的职业环境分析是一种支持,表明这是对生涯目标进行决策的重要一步。非工作的需要,一般都会和目标愿望相反,会影响和减弱生涯目标的设立,产生失望感,最终使生涯目标可能成为不确定而不能实现。对做出决策的考量和忧虑更多地反映了深层次个性错位和心理状况。

(四)职业目标的设立

生涯目标的设定,是在充分认识自我、对职业机会进行评估后,对职业发展方向做出的抉择。这种抉择是在对主客观条件进行分析的基础上,以自己的最佳才能、最优性格、最大兴趣、最有利的环境等信息为依据科学地做出的,其详细步骤如表 5-2 所示。

表 5-2 生涯目标设立步骤

[①] 张劲松,李莉. 大学生职业生涯规划 [M]. 北京:科学出版社,2012.

步骤	操作要点
充分认识自我	要想合理定位自己的职业,就必须对自己有一个深入的了解,对自我进行探索。认识自我包括自己的兴趣、能力、特长、性格、气质、技能和价值观等方面。只有对自己有了客观的认识之后,才能制定出符合自己实际情况的人生发展目标,走适合自己发展的人生道路
正确认知社会,对职业机会进行评估	正确认知自身所面对的职业环境,评估职业生涯机会和制约因素,并结合社会发展需要,是个人进行职业生涯规划的前提条件。如果不了解社会就进行职业生涯规划,就很容易陷入空洞的自我设计。特别是要了解本专业和自己感兴趣的行业的形势以及发展趋势,从而为自己的职业选择做好准备
设定生涯目标	在充分了解自我和对职业生涯机会进行评估之后,就可以根据评估的情况和自己性格、兴趣、能力等方面的特点来确定适合自己的生涯目标。一个人事业的成败,很大程度上取决于有无正确适当的目标。没有目标,就如同一个人走在一望无际的茫茫大漠中,不知道自己该走向何方

【自主学习 5-3】两难选择,分析利弊

小李是某高校金融专业的优秀毕业生,她在学校学习期间每学年均能得到一、二等奖学金,毕业时小李的德智体综合评估名列三甲。小李的父母都是工人,亲戚朋友当中也没有人能够为小李推荐工作单位的,所以,小李十分相信学校的就业信息网,经常查看网上的招聘启事。由此,她选择了温州某商业银行和一家外商独资企业作为自己应聘的对象,积极地投递了自荐信和履历表。由于两家单位都是广大毕业生非常向往的就业单位,前去应聘的毕业生人数很多,面对众多的应聘者,两家单位均采取笔试加面试的考核方法进行筛选。小李一路过关斩将,其他毕业生均感能够在其中一家单位参加到最后一轮面试就绝非易事,小李却都坚持到最后一关。考核后等待时间不长,在同一周之内,这两家单位都向她伸出了橄榄枝。取谁舍谁?小李没有立刻决断,而是广泛征求父母、老师和同学们的意见,她得到的建设性意见基本分为两个方面:一方认为去外资企业工作利大于弊。其根据是,外资企业有利于个人的发展,工资待遇高，流动比较容易，出国留学比较方便；不利的只是工作不努力的话，容易被"炒鱿鱼"。另一方认为去银行工作利大于弊。其根据是女生适合从事比较稳定的工作，银行工作风险不大，劳动强度不高，待遇虽然没有外企高，但是内部福利并不少；不利的只是工作合同年限较长，不方便出国留学和适时的流动。小李结合各方面对自己提出的忠告与建议，分析自己的性格特点、两家单位的用人标准和自己将来的发展趋势，在两家用人单位的最后答复期限内，选择了温州某商业银行，婉言谢绝了那家独资企业的邀请。

案例评析：小李在择业中遇到的实际问题，是具有如下特点的毕业生经常会遇到的问题：其一是品学兼优的，其二是组织活动能力较强的。品学兼优的毕业生，各用人单位都会积极争取，甚至专业不对口也无所谓，组织活动能力较强的毕业生，也是各用人单位积极争取的对象。所以，像这样的毕业生，一般来说，向两个或两个以上用人单位同时投递推荐表和自荐信的，基本都可以得到两个或两个以上用人单位的录用通知。

大学生在面临职业选择的时候，上面的例子可能就会发生在自己的身上。根据小李择业的经验，我们认为有几点值得大学生借鉴：首先，在自己应聘的两个或两个以上单位几乎同时录用的情况下，不要草率地与其中一家用人单位签约，而要花费一些时间，虚心听取周围人们的一些意见，最好不要心血来潮，急于落实一个单位然后再违约，这样的做法容易给自己留下一些"后遗症"；其次，在听取意见的基础上，结合自身的性格、情趣、特长和爱好分析一下去哪个单位更有利于自身的发展，最好不要不顾个人情况盲目地与他人相互攀比；最后，如果认识清楚、目标明确，就果断与用人单位签约，游移不定、坐失良机，也会造成诸多遗憾。

二、职业发展路径的探索

【探索学习 5-1】该走哪条路

刘某，首都师范大学音乐教育本科毕业，获建设部全国城建培训中心颁发的全国物业管理企业经理岗位证书。毕业后,做了两年中学音乐教师、6年幼儿教师和1年一级一类幼儿园园长,后又负责文秘、档案、行政、人事、培训管理以及物业项目的投标工作,并成功获得了某大型企业工业厂区的物业项目。现在,刘某想要跳出国企,但不知道该如何给自己定位。

职业发展方向及优劣势分析。

(1)幼儿教育方向。该行业在国内刚刚市场化,为外资、港台及国内资金关注的热点之一,目前已经有企业化运作方式的幼儿教育产业在运作,能够投身到该领域中,应该是既符合刘某的理想又能够发挥其优势。

(2)人力资源方向。该方向比较适合刘某这样个性特点的人长期从事,但由于国营企业本身人力资源管理工作的定位和时间的问题以及年龄限制,刘某的机会只会局限在比较初级的职位。

(3)物业管理方向。刘某具有全国物业管理企业经理岗位证书,但由于其以往只是在笔头上的工作比较多,投身该行业弱势比较明显。

职业发展建议:刘某比较好学,建议其安排更系统的学习计划,选择与确定的方向比较一致的研修班,例如教育专业、人力资源专业、物业管理等,一定要与事业发展方向保持一致,完善自己在该方向上的知识结构,提高竞争力。

思考:结合刘某的事例,你觉得应该如何确定自己的职业发展方向?

职业生涯发展目标的确定也就意味着每个人发展方向的确定。发展方向不同,要求也不同。这就如登山,要达到山顶的目标,就要选择最佳的登山路线与方式。人们常说"条条大路通罗马",讲的是道路多、选择多、办法多的道理,但到底哪条是到罗马最近、最好走的路呢?这就是实现目标中的路线选择问题,选择了捷径或好走的路,就易于进入职业发展的快车道,否则就会耽搁在路上。

(一)职业发展路径的内涵

职业发展路径又称为职业生涯路线,是指一个人选定职业后选择从什么途径去实现自己的职业目标。[①]职业发展路径，概括地说就是员工都有从自己现在和未来的工作中得到成长、发展和获得满足的强烈愿望和要求，为了实现这种愿望和要求，他们希望在自己的职业生涯中顺利成长和发展，从而制定自己成长发展的职业计划的实施过程。大学生职业发展路径，是指升入大学后确定自己毕业后的职业目标，从而选择什么样的途径去实现自己的职业目标。

（二）职业发展路径的构成要素

职业发展路径的构成要素分为三部分：宽度、长度和速度。

宽度是指职业发展路径的发展通道的数量。就实际情况来看，职业发展路径有多个发展方向，如管理方向、行政方向、技术方向等。长度是指职业发展路径在宽度的每个方向包含多少级职业阶梯，按照路径能走多远。速度是指在职业发展路径上晋升所用的时间长短，也就是个人职业发展的快慢。

职业发展路径在设计时必须考虑三个要素的平衡。对于阶梯的长度，可以分为长、中、短三种路径。一般将大于10级的阶梯称为长阶梯，小于5级的阶梯称为短阶梯，介于二者之间的称为中阶梯。阶梯长度不宜过长，不然会让人看不到登顶的希望，但也不宜过短，以免由于过早登顶，就会缺乏晋升激励。其次是职业发展路径的速度。根据个人能力和取得业绩的不同，设立常规梯（慢速梯）和破格梯（快速梯），每一级晋升的时限要适当。最后是职业发展路径的宽度。根据组织类型和工作需要不同，阶梯又可分为宽阶梯和窄阶梯两种。一般来说，宽阶梯可提供更多的发展机会和选择余地。窄阶梯可提供较稳定的职业发展方向，避免发展的不确定性。三要素之间，长度和速度大致呈反比关系，阶梯长度短，晋升速度就慢一些，阶梯长度长，晋升速度就快一些。

（三）职业发展路径的内容

职业发展路径的主要内容包括职业梯、职业策划和职业辅助计划，如表5-3所示。

[①] 高秀娟，张慧. 高职学生职业发展路径研究 [J]. 亚太教育，2016（1）：251.

表 5-3　职业发展路径的内容

项目	具体内涵
职业梯	指决定组织内部人员晋升的不同条件、方式和程序的政策组合。①它可以清楚地表示出个人在组织中晋升机会的多少、获得晋升需要的条件，从而引导那些希望得到晋升的人员朝着职业梯的方向去努力，并为之提供平等竞争的机会
职业策划	指在员工进行个人评估和自我评估中给予他们有效的援助，帮助其确认自身的能力、价值、目标和优劣势。它是区别于职业计划的一个概念，职业计划中个人自我评估是不用与组织相联系的。职业策划是由组织中有专业知识和丰富经验的人力资源部门提供专业的指导和服务，可以确保个人评估在形式、时间、内容范围上的一致性和一定的准确度。通过职业策划，可以充分利用评估结果，因此，职业策划和组织的需要密切相关，而职业计划没有
职业辅助计划	指组织为帮助员工胜任现在的工作，顺利完成所承担的工作任务，满足职位需求和晋升要求而提供的各种辅助行为。其方式有很多，如培训、学习等，这些要根据组织的工作性质、条件和具体要求而定。总体来说，它是以协助个人胜任目前工作，不断提高能力，实现职业发展为目的的

【自主学习5-4】岛屿经纪人的生涯

　　岛屿经纪人法哈德·维拉迪小时候是一个怀揣鲁宾逊梦想，并幻想着在渺无人烟的孤岛上当岛主的少年。后来进入汉堡大学，选择了国民经济学专业，甚至还曾梦想做一名摄影师。1971年，25岁的维拉迪一边为取得经济学博士学位而苦读，一边在德意志银行实习工作。"我偶尔看到报纸上的一条消息——印度洋上的一个热带岛屿被人以仅2000美元买下。"维拉迪说，"就是这一瞬间改变了我的一生，我突然意识到我也能买得起小岛了！"虽然第一次没有买成小岛，但他说服了汉堡市的知名商人，买下了库辛岛和另外两座岛屿。从此，他在没有任何资源的情况下，用口口相传的最廉价的推广方式，开始了岛屿经纪人的生涯。现在的公司虽然只有22人，但每年收入都在2000万～3000万欧元。

---

① 周文霞. 职业生涯管理[M]. 上海：复旦大学出版社，2006.

分析： 有人总结得很好，"伟人改变环境，能人利用环境，凡人适应环境，庸人逃避环境。"成就事业离不开对外界环境需求的把握，先学会了解环境、适应环境，才能利用环境、改造环境，找到一条创新之路，做别人没有做过的事，做时代的领路人，即一定要第一个去做，但不一定要做第一。

（四）大学生职业生涯路径设计存在的问题

1. 缺乏路径设计意识

缺乏职业生涯路径设计意识是大学生存在的最为突出的问题。大学生在大学阶段，未能意识到职业生涯路径设计的重要性，很多大学生没有经过系统的学习和专业老师的指导，对于职业生涯的概念认知还存在问题。多数大学生还不能准确地说出职业生涯的内在本质，在进行自我职业生涯规划的时候，着重在自我认知方面，而对于职业认知、行动计划两个方面认知不够深入，不够切合实际，制定出的行动计划往往实际操作性很差。部分大学生对于职业生涯路径设计几乎没有概念，不重视职业生涯路径设计，因而在进行职业生涯规划的时候，常常不知道职业生涯路径是什么，更不知道它的作用和意义在哪里。职业生涯规划过程中出现这一现象的原因是多方面的，首先，从个体的角度来说，学生自身缺乏对职业生涯路径设计的认知，不知道职业生涯路径设计是什么；其次，从大学生自身所呈现的特点出发，大学生常常认为职业生涯路径设计是毕业以后，走上工作岗位后的事情，与大学阶段没有关系；最后，从高校的角度出发，缺乏对职业生涯路径设计的重视，缺乏对大学生在此方面的教育和引导。

2. 追逐潮流，未理解实质

很多大学生进行职业生涯规划仅是一种追逐潮流的表现。通常大学生对职业生涯规划简单地了解之后，认为其对自身发展确实很重要，于是就开始对自己进行职业生涯规划。表面上是在进行职业规划，但实际上他们并没有理解到职业生涯规划的实质。多数大学生都是根据职业规划三步走战略初步、粗略地给自己进行职业规划。然而，这其中非常重要的职业生涯路径设计常常被他们忽略，甚至根本就不知道还有这一概念的存在。大学生职业生涯规划过程粗浅而简单的特征一再表明，缺乏对职业生涯路径的认知，是常见的突出问题。

3. 路径设计单一化

大学生在进行职业生涯路径设计时，常常会走进一个误区：职业发展路径单一化。单一职业发展路径指的是根据个体的专长，只在这一专长方面进行单一的职业发展路径设计。[①] 例如单一地选择走技术方面的道路，或者只走管理方面的道路，两者只能选择其一，同时在两类路径中不存在转换通道，普遍认为要想达到某个职位，就必须单一化地从该职位的最基础做起。这会导致大学生在进行职业生涯路径设计时过于简单，缺失灵活性，例如"销售员→销售主管→销售经理→销售总监"。大学生多采用单一职业生涯路径的事实，导致其不会运用多重职业生涯路径设计，在很大程度上限制了个体的职业发展。

4. 路径设计理想化

大学生在进行职业生涯路径设计的时候，由于没有实际的经历经验、缺乏专业人士的指导等原因，导致设计出的职业生涯路径常常过于理想化。比如，人力资源专员（毕业第一年）→人力资源主管（毕业第三年）→人力资源经理（毕业第五年），这样的职业生涯路径主要是基于自己的假想状态进行设计，并没有考虑到客观实际因素。大学生职业生涯路径设计理想化的原因，首先是未进行充分的职业认知就进行职业生涯路径设计。对职业的充分认知是设计职业生涯路径的基础，如果对于岗位不能够有充分的了解，那么职业生涯路径的设计就缺乏一定的客观性和合理性。很多大学生在不了解该岗位的工作标准、任职要求等情况下，仅凭借岗位名称进行职业生涯路径的设计，这样必然导致职业生涯路径设计与实际脱节的问题。其次是未进行客观环境分析就进行职业生涯路径设计。良好的职业认知是职业生涯路径设计的基础，然而，职业

---

① 李强，张一雯. 大学生职业生涯路径设计存在的问题及应对措施 [J]. 陕西理工学院学报（社会科学版），2012（3）：87.

认知不仅仅是职业本身，还包括职业环境。同样一个职业、一个岗位，在不同规模的公司里，所处的地位是不同的，其晋升速度与通道也是不同的。例如在规模较小的公司里，员工的晋升速度通常比较快，但晋升通道通常比较少，然而，在规模较大的企业当中，员工的晋升速度往往比较慢，但是晋升通道比较丰富。大学生在进行职业生涯路径设计的时候，由于忽略了职业环境分析，只考虑职业本身，没有把职业生涯路径设计放到大环境当中分析，必然导致职业生涯路径设计的结果常常与实际不符，进而导致不能够按照预期完成职业规划的任务。

（五）科学设计职业发展路径

1. "红叶子"理论

企业管理中常会提到"红叶子"理论，认为个人职业的成功不在于"红叶子"的数目多少，而在于是否具备一片特别硕大的"红叶子"，而这片"红叶子"不是与生俱来的，需要个人准确地识别与不断地努力。对于大学生来说，想要有一个成功的职业生涯，就必须进行职业生涯发展路径的选择，帮助找到自己的"红叶子"。也就是说，在职业确定后，向哪一个方向发展，此时要做出选择。比如，是向行政管理路线发展，还是向专业技术路线发展，或者是先走技术路线，再转向行政管理路线……由于发展路线不同，对职业发展的要求也不相同。

典型的职业生涯路线图是一个"V"形图。假如一个人24岁大学毕业参加工作，即V形图的起点是24岁。以起点向上发展，V形图的左侧是行政管理路线，右侧是专业技术路线。将路线分成若干等分，每等分表示一个年龄段，并将专业技术的等级、行政职务的等级分别标在路线图上，这些等级就是一片片的"红叶子"，如图5-1所示。

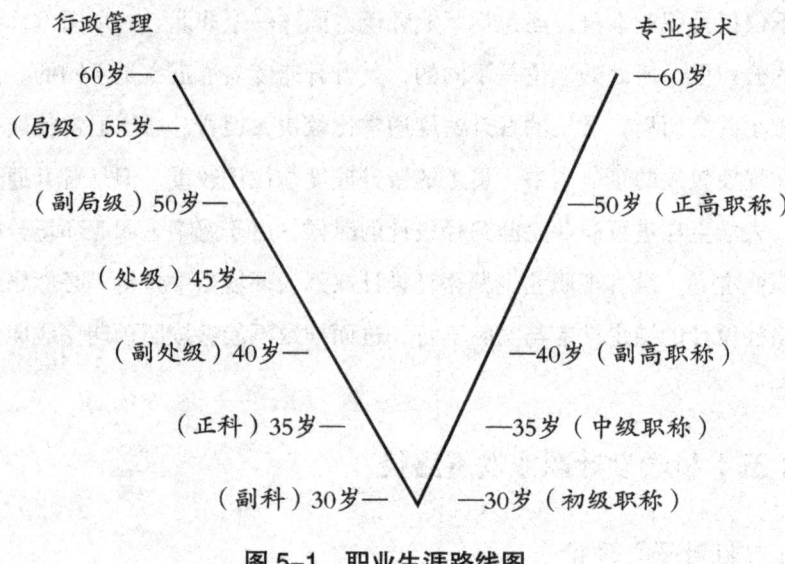

图 5-1 职业生涯路线图

2. 找到自己的"红叶子"

在选择职业生涯发展路径时，通常主要考虑几个问题，这是对知己、知彼等有关情况进行综合分析并加以利用的过程，以此确定自己的最佳职业生涯路径。简单地说，找到自己的"红叶子"，也就是职业生涯路径的选择，是一种觉察、知己、知彼以及决策与行动的过程。

（1）觉察——唤醒生涯发展主体性意识。

觉察是改变的前提，因而引入并强化生涯探索与定向的理念是进行职业生涯发展路径的基础。我们可以通过课堂活动对生涯发展任务进行剖析，引发自身感悟，强化规划与管理自己生涯的意识。

（2）"我"希望向哪条路线发展。

主要是根据个人的兴趣爱好、价值观、理想和成就动机等因素，计划出自己希望朝哪条路线发展，以便确定自己的目标取向。

兴趣。它对一个人的影响主要有两个方面：首先是指向性。如果对某件事情特别感兴趣，注意力就会集中在它上面，而注意力的集中自然会导致了解的深入，长期地深入了解，自然就会逐渐成为某个方面的专家。其次是投入程度。如果我们对一件事情感兴趣，就会在上面投入更多的时间和精力，而且不知辛苦。对于有兴趣的人来讲，做这件事不再是为了完成任务、为了赚钱，而是在享受乐趣。

价值观。价值观是人们心目中关于事物价值的基本看法，一般情况下，最常考虑的因素包括薪酬、成就、健康、地域、办公环境、职业环境等。但是，还应注意的是，要搞清楚自己到底要追求什么，否则，走上工作岗位后，发现工作不是自己真正想要的，就会很麻烦。

"我"希望向哪条路线发展，探寻的就是自己职业发展的内在动力，像韦尔奇所说的，他虽然是一名化工博士，但他自己从小就酷爱运动，喜欢那种与人竞争的环境，同时，自己也非常喜欢与人打交道，甚至非常乐于和别人争论，因此，他才选择了管理职业。

（3）"我"适合往哪条路线发展。

分析个人适合向哪一条路线发展，主要是考虑自己的性格、经历、特长、专业、资源等一些客观条件对职业路线选择的影响，确定自己的能力取向。

性格。考虑性格的因素，是因为不同的职业与从业者的性格之间有某种联系。脾气急躁、不受一点委屈的人，肯定做不了服务类的职业；性格内向、不善表达的人，肯定也做不好销售类的工作。

专业。大学期间的专业教育是以后找工作最重要的资本。专业对就业的限制很大，有些直接限定了就业的行业甚至单位。例如，一个学生物制药专业出身的人，所能选择的就业行业就只能是生物制药行业，否则就要放弃很多年的专业教育，代价很大。

资源。通俗来讲，就是要看看自身都有哪些资本，都能干什么，包括自身能力、社会资源、专业三方面。自身能力，主要盘点自己在过去的学习和工作生活中积累了哪些能力和经验，自己能做什么事情，什么事情做得最得心应手，不仅干得快，而且干得好。社会资源，主要指自身的家庭、亲戚朋友可能对自己的职业产生的支持和帮助。例如，有些学生的家庭是中医世家，那他选择医生这个职业就是一个好的选择，因为家里已经积累了一定的专业知识和人脉资源；另外，师兄师姐、同学朋友等，也是一个人的社会资源，他们选择的职业领域，也可以成为自己的选择范围。如果大家从事一个职业，工作中就可以寻求相互的支援和帮助，比自己"孤军奋战"要好很多，而且，相互交流和促进也能帮助自身成长得更快。

（4）我能够朝哪条路线发展。

分析个人能够朝哪一条路线发展，主要是对自己想从事的职业和行业进行了解，从而确定自己的机会取向。

行业情况。这是非常重要的一个方面。想要从事某一职业，就必须先要了解这些行业的情况。有些职业虽然不受行业的限制，但在选择职业时也涉及行业的问题。例如，同样是财务管理，在零售行业和金融行业，办公环境、职业环境、薪酬待遇等方面可能就有所不同。所以，面对不同行业的职业选择，先了解一下各行业的情况是很有必要的。行业信息包括行业规模、行业地位、行业发展前景等。

职业前景。也就是这个职业未来的发展状况如何。职业本来就是社会发展的产物，随着社会的进步，职业也在不断地兴衰更替。例如，电报员、家电维修员等20年前很好的职业，现在却"过气"了；而动漫设计师、游戏设计师、精算师、个人理财师、私人教练等职业，都是目前发展迅猛、如日中天的新职业。

从业要求。要了解某一职业对从业者都有什么要求、需要具备什么条件，如性格、专业、能力、社会资源等方面。

工作条件。办公环境、职业环境、薪资待遇等都包括其中。最好的了解办法，是向经验比较丰富的人员请教，同时，互联网丰富的信息资源也是一条好的途径。

（5）理性匹配。

通常情况下，自己想走的路径可能有好几条，而且各有各的好处，也各有各的不足，如何找到一个最优选择呢？表5-4是一个决策矩阵，它用矩阵的形式把个人和路径的情况有效地结合起来，对选择路径十分有用。

"评价维度"这一列主要是选择时要考虑的有关个人方面的信息；"可选路径"是可供选择的条路径；最左边的一列数字是这些因素在选择时所占的权

重；性格与兴趣、专业、能力、资源所占的比重是专家给出的建议；下面的价值观类一共占 20% 的权重，具体哪个给多少，要由做选择的人根据自己的情况自行分配，最看重的可以多给一些分数，不看重或者不考虑的可以不给分数。

打分的原则是：根据自己对路径情况和自己情况的比较逐项打分，自己最有优势的打 2 分；不仅没有优势，还存在严重缺陷的，打 –2 分；稍有优势的打 1 分；稍加有点欠缺的打 –1 分；说不清楚优势和劣势的，可以打 0 分。最后，把每一栏打的分数跟权重相乘，做一个加权求和，就能得到每个可选路径的最终分数。

表 5-4　职业发展路径选择矩阵

权重	评价维度 \ 可选路径	选择1	选择2	选择3	选择4
40	性格与兴趣				
20	专业				
10	能力				
10	资源				
20	金钱				
	成就				
	健康				
	地域				
	办公环境				
	职业环境				
	总计				

与企业制定战略类似，职业发展路径选择也是在确定个人发展的中长期目标。而战略本身就包括战略制定与战略执行的统一，因此，职业发展路径选择必须与个人所采取的具体行动和阶段目标的分解落实相结合，从而最终希望

达到哈佛商学院教授约翰·科特对事业成功所下的定义——对我们大多数人来说，它意味着所从事的工作既收入丰厚，又使人在心理上得到满足；不仅可以对社会有所贡献，而且还能保证个人和家庭的健康生活。

三、职业信息的获取

就业信息是指择业者事先不知道的、经过加工处理、能被择业者接受并具有一定价值的有关就业的资料和情况，如就业政策、中介机构、社会需求、毕业生、用人单位等相关信息。毕业生求职择业，不仅取决于整个社会的政治、经济状况以及自身的能力素养，还取决于是否拥有大量的就业信息。在就业市场，谁获得较多就业信息，谁就会获得主动权，可以说就业信息是决定能否顺利择业就业的关键。

（一）获取求职就业信息的重要性

随着毕业生就业工作的进一步市场化，用人单位择人与毕业生择业的自主权已得到进一步的强化，以前通过政府职能部门配置人才智力资源已经成为历史。对用人单位和毕业生来说，在其各自自主权得以加强的同时，他们也要领略等量的危机感。对毕业生而言，如果不占有准确可靠的需求信息，就无法稳妥把握自主择业的主动权，实现职业理想就会变成一句空话。

（二）就业信息的分类

按照不同的标准，就业信息可以分为不同的种类。

1. 人才市场需求信息

人才市场需求信息包括实际场地人才市场、网上人才市场、校园招聘人才市场等信息，这类信息涵盖范围广，包括全国各地、本校和本专业毕业生的人数、质量、就业热点等，能使毕业生全面了解当年人才的供求情况，对于毕业生的就业有着十分重要的参考价值，也是毕业生就业的主要平台。

2. 国家就业政策信息

包括国家和地方制定的法律规章制度、行业从业规定以及就业政策等，如《中华人民共和国劳动法》《普通高等学校毕业生就业工作暂行规定》，地方性的如《广东省人民政府关于印发广东省进一步促进就业若干政策措施的通知》等，此类信息大多是就业规范性文件，可以使毕业生在国家就业政策指导下正确地择业就业，因此，掌握和了解此类政策规定是有助于就业的。

3. 用人单位招聘信息

是指用人单位具体的招聘信息，是毕业生最直接的就业信息。用人单位把相关需求和条件向社会发布，求职者通过招聘信息可以直观地了解相关信息，并投递简历，参加面试和招录。一般来说，通过招聘方式录取毕业生是用人单位普遍采取的主要手段。

完整的用人信息主要包括三个方面。[①]

一是关于职业的信息，如职业岗位的名称，岗位数量，职业工作内容、性质或特点，职业的待遇，工作地点和环境，发展前途等。

二是关于应聘条件的信息，如对从业者的知识、能力、年龄、性别、身高、体力、相貌等条件的要求。

三是招聘程序方面的信息，如报名手续、联络方法、考核内容、面试与录用程序等。

具体来讲，单位用人信息主要包括以下要素。

（1）单位性质和法律地位。

（2）单位的工作和业务内容，生产项目或主要产品。

（3）单位知名度和发展前景。

（4）单位的地理条件、工作环境。

（5）单位的管理体制及其组织机构。

（6）单位的岗位需求、人才结构、规格、分工程度。

[①] 司岩，何少涛. 大学生就业指导教程 [M]. 大连：东软电子出版社，2013.

（7）单位工作的紧张程度、学习晋升机会。

（8）单位的效益、福利、工资、资金、住房、生活设施等。

（三）获取求职就业信息的策略和方法

1. 学校就业工作部门（就业指导中心）

学校就业工作部门的主要工作是整理和发布就业信息，推荐毕业生上岗就业，是毕业生收集就业信息的主要渠道。学校在与用人单位多年的交往中，与用人单位取得了相互信任，并建立起了良好的、相对稳定的关系，学校接触到的所有信息都是用人单位针对学校的专业设置而来的，可信度最高；经过学校就业工作部门的筛选和分类的用人单位，其可信度高、信息量大，可以说，学校就业工作部门是毕业生最可信赖的、获取就业信息最主要的方式之一。

2. 政府举办的毕业生就业指导部门

目前，我国县级及以上的教育和人事部门基本都成立了毕业生就业的管理机构（或人才交流中心）。这些部门根据所在地域的用人需求信息，经过分类整理向社会发布，这类信息基本涵盖了当地企事业单位的用人需求，区域性特点明显，可信度也较高，对地域性有要求的大学毕业生来说，此类就业信息是首要选择。

3. 各类人才供需见面会

人才供需见面会是高校应届毕业生找工作的主要渠道，主要包括各高校举办的毕业生人才供需见面会，各地（一般是政府主导）举办供需见面会以及定期举办的人才市场招聘会（如广州的南方人才市场招聘会），这几类招聘会的企业和需求信息较为集中，就业选择较多，目的性强，可以说大部分毕业生是通过此类人才供需见面会实现了就业，因此，毕业生要把握机会，多参加此类招聘会或见面会。

4. 社会关系

社会关系主要包括亲朋好友、学校老师以及校友等。毕业生在寻找就业信息时，不能忽略个人的社会关系，利用社会关系一定程度上可以帮助毕业生更快地找到工作，许多用人单位更愿意录取经人介绍的求职者，认为比较可靠。调查研究表明，在同等条件下，用人单位更倾向于经人推荐的求职者，因此，毕业生要适当利用社会关系实现个人就业。

5. 社会实践（实习）

社会实践（实习）是学生提高能力、自我开发就业信息的有效手段，在平时的社会实践活动（如兼职、各类活动）中可以加深对一些行业、用人单位的了解，加深对就业的认知；而大三时期的毕业实习，更是了解社会和就业的一次重要机会，通过实习毕业生可以掌握部分就业信息，甚至有部分毕业生在实习中赢得了用人单位的好感和信任，一经毕业就被实习单位录取，直接实现了就业。

6. 互联网资源

随着信息时代互联网的普及，许多用人单位在互联网上发布大量的用人需求信息，目前，与求职就业相关联的网站也比较多，一些网站以就业政策咨询为主，一些网站以提供就业需求信息为主，还有一些网站为毕业生介绍求职经验，提供就业指导，帮助其进行职业生涯规划分析。大学生应该高度重视和充分利用互联网资源查找就业信息。

（1）各地政府管理的网站，如各地人力资源和社会保障局网站（又名人事网），此类网站多以公务员招考和企事业单位公开招聘为主，比较具有权威性。

（2）各校校园网就业频道。此类就业信息多在各校校园网发布，毕业生要随时关注各校校园网就业频道，此类就业信息具有针对性特点，比较适合本校学生就业。

（3）常见的招聘网站。此类网站多，信息量大，职位多，适用范围大，是求职就业主要的渠道之一。

【探索学习 5-2】职业搜索

以下是一些常用的职业招聘门户网站,请登录浏览,并选择 2~3 个注册,根据自身的专业和职业发展方向,了解相应的职业和岗位信息。

前程无忧;智联招聘;南方人才网;中华英才网;58 同城;高校人才网;赶集网;百姓网;中国人才热线;万行工作网;精英招聘;中国高校就业联盟网;528 招聘网;中国国家人才网;卓博人才网;外贸英才网。

素养提升单元:综合能力要培养

一、个人能力的完善:塑造自己的良好形象

有这样一个故事:有一天,一个国王独自到花园里散步,使他万分诧异的是,花园里除了小小的忘忧草,其他的花草树木都枯死了,园中一片荒凉。后来国王了解到,橡树觉得自己没有松树高大挺拔,因此轻生厌世死了;松树因为自己不能像葡萄那样结出甜美的果子,也自惭死了;葡萄羞愧自己终日匍匐在架上,不能直立,不像桃树能开出美丽可爱的花朵,于是也死了;牵牛花叹息自己没有茉莉花那样的芬芳,其余的植物也都分别觉得自己缺陷太多,比不了别人而无精打采。而只有细小的忘忧草却并不觉得自己卑微,独自欣赏着自己,茂盛地生长。

古希腊的阿波罗神殿的石柱上刻着一句"认识你自己"的箴言。要成为自尊、自信的人,前提条件就是做一个敢于自我肯定的人。

(一)自我肯定

自我肯定是指尊重自己,同时了解和接纳自己的优点和缺点的能力。自我肯定通常与内心力量及自信的感觉有关,这种情商能力通常与安全感、内心力

量、自信、自我适应有关。自我肯定是学业取得成功的重要工具。组成自我肯定的三个要素，如图5-2所示。

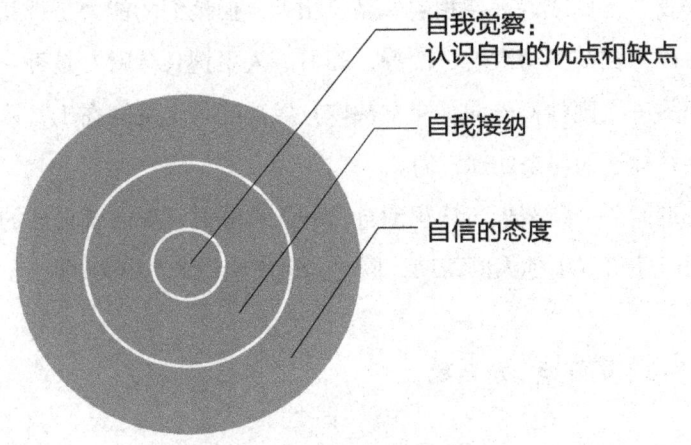

图 5-2　自我肯定的构成要素

首先，从认识自身的优点和缺点开始（觉察阶段）。

其次，选择接纳真正的自己——不仅接受自身的优点，也要接受自身的缺点，或者选择过度的自我批判（接纳阶段）。

最后，根据觉察和接纳程度，展示出自信或没有自信（态度阶段）。

为什么自我肯定对于生活中的成功这么重要？研究发现，很多对自己的生活和成就感到满意的人在自我肯定上的分数都很高。这并不表明他们放大了自己的身价，相反，是他们能准确地了解和接受自己的优点和缺点。

可以用一个简单的方法做一次非正式的360度评估，就是询问熟悉的人——朋友、室友、老师、父母亲——自己的优点在哪里，哪些方面还需要提高。然后将结果和自己的评估结果相比较。结果越接近，说明自我觉察能力越高。

越喜欢（接纳）真正的自己，而且越能意识（觉察）到自己的优点和缺点，在短期和长期的沟通和工作中就会越自信（态度）。充分把握自己的优点，会把优点发挥得更好。

生活中有许多以为自己无所不能的人，因为高估了自己的能力，经常碰壁。"良禽择木而栖，良臣择主而事"，真正成功的人知道自己哪些事情做得不好，于是选择提高这方面的能力，或者选择可以弥补自己不足的人一起共事。如幸福的夫妻，他们或许兴趣相同、品位相近，但他们的能力是否互补？是否其中一人在压力面前更为沉着、冷静，而另一人更擅长理财？是否一个人会照顾孩子，而另一人则性格外向，交友甚广？成功的一个关键在于，认识到自己的局限性，并知道如何去处理它们。

自我肯定像一个跷跷板，认识到自己的优点同时还要改善自己的缺点，展示自信的同时还可寻求他人的帮助，同时，还能接纳此时此刻的自己。

【探索学习 5-3】更好地了解自我

请内心平静地回答下列问题，帮助自己更好地了解自我。

1. 写下自己的 3 个优点（例如：乐于交友、有同情心）

（1）_____

（2）_____

（3）_____

2. 自己亟待提高的 3 个重要方面是哪些？（例如：更好地聆听、变得不那么自我中心）

（1）_____

（2）_____

（3）_____

3. 是通过什么方式发现自己的优点和缺点的？（例如：询问他人、他人对自己的反应）

（1）_____

（2）_____

（3）_____

4. 此刻对自己的感觉如何？选择最接近的一个答案。

（1）希望自己能有更多的优点。我犯错的次数太多。

（2）已经拥有自己想要的一切技能和品质了，为什么不喜欢自己呢？

（3）知道自己并不完美，知道自己可以进一步提高。

（二）自我实现

自我实现是指一个人不断提高自己、追求对自己有意义的目标以实现富足、快乐的人生意愿。自我实现是一个持续的、动态的过程，其目的在于最大限度地发挥自己的能力和才干。

第一，自我实现是热爱工作、全身心投入所做事情的能力。如果符合了这一条，就已经非常幸运了，即使得不到金钱的回报，也会始终表现出众，因为工作已经成为一种乐趣。如果工作中没有乐趣，那一定是选错了工作。

第二，自我实现意味着达成自己的目标，无论是工作方面还是个人生活、学习方面。工作并不是一切，人的一生中还有很多舞台的角色需要扮演，因此要真正做到自我实现还需要在各方面都很成熟，学会平衡工作、学习和生活的方方面面。为什么现在越来越多的企业不希望员工高度紧张、天天加班，而是希望员工能够有规律地上下班，去发展自己的兴趣爱好，因为创造利益需要好身体和好心情。

自我实现首要做的就是认清哪些事情是自己愿意花时间去做的、哪些人是自己愿意与之共事的，接下来就是将其结合到自己忙碌的生活中，把它们变成自己生活中最重要的一部分。

【探索学习5-4】职业兴趣探索

1.哪些事情会让自己感到兴奋，激发自己的动力？（如运动、音乐、舞蹈或写作）

2.想有个感兴趣的职业吗？

3.有想过自己会从事哪些职业吗？

4.这些职业选择和感兴趣的领域有关系吗？

（三）独立自主

"如果你给了自己的孩子独立的礼物,那他在遇到人生道路上的障碍时,他就已准备好如何克服了。"

独立是能够自我指导、不会对他人产生情感依赖的能力。独立能力强的人会主动做出决定、计划并完成每天的任务。在制定计划和做出重要的决定时是独立自主的;在做最佳的选择之前可能寻求或考虑他人的意见。询问他人的意见、收集信息并不一定就是依赖别人。

从对大学生的调查研究中发现,大学生的高独立与他们在学校的成功可能有反作用,因为这些学生在需要帮助时,却不向他人请求援助,也不利用学校现有的资源,而是自己面对所有的困难。独立的一个要素就是知道自己什么时候需要别人的帮助,什么时候不需要他人同意或确认而自己独立行动。

独立能够自我引导自己的思维和行为,反映内心深处的自主意识,按照自己的想法完成设定的目标。如果不确定自己想要什么,不知道或不确定如何达到目标,那么就会在实现目标的道路上遇到阻碍。无法独立的人都会依赖他人,总是寻求别人的保护和支持,因为他们不知道自己想要什么,并且没有足够的信心来实现目标。

二、内在素养的养成:职业道德是职业成功的必要保证

职业道德,是指从事一定职业的人在职业生活中应当遵循的具有职业特征的道德要求和行为准则。职业道德是道德的重要组成部分,具有行业性、广泛性、实用性、时代性等特点。

在我国,职业道德主要指爱岗敬业、诚实守信、办事公道、服务群众、奉献社会。

（一）爱岗敬业

爱岗敬业反映的是从业人员热爱自己的工作岗位,敬重自己所从事的职

业，勤奋努力、尽职尽责的道德操守，这是社会主义职业道德的最基本要求。大学生从步入大学起，就开始萌动着对未来职业生活的憧憬，也开始了积极的准备，这种准备是贯穿于大学生活的全过程中的。实际上，在填报志愿和选择专业的时候，就包含了对自己将来所要从事的职业的期望，而随着大学生活的延伸，大学生对自己将来所要从事的职业的思考也会越来越多、越来越具体。在社会主义条件下，我们大学生对自己工作岗位的爱、对自己所从事职业的敬既是社会的需要，也是从业者不断完成自身社会化的重要条件，是个人实现自我、完善自我不可或缺的。

（二）诚实守信

诚实守信既是做人的准则，也是对从业者的道德要求，即从业者在职业活动中应该诚实劳动、合法经营、遵守承诺、讲求信誉。诚实守信是人类千百年传承下来的优良传统，在社会主义社会更应该继承并使之发扬光大。诚实守信不仅是从业者步入职业殿堂的通行证，体现着从业者的道德操守和人格力量，也是在行业中扎根立足的基础。由于目前我国的社会主义市场经济还不完善，职业领域出现了一些不健康的现象，一些企业和个人诚信的缺失，扰乱了市场秩序，给社会主义市场经济的顺利发展带来了负面影响，也败坏了一些企业的名声。因此，在社会主义市场经济条件下，加强大学生职业领域的诚信道德建设非常必要。

（三）办事公道

办事公道要求从业人员在职业活动中做到公平公正、不谋私利、不徇私情，不以权损公、不以私害民、不假公济私。对于刚就业的大学生来说，不可能马上就在企业中承担非常重要的职位，只有以公道之心做事，才能站稳脚跟，为自己的长远发展打下基础。

（四）服务群众

在职业活动中一切要从群众的利益出发，为群众着想，为群众办事，为群众提供高质量的服务。社会主义道德建设的核心是为人民服务，职业场所是体现这一核心要求的重要领域。对于新时代的大学生来说，更要以踏实肯干、勇于担当的精气神，展现青年大学生的风貌，把服务群众、为群众办实事作为一项自我职业要求，踏踏实实地一直保持下去。

（五）奉献社会

从业人员在自己的岗位上要树立奉献社会的职业精神，并通过兢兢业业的工作，自觉地为社会和他人做贡献。奉献社会是一个非常广泛的概念，爱岗敬业、诚实守信、办事公道、服务群众，其实都体现了奉献社会的精神。

现在，很多大学生认为，职业道德需要从具体工作中培养，现在谈还为时尚早。这种想法其实有失偏颇。职业道德首先取决于一个人的素养，其次是文化内涵。只有在校期间不断地培养与提升自己的修养与内涵，走入社会才更容易被人接受，才能在未来的工作岗位保持良好的职业道德。

所以，大学生要从未来事业的需求出发，自觉地养成良好的职业道德和职业素养。最基本的要求是树立正确的职业观念，端正职业态度，提高职业技能，遵守职业纪律，培养优良的职业作风。在学校期间，就要不断地发展良好的职业道德意识，经常内省，慎独慎微，以锤炼自己的道德品质，为自己未来的事业奠定良好的基础。

三、方法能力的提高：掌握必要的就业面试技巧

（一）面试时的沟通技巧

1. 心理准备

成功面试，一方面要充满信心，保持良好的状态、快乐的心情，以一颗平常心正确对待面试，做好承受挫折的心理准备；另一方面要抓住招聘者的心，了解自己的优势与弱点，知己知彼，稳操胜券。

2. 材料准备

根据岗位设计简历，量体裁衣，重点突出，简洁舒适，力求精确，用词得当，语句精练，并制成电子文本。

3. 问题准备

模拟可能遇到的应聘问题，经过角色模拟，以达到最佳效果。这项准备有助于在面试现场清晰地进行自我表达。

4. 信息准备

对用人单位的性质、地址、业务范围、经营业绩、发展前景、所需的专业知识和技能等要有全面的了解。单位的性质不同，对求职者面试的侧重点也不同。

5. 知识准备

每个人由于学历和经历不同，知识结构也不相同，面试前要认真分析自己的知识结构与面试岗位需要的能力和素质要求，以此为依据，找出自己知识的长处和盲点，这样才能发挥优势，弥补不足。如果是应聘跨国公司或外资企业，还要做好外语交流的充分准备。

6. 体能准备

面试前要保证充分的睡眠和愉快的心情，以保持良好的精神状态。

7. 语言准备

面试不同于闲聊，每句话、每个词甚至每个字都应有所挑选，要准备好与自己身份相吻合的语言。例如，尽量用"我们、大家"这一类词语取代"你们、你"，用"贵公司"代替"你们公司"，等等。

8. 形象准备

面试前还应注意修饰自己的仪表，穿着打扮与年龄、身份、个性等要协调，与应聘的职业岗位相一致。第一次见面，面试官往往会以自己的经验和阅历，通过求职者的外在形象来判断求职者的身份、地位、个性等，并形成一种特殊的心理定势，称为"第一印象"。而身上穿的、手上戴的均能反映求职者对所申请职位的理解程度，因此，要重视个人的形象设计。所谓形象设计，这里主要是指着装和服饰，也就是人的外在形象设计。除了服装的材质、款式外，搭配的其他配件，包括皮鞋、帽子、领带、围巾、手套、饰品等也都必须整齐、适宜。

【自主学习 5-5】面试时的服饰礼仪

1. 男生面试时的服饰礼仪

（1）头发。尽量避免在面试前一天理发，以免看上去不够自然，最好在一周前理发。应保持头发干净，要将胡须剃干净，注意在刮的时候不要刮伤皮肤，指甲应剪整齐。

（2）衬衫。以白色或浅色为主，这样较好搭配领带和西裤。平时也应该注意选购一些较合身的衬衫，面试前应整理平整，不能给人"皱巴巴"的感觉。

（3）领带。男生参加面试一定要在衬衣外打领带，领带以真丝的为好，上面不能有油污等痕迹。

（4）西装。男生应在平时就准备好一至两套得体的西装，颜色应当以主流颜色为主，如灰色或深蓝色，这样在各种场合穿着都不会显得失态。在价钱档次上应符合学生身份，不要盲目攀比，否则会适得其反。全身搭配颜色以不超过三种为原则。

（5）公文包。求职时带上公文包会给人以专业人员的印象。公文包不要求买很贵重的真皮包，但应看上去大方典雅，可以平整地放下 A4 纸大小的文件。

（6）袜子。袜子的颜色也有讲究，穿西服皮鞋时，袜子必须是深灰色、蓝色、黑色等深色。

（7）皮鞋。不要以为越贵越好，而应以舒适大方为度。皮鞋以黑色为宜，且在面试前擦亮。

2. 女生面试时的服饰礼仪

（1）发饰和化妆。不管是长发还是短发，一定要洗得干净、梳得整齐，增添青春活力。发型可根据衣服正确搭配，要善于利用视觉错觉来改变脸型。可以适当地化点淡妆，包括口红，但不能浓妆艳抹，过于妖娆，不符合大学生的形象与身份。

（2）衬衫和半截裙使人显得稳重、自信、大方、干练。裙子长度应在膝盖左右或以下，太短则有失庄重。

（3）套装。每位女生应准备一至两套较正规的套服，以备去不同单位面试之需。女式套服的花样可谓层出不穷，每个人可根据自己的喜好来选择，但原则是必须与准上班族的身份相符，服装颜色以淡雅或同色系的搭配为宜，穿着应有职业女性的气息。

（4）丝袜。穿裙装袜子很重要，丝袜以肉色为雅致。

（5）皮鞋。鞋跟不宜过高，过于前卫，夏日最好不要穿露出脚趾的凉鞋，更不宜将脚趾甲涂抹成红色或其他颜色。

（二）面试中的形象管理

形象礼仪，不只是包括面试前的形象准备，还包括在面试过程中的体态和形态。好的言行举止，能够体现一个人的优秀素养，深得人心。

1. 体态

体态又称举止，是指人的行为动作和表情，日常生活中的站、坐、走的姿态，一举手一投足，一颦一笑都可以称为举止。"行为举止是心灵的外衣"，在面试时，举止要自然、大方、文明、优雅，立要直，坐要正，走的姿势要端庄文雅。有的专家认为，在人际交往中，约有80%的信息是借助于举止这种无声的"第二语言"来传达的。

"走有走相"。走动时应当身体直立，两眼平视前方，两腿有节奏地交替向前迈步，并大致走在一条等宽的直线上，两臂在身体两侧自然摆动，摆动幅度不要过大，步声应控制，不要两脚擦地拖行。避免前俯后仰或左右摇晃，或者两个脚尖同时向里侧或外侧呈"八"字形走步。

"站有站相"。站立时身形应当正直,头、颈、身躯和双腿应与地面垂直,两肩相平,两臂和手在身体两侧自然下垂,两眼平视正前方,嘴自然闭合,双脚对齐,脚尖分开的距离以不超过一脚为宽。不应把手插在裤袋里或交叉在胸前。

"坐有坐相"。坐姿要端正。坐在面试官指定的座位上,不要挪动已经安排好椅子的位置。在身后没有任何依靠时,上身应正直,稍向前倾(这样既可发声响亮、中气十足,令人觉得有朝气,又可表现出对面试官的尊敬),头平正,目光平视。两脚并拢,两臂贴身自然下垂,两手随意放在自己腿上,两脚自然着地。背后有依靠时,也不能随意把头向后仰靠。就座后,不能两边摇晃,或者一条腿放在另一条腿上。双腿要自然并拢,不宜把腿分得很开,女性尤其要注意。

手势不宜多。多余的手势会给人留下装腔作势、缺乏涵养的感觉。在面试时,有些手势会让人反感,严重影响形象,比如当众搔头皮、掏耳朵、抠鼻子、咬指甲、手指在桌上乱写乱画等。

2. 形态

眼观六路,眼神交流。面试中目光要不时注视对方,但是万万不可目光呆滞地死盯着别人看,这样会让对方感到很不舒服。如果不止一个人在场,说话时要经常用目光扫视一下其他人,以示尊重和平等。

耳听八方,主动聆听。面试官不希望面试者像木头柱子一样面无表情。求职者在听对方说话时,要不时做出点头同意状,表示自己听明白了或正在注意听,同时还要面带微笑。在面试中如果面试官多说话,说明他感兴趣,愿意介绍情况、热情交流。但许多求职者误认为只有自己说话才是最好的销售,往往抢着说话,或打断对方的讲话,这些都是不懂礼貌的表现,会使自己陷于被动,言多必失。

稳如泰山,只坐三分之二。面试时有两种坐姿不可取:一是全身倚在椅背上,二是战战兢兢地只坐椅边。坐要有坐意:仰坐表明轻视、无关紧要;少坐意味着紧张、如坐针毡；端坐意味着重视、聚精会神。面试时，轻易不要紧贴着椅背坐，也不要坐满，坐下后身体要略向前倾。一来表明坐得很稳，充满自信；二来证明没有过于放松地全身靠到椅背上，把办公室当成茶楼酒馆，但也不宜坐得太少，一般以坐满椅子的三分之二为宜，这样既可以腾出精力轻松应对面试官的提问，也不至过于放松而忘了自己的来意。

落落大方，自如得体。

①遵时守约。迟到和违约都是不尊重面试官的一种表现，也是一种不礼貌的行为。如果有客观原因须改期面试或不能如约按时到场，应事先打个电话通知面试官，以免对方久等。如果已经迟到，不妨主动陈述原因，这是必备的礼仪。面试时，求职者最好提前15分钟左右到达面试地点，以表示诚意，给对方信任感。这样不仅可以先熟悉一下环境，找到准确的面试场所，稍稍休息下和稳定情绪，进一步做好面试前的心理准备，还可以再想一想怎样简要介绍自己的基本情况，巧妙回答面试官可能提出的问题，免得匆忙赶到气喘吁吁、慌里慌张。求职者在等候面试时，不要旁若无人、随心所欲，给人留下不好的印象。对接待员应礼貌有加，不可目中无人、没有礼貌。面试时，要自觉将手机等关掉。

②入室敲门。求职者进入面试室时应先敲门，即使面试房间是虚掩的，也应先敲门，千万别冒冒失失地推门就进，给人鲁莽、无礼的感觉。敲门时要注意敲门声的大小和敲门的速度。正确的是用右手的手指关节有节奏地轻敲三下，轻问一声："我可以进来吗？"待允许后再轻轻地推门进去。

③微笑示人。微笑是人的第一张名片。求职者在踏入室内时，应面露微笑，如果有多位考官，应面带微笑地环视一下，以眼神向所有人致意。面带真诚、自然、由衷的微笑，可以展示一个人的风度和风采。

④莫先伸手。求职者进入时行握手之礼，应是面试官先伸手，然后求职者单手相应，右手热情相握。若求职者拒绝或忽视了面试官的握手，则是失礼的行为。若非面试官主动先伸手，求职者切忌贸然伸手与面试官握手，这是基本的礼仪，可点头微笑表示问候。

⑤"请"才入座。求职者不要先自己坐下，要等面试官说"请坐"或示意

坐下后，先道谢，然后再按指定的位置落座。落座后，坐姿要合乎规范。切忌不请自坐，更不要跷起二郎腿不停地摆动。

⑥递物大方。求职者应聘时必须有序带上个人简历、证件、介绍信或推荐信，面试时一定要保证不用翻找就能迅速取出所有资料。应双手奉上材料，表现得大方和谦逊。

（三）面试中的沟通管理

面试的题型有很多种，但是不管哪种问题，只要把握好基本原则，才能不乱分寸。在塑造良好形象的基础上，求职者更要提高自身的实力，来打好硬件基础。

1. 面试的交谈艺术

和对方谈话的时候，要正视对方眼睛和眉毛之间的部位，和对方进行目光接触，即使边上有其他人。如果不敢正视对方，则会被人认为害羞、害怕，甚至觉得"有隐情"。除了自信、大方之外，还要掌握谈话的艺术和礼仪是做好交谈内容的准备，要考虑如何回答对方可能提出的问题，也要准备好如何向对方发问。

谈话要高于幽默感。交谈要轻松自如，说话时除了表达清晰以外，适当的时候可以插进幽默的语言。

交谈切忌重复唠叨。面试者在回答问题时，不妨按照这个套路：第一、第二、第三……首先、其次、再次，最后一句总结性的话，这样让人听得很清楚。说话要有主次轻重，要有条理性、层次感。如果对方心不在焉，可能表示他对这段话没有兴趣，应设法转移话题；如果对方侧耳倾听，可能说明音量太小，对方难以听清；如果对方皱眉、摆头，可能说明言语有不当之处。要根据对方的这些反应，适时调整自己的语言、语气、陈述内容等。

不必迎合。不必为了尊重对方而不管他说什么都一味地说"是的，是的"，现在许多用人单位需要的是有主见的工作人员，要把自己的主张、观点说出来，但要讲究方式，切不能固执己见、反驳对方。好的交谈是建立在"倾听"

基础上的，倾听是一种很重要的礼节。不会听，也就无法回答好面试官的问题。倾听就是要对对方说的话表示出兴趣。在面试过程中，面试官的每一句话都是非常重要的，要集中精力，认真地听，记住讲话的内容重点。倾听对方谈话时，要自然流露出敬意，这才是一个有教养、懂礼仪的人的表现。

用事实说明能力。应聘者在回答问题时，往往喜欢使用"责任心强、沟通能力强"之类的空话，但面试官往往不会喜欢，你需要用数据和案例来给面试官传递一个信息：你是一个有能力的人。

抓住机会显示潜能。面试的时间通常很短，求职者不可能把自己的全部才华都展示出来，因此要抓住时机，巧妙地显示潜能。例如，应聘营销职位时，可以将正在业余学习会计师等技能的情况"漫不经心"地讲出来，使对方认为你不仅能熟练地掌握营销业务，而且具有发展会计业务的潜力。显示潜能时要实事求是，简短、自然、巧妙，否则也会弄巧成拙。

善于聆听。首先要耐心。对对方提起的任何话题，都应耐心倾听，不要迫不及待地抢话、插话、争辩。在面试时无论你和别人的观点有多大偏差，或者你的见解有多么卓尔不群，也要让对方把话说完。其次要专心，善于理解对方的"弦外之音"。聆听面试官讲话并非单纯用耳朵，还包括所有的器官。不仅用头脑，还得用心灵，要抓住对方谈话的要点和实质。如果对方说话时双眼无神、反应迟钝，就会让面试官对你失去信心，不论你将来如何推销自己，都基本上是徒劳，败局已定。最后要强化。要认真揣磨对方讲话的重点或反复强调的问题，必要时可以重复对方强调的问题，进行复述或提问，比如"我同意您刚才所提的……""您是不是说……"，重复对方强调的问题，会使对方产生"酒逢知己千杯少"的感觉，往往会促进情感的交融。

2. 面试的应答要领

求职面试的核心内容就是应答，求职者必须对自己的谈吐加以认真的把握。在应答过程中，要注意相应的原则和礼节规范，务必使自己的谈吐表现得文明礼貌、言辞标准、语言连贯。

简洁明了，条理清楚。一般情况下，回答问题要结论在先、议论在后，先将自己的中心意思表达清晰，然后再做叙述和论证，否则，长篇大论，会让人不得要领。

讲清原委，避免抽象、敷衍。面试官提问通常是想了解求职者的具体情况，求职者切不可简单地仅以"是""否"作答。针对所提问题的不同，有的需要解释原因，有的需要说明程度，不讲原委、过于抽象的回答，一般不会给主考官留下具体的印象。

确认提问内容，切忌答非所问。面试中，如果对面试官提出的问题一时摸不着边际，以致不知从何答起或难于理解对方问题的含义时，可请对方将问题复述一遍。对不太明确的问题，一定要搞清楚，这样才能有的放矢，不致南辕北辙、答非所问。

要有个人见解，展示个人风格。面试官接待的求职者一般都有若干名，相同的问题要问若干遍，类似的回答也要听若干遍。只有具有独到的个人见地和个人特点的回答，才会引起对方的兴趣和注意。

谦虚谨慎，坚持真诚原则，知之为知之，不知为不知。面试时如果遇到自己不知、不懂、不会的问题时，默不作声、牵强附会、不懂装懂的做法均不足取。坦诚地承认自己的不足之处，反倒会赢得主考官的信任和好感。任何人都不可能是万能的，在面试中如果遇到实在不会答或不懂的问题，就应坦诚相告。

听到问题后思考片刻再有逻辑地分层次回答，以体现该问题是有经过认真思考的，显得更加稳重。要避免慌乱，回答过程中尽量少用口头禅，多用书面语表达。语言表达尽量简洁明了，避免拖泥带水、过于啰唆。避免频繁使用"那个、就是"等体现思维停顿的字眼。

学会"以小见大"的答题方式。从小细节谈感悟和体会会更加容易引起面试官的注意，也能够体现出求职者是一个细心观察、经验丰富的人。比如，面试时如果让你模拟主办一次公司春游，可以从哪些细节体现"以小见大"呢？你可以在经费范围内，选择合适的时间，征询意见设计路线，并且安排相应的医疗人员一同出行以防万一。出发前会查询天气预报告知大家，这里就可以体现细节了，如果预报有雨，应及时提醒同事准备好雨具，并且带上备用一次性雨衣，用雨衣代替雨伞，会减轻旅途中的负担。

（四）面试后的结束礼仪

许多求职者只留意面试时的礼仪，而容易忽略应聘后的注意事项。事实上，面试结束并不意味着求职过程的完结，求职者不应该袖手以待聘用通知的到来。

1. 表示感谢

为了加深招聘人员的印象，增加求职成功的可能性，面试后的两三天内，最好给招聘人员打个电话或写信表示感谢。感谢电话要简短，最好不要超过3分钟。感谢信要简短，最好不超过一页。感谢信的开头应提及自己的姓名、简单情况以及面试的时间，并对招聘人员表示感谢。感谢信的中间部分要重申自己对该公司、该职位的兴趣，增加一些对求职成功有用的新内容。感谢信的结尾可以表达对自己的信心，以及为公司的发展壮大做贡献的决心。

2. 调整心情

如果同时向几家公司求职，在一次面试结束后，要注意调整自己的心情，准备全身心地投入第二家单位面试的考验中去。在接到聘用通知之前，面试结果还是个未知数，不应该放弃其他机会。

3. 查询结果

一般来说，如果在面试的两周后或主考官许诺的时间到来时还没有收到对方的答复，就应该写信或打电话给招聘单位，询问面试结果。

四、社会能力的提升：学会职场人际交往与团队协作

在社会生活中，人与人之间必须相互交往。学会与人交往，建立良好的人际关系，是一个人心理健康、生活愉快、事业成功的重要条件。据统计，85%

的成功人士之所以成功,与其良好的人际关系密切相关。建立良好的人际关系不仅关系到大学生在校园内的成长,同时也为大学生走向社会,适应社会角色的转换及进一步的社会化做好必要的心理和行动上的准备。许多大学生会说没有足够的时间维持人际关系,但如果忽视这些关系,很有可能就意味着这些关系的结束。因此,大学生应该思考人际交往对于自身的学业生涯甚至将来的职业生涯有何影响和帮助。

【自主学习5-6】良好人际关系在职场的重要作用

碧妮大学毕业后进入一家公司工作,她执着地认为只要自己努力工作,展现出超人的工作能力,就必然能够做出一番事业,获得重用并步步高升。可是一年过去了,碧妮虽然表现出了出色的工作能力,但薪水并不比那些表现一般的同事高,职位也没有得到晋升。碧妮很不服气,于是工作起来更加努力。她认为只要自己足够优秀,总有一天上司会看到她的能力与才华,从而给她加薪晋职,把她当作公司的骨干。

但是,又一年过去了,碧妮还是在原地停留。相反,与她同时进公司的同事已经是独当一面的主管了,薪水也比碧妮高出许多。碧妮终于忍不住,向公司里唯一与她要好的同事抱怨自己的怀才不遇。然而,没想到的是,同事却很直接地告诉她一个令她感到震惊的原因。原来,虽然碧妮工作非常出色,但由于她恃才傲物,认为自己比别人都要优秀,因此没把同事放在眼里,平时也就缺少了对同事的尊重,与同事的关系没处好。上司虽然也知道碧妮工作很出色,但担心如果让她升主管的话,同事们会不配合,这样会不利于公司工作的开展完成,所以一直迟迟未敢重用她。

分析:社会上有这么一种人,他们能力超群,见解深刻,才华横溢,但同时他们也恃才傲物,认为自己比别人优秀,是不可或缺的人,因此狂妄自大,不能很好地与周围的人处好人际关系。这种人虽然很优秀,却总是与成功擦肩而过。案例中的碧妮就是这样的人,她虽然工作细心,但是处事却是粗心的。她怎么也没想到自己竟然是因为忽略了人际关系,而一直未受到重视与提拔。

要想成为出类拔萃的人才,提升才能很重要,但拓展自己的人际关系同样重要,只有两者并重,我们才会脱颖而出,取得事业的成功。

(一)职场人际交往

1. 大学生的人际交往

人际交往能力是当今社会生活、工作中越来越重要的一种能力,交往能力的强弱会直接影响一个人的事业、生活和家庭。而大学阶段是人生发展的重要时期,大学生在校园里不仅要学好专业的知识,更重要的是培养自己的能力,为能够很快地步入社会、适应社会做好充分的准备。良好的人际交往是事业有成的决定因素,对当代大学生来说更是如此。

(1)大学生人际交往的特点。

大学不仅仅是学习知识的地方,还是学习做人的重要场所。大学生处于青春期,内心渴望接触更多的人和结交更多的朋友,因此,在这个特殊时期和特有心理作用下,呈现出其与众不同的特点,如表5-5所示。

表 5-5 大学生人际交往的特点

特点	解释
交往愿望强烈	独特的生活环境和思想氛围,决定了大学生人际交往较之中学时代具有更大的广泛性、互动性和多样性,交往的愿望比中小学生更为迫切。他们力图通过交往去开阔视野、丰富知识、学会处世以表现自己各方面的才能,获得情绪的稳定,保持足够的自尊心和自信心
人际交往社会性强	中学时,很多人的注意力都集中在高考学习上,没有时间和精力进行很多的人际交往。进入大学后,交往圈子扩大,能认识更多的朋友,交流更多的信息,接受更多的新思想。参与社会的交往,既增长见识也积累人脉资源,呈现出前所未有的开放式趋势
团体或组织行为强	社团是当代大学生校园交往的重要场所,其形成的原因主要有相似性吸引、接近性吸引和补偿性吸引三类,在这些群体中,起积极作用的是多数,如有共同的兴趣和爱好、互相关心、互相帮助、共同进步等

续表

特点	解释
交往注重自立性	大学生的独立意识普遍增强，开始树立自我的个性，能理性地思考、判断、处理自身的问题；也关心社会，批判地接受知识、看待其他事物，有着强烈的个性见解和疑问。在社会关系相互协调的基础上，开始支持自己的主张，以独立的人格和态度处事，积极自主地开展人际交往活动
社交能力逐渐增强	交往中注意较包容和温和的方式，对社会、同性和异性的鉴赏力增强，能适应各式各样的人，能接受并宽容朋友的不同意见，不试图硬性地改变他们。交往手段的发展，使大学生的人际交往变得更方便、更快捷，交往距离更遥远，交往范围更加扩大
交往内容多样性	大学生交往的内容非常丰富，涉及文学、艺术、体育、政治、外交、人生、理想、爱情和社会问题等各个方面。表现为人际交往频繁、内容丰富多彩、交往方式更多、交往频率提高，如交往场所、通信设备、交往工具等的变化
交往范围扩大，但仍以同龄人为主	大学的集体生活使得大学生的交往对象主要选择在同寝室、同班级、同乡同学之间，围绕学习、娱乐、思想交流、感情交通而展开。思想的开放活跃，使得他们不断以新的眼光和标准去扩大交往范围，寻求更多更好的交往伙伴，结交外校、社会上的朋友，进入各式各样的校园交际环境
部分大学生缺少交往技能、交往机会和环境	大学生的主要任务是学习，长期待在校园中时间与精力都倾注在学习上，缺乏良好的交往环境和氛围，导致交往技能过于贫乏、交往方式过于被动。由于未接触社会，未面对过真正错综复杂的人际关系及各种各样的实际问题，导致其踏出校园后会出现职场人际关系难以把握的情况

（2）大学生人际交往的常见问题。

大学生活中人际交往是一门必修课程，它充实着大学生活。在校园的人际交往中，大学生不是跟一个人进行单方面的交流，而是跟多个人进行双方的相互交流，因而不能避免交往中会因为各自价值观、生活习惯、个性兴趣等方面的差异导致一些观念上的冲突。因此，在当今的大学生群体中，存在着许多不容忽视的问题，它们严重影响着其大学生活，如表5-6所示。

表 5-6　大学生人际交往常见问题

问题	解释
不敢交往	在人际交往的实践活动中，人们都存在不同程度的恐惧心理，只是每个人的反应程度不同。有一部分大学生在这方面反应特别强烈，如害羞、自卑等心理导致其在与人交往时显得特别紧张，表现为心跳气喘、面红耳赤，与人交谈语无伦次、词不达意等，甚至在人多的场合或者在集体活动中感到恐惧，不敢和人打交道，不敢表现自己，严重的可导致社交恐惧症
不愿交往	有的大学生进入大学之后，发现自己不再出类拔萃，容易因嫉妒与自卑心理造成人际障碍，认为自己不如别人，怕别人瞧不起自己，缺少人际间的基本信任与理解，人际交往平淡。例如，群体意识淡薄，缺乏合作精神；以自我为中心，对周围的人与事漠不关心；缺乏交往的愿望和兴趣，自我封闭，心理承受力差等
不善交往	有的大学生在与人交往中显得别扭、生硬，不善表达，无法很好地被人理解，究其原因是自身缺乏交往的一些知识、技巧。不善交往的行为表现为不注意交往中的"第一印象"；不注意沟通方式和讲究艺术；开玩笑不注意场合；未留面子或出言伤人；不懂得尊重对方的风俗习惯等。这些表现都有损于自身形象的塑造，影响了同学之间进一步的交往
不会交往	交往需要积累，但许多大学生对人际交往趋于理想色彩，只是单纯地以友谊的形式为标准来衡量生活中的人际关系，没有注意平常的交往积累，总希望别人主动关心自己，主动与自己交往，或是等到自己有事求人时才主动联系他人，而这种高期待状态下的交往方式却往往与受挫并存

【探索学习 5-5】人际关系测试

本测验共有 36 道题目。请你根据自己的实际情况，对每一个问题进行相应的勾选。

序号	内容	是	否
1	你平时是否关心自己的人缘？		
2	在食堂里你一般是独自吃饭吗？		

续表

序号	内容	是	否
3	和一大群人在一起时,你是否会产生孤独感和失落感?		
4	你是否时常不经同意就使用他人的东西?		
5	当一件事没做好时,你是否会埋怨合作者?		
6	当你的朋友有困难时,你是否时常发现他们不打算来求助你?		
7	假如你的朋友们跟你开玩笑过了头,你会不会板起脸,甚至反目?		
8	在公共场合,你有把鞋子脱掉的习惯吗?		
9	你认为在任何场合下都应该不隐瞒自己的观点吗?		
10	当你的同事、同学或朋友取得进步或成功时,你是否真的为他们高兴?		
11	你喜欢拿别人开玩笑吗?		
12	和自己兴趣爱好不相同的人相处时,你也不会感到兴味索然、无话可谈吗?		
13	当你住在楼上时,会往楼下倒水或丢纸屑吗?		
14	你经常指出别人的不足,要求他们去改进吗?		
15	当别人融洽地交谈时,你会贸然地打断他们吗?		
16	你是否关心和经常谈论别人的私事?		
17	你善于和老年人谈他们关心的问题吗?		
18	你讲话时常会出现一些不文明的口头语吗?		
19	你是否时而做出一些言而无信的事?		
20	当有人与你交谈或对你讲解一些事情时,你是否时常觉得很难聚精会神地听下去?		
21	当你处于一个新的集体中,你会觉得交新朋友是一件容易的事吗?		
22	你是一个愿意慷慨招待同伴的人吗?		
23	你向别人吐露自己的抱负、挫折以及个人的种种事情吗?		

续表

序号	内容	是	否
24	告诉别人一件事情时,你是否试图把事情的细节都交代得很清楚?		
25	遇到不顺心的事,你会精神沮丧、意志消沉,或把气出在家人、朋友、同事身上吗?		
26	你是否经常不经思索就随便发表意见?		
27	你是否注意赴约前不吃大蒜、大葱以及防止身带酒气?		
28	你是否经常发牢骚?		
29	在公共场合,你会很随便地喊别人的绰号吗?		
30	你关心报纸、电视等信息渠道的社会新闻吗?		
31	当你发觉自己无意中做错了事或损害了别人,你是否会很快承认错误或做出道歉?		
32	有闲暇时,你是否喜欢跟人聊聊天?		
33	你跟别人约会时,是否常让别人等你?		
34	你是否有时会与别人谈论一些自己感兴趣的话题?		
35	你有逗乐儿童的小手法吗?		
36	你平时告诫自己不要说虚情假意的话吗?		

计分与评价

请把你的答案和下面的答案逐个对照:1.是;2.否;3.否;4.否;5.否;6.否;7.否;8.否;9.否;10.是;11.否;12.是;13.否;14.否;15.否;16.否;17.是;18.否;19.否;20.否;21.是;22.是;23.是;24.否;25.否;26.否;27.是;28.否;29.否;30.是;31.是;32.是;33.是;34.否;35.是;36.是。

第一,如果勾选的答案与上面所列的这道题答案相同,得1分;如果不相同,不得分。

第二,把全部得分加起来。

第三，得分越高，表示人际关系越好，最高得分为 36 分。

2. 职场人际交往原则与技巧

每个人都希望自己有更广泛与和谐的交际圈，能在职场人际交往中取得成功，但在实际情况中有时人际关系往往不能如意，比如有些人工作能力很好，但自恃颇高，不愿与能力不如他的人做朋友，有些人社交能力虽然了得，却人缘不好等。显然，人际交往是门艺术，需要下功夫学习和修炼方可取得效果，因此需要充分掌握人际交往中的原则和技巧。

（1）尊重他人，平等交往。

心理学家威廉·詹姆斯说："人类天性至深的本质就是渴求对方所重视。"马斯洛也认为，在生活中，每个人都有自尊、自爱、自我实现的需求，因此与他人建立关系时要懂得尊重他人。在交往中，不论性别、年龄、民族、职业、文化，没有高低贵贱之分，一律平等，不干涉他人的私生活，不践踏他人的人身权利，才能建立亲密的人际关系。

（2）主动交往，真诚相待。

热情主动对人际关系非常重要。著名心理学家阿希曾做过一个实验，发现一个人是否热情会影响他人对其的评价。而我国著名翻译家傅雷先生曾说过："一个人只要真诚，总能打动人的，即使人家一时不了解，日后便会了解的。"他还说："我一生做事，总是第一坦白，第二坦白，第三还是坦白。绕圈子，躲躲闪闪，反易叫人疑心，倒不如光明正大，实话实说，只要态度诚恳、谦卑、恭敬、无论如何人家不会对你怎么的。"在职场中主动出击并融入工作氛围，真诚相待以获得同事信任，定能较好地开拓人际局面。

（3）注重礼节，适度交往。

与人相处要注重礼节，比如为人谦虚不自傲、见面主动打招呼、准时赴约等。职业交往中的适度主要包括自尊适度、表现适度、期望适度和交往频率适度。儒家中庸之道的精髓即"不偏不倚""过犹不及"，说到底，就是分寸的问题。为人处世，接人待物，合乎分寸，恰到好处，无不渗透着分寸和火候的掌握。

在生活中，我们无论做什么事情，都得讲究一个适当的"度"。在人际交往方面，这个"度"就表现为各种交际特点与技巧的集合，每一个人都应该掌握这些技巧。

（二）提升团队合作能力

1. 团队精神及团队合作的内涵

比尔·盖茨曾说："团队合作是成功的保证，不重视团队合作的企业是无法取得成功的。"现今社会快速发展，单打独斗的时代已经过去，在这个充满竞争的商业社会里，团队精神是企业非常看重的素质之一。管理大师彼得·德鲁克曾经说过："企业成功靠的是团队，而不是个人。"企业在招聘时更加需求的是拥有良好团队合作精神的员工，因此这也是毕业生需要重视的内容。

（1）团队的含义。

1994年，组织行为学权威、美国圣迭戈大学管理学教授斯蒂芬·罗宾斯首次提出了"团队"概念：为了实现某一目标而由相互协作的个体所组成的正式群体。英文名称为"Team"，有趣地解释为"Together everybody attains more"。随后，团队及团队合作开始引发大众的注意和重视。

团队是由两个或两个以上的人为实现同一目标，承诺相互依赖、遵守共同规则、具有共同愿望并愿意付出努力，通过技能互补、相互扶持、沟通、信任、合作和承担责任而组成的工作群体，其分工合作的成果比个人成果的总和要大得多。群体虽然也由一群人组成，但不具备协作性，团队成员的技能也不一定互补，更没有共同目标。

简而言之，团队的含义就是：形成共识、目标一致，有共同利益；具有团队合作精神；清楚的角色认知和分工；共同、严格的规范。团队有几个重要的构成要素，总结为"5P"，即目标（Purpose）、定位（Place）、计划（Plan）、职权（Power）、人（People）。

（2）团队合作精神的含义。

团队精神是团队成员共同认可的一种集体意识、大局意识，是团队所有成员共同分工协助、服务组织的价值观和理想信念的体现，是凝聚团队、推动团队发展的精神力量。

在团队精神中，每个成员在确保共同目标不变的情况下，可以充分地发挥自我，挖掘自己的潜在力量。而尊重个体的兴趣爱好和利用其特长收获成果，也是团队精神的基础所在。

团队精神的内涵包括以下内容。

团队的凝聚力。这是针对团队和成员之间的关系而言的。团队精神表现为团队成员强烈的归属感和一体性，可使每个成员都能强烈地感受到自己是团队中的一分子，把个人工作和团队目标联系在一起，对团队表现出忠诚，对团队的业绩表现出荣誉感，对团队的成功表现出骄傲，对团队的困境表现出忧虑。

团队的合作意识。这指的是团队和团队成员表现为协作和共为一体的特点。团队成员之间相互依存、同舟共济，相互帮助、相互关怀，彼此宽容、尊重个性的差异，利益和成就共享、责任共担，团队成员之间是一种基于信任的合作关系。

团队的高昂士气。拿破仑说过，一支军队的实力四分之三靠的是士气。现在的团队也一样，团队士气就是团队成员积极进取，对团队目标尽心尽力，全方位投入的精神状态。

2. 团队合作要素

团队合作可以调动所有团队成员的资源和才智，会自动地驱除所有不和谐和不公正现象，同时会给予那些奉献者适当的回报。如果团队合作是出于自觉自愿时，它必将会产生一股强大而且持久的力量。

团队合作的要素具体包括以下几个方面。

（1）尊重和平等对待成员。

尊重和平等是一种态度。平等待人，有礼有节，既是一种尊重他人的表现，又是一种保持自我个性的体现。团队中的每一个人都有被尊重的需要，只有团队中的每一个成员都尊重彼此的意见和观点，尊重彼此的技术和能力，尊重彼此对团队的全部贡献，这个团队才会得到最大的发展，而这个团队中的成员也才会赢得最大的成功。尊重能为一个团队营造出和谐融洽的气氛，使团队资源形成最大程度的共享。当每一个团队成员都处于相同的起跑线上时，彼此就不会产生距离感，那么在合作时就会形成更加默契、紧密的关系，从而使团队效益达到最大化。

（2）欣赏他人和保持宽容。

三人行，必有我师焉。每一个人的身上都会有闪光点，学会挖掘、欣赏、学习团队其他成员的优点和长处，努力克服、改正自身的缺点和不足，摆正心态，保持一颗适度谦虚之心，更能获得自信和他人的喜爱。雨果曾经说过："世界上最宽阔的是海洋，比海洋更宽阔的是天空，而比天空更宽阔的则是人的心灵。"这句话无论何时何地都适用，即使是在角逐竞技的职场上，宽容有助于团队成员互敬互重、彼此包容、和谐相处、从而安心工作，体会到合作的快乐。

（3）彼此沟通和相互信任。

作为团队，成员间的沟通能力是保持团队有效沟通和旺盛生命力的必要条件；作为个体，要想在团队中获得成功，沟通是最基本的要求。持续的沟通，是使团队成员能够更好地发扬团队精神的最重要的能力。而团队是一个相互协作的群体，没有信任，就没有合作，它需要团队成员之间建立相互信任的关系。团队成员只有相互信任、主动做事、乐于分享，才能共同成长，整个团队坚不可摧。

（4）负责和团队利益至上。

负责即敢于担当，对自己负责，更意味着对团队负责、对团队成员负责，并将这种负责精神落实到每一个工作的细节之中。任何有利团队荣誉、有损团队利益的事情，所有的团队成员都与之息息相关，都拥有不可推卸的责任。因此要有整体意识、全局观念，要考虑到整个团队的需要，并不遗余力地为整个团队的目标而共同努力，这样才能使整个团队取得最终的成功。

3. 团队精神及团队合作能力的培养与提升

团队精神及合作能力是职场中雇主非常看重的能力之一，没有团结协作，就犹如一盘散沙，无法给企业带来更好的效益。

（1）团队的发展阶段。

团队尤其是高效的团队，不是一蹴而就，马上就能形成发展起来的，而是需要一定的时间和经历一定的磨合。一般要经历4个发展阶段，如表5-7所示。

表5-7 团队发展阶段、特点及主要问题

阶段	特点	问题	任务
形成阶段	团队的目的、结构、角色和领导等都不确定	团队成员彼此间不熟悉，能否形成明确的共同愿景，且团队成员对愿景能否高度认同	需要促使个人成员融入团队，转变为团队的成员并进行相应定位。阐明团队实现目标的程序。形成团队的内部结构框架：团队的任务、目标、角色、规模、领导、规范等。建立团队与外界的初步联系
酝酿阶段	成员开始接触任务和工作，对团队的新鲜、热情让位于挫折和不满情绪。围绕团队中的职务、发展过程等问题出现一些矛盾或对立的情感，隐藏的问题逐渐暴露，团队内部冲突加剧	成员与成员之间、成员与环境之间、成员与制度之间三方面的矛盾	为了发展，需要关注团队的进步情况。通过建立标准的工作规范，团队或成员运用相关技巧、培训等方式来解决已出现的矛盾，不断摸索适应的方法和达成对工作的理解，形成个人的风格

续表

阶段	特点	问题	任务
建立规范阶段	最初的矛盾得到解决后，团队成员之间相互信任，沟通交流增多，团队凝聚力增强，行为规范逐步建立，大部分成员遵守规范	团队成员因为害怕遇到更多的冲突而不愿提出好的建议	通过提高团队成员的责任心和权威，帮助成员和团队提升技能，可适当授权来帮助他们放弃沉默；给团队成员新的挑战显示出彼此之间的信任，并对工作进行指导
履行阶段	团队成员的注意力已从试图相互认识和理解转移到积极工作当中并充满自信地完成任务	为实现目标，团队需要专注于制定决策和解决问题。关于具体建议和替代方案的矛盾会再次出现。这一阶段的关键在于，在矛盾与和睦中间找到平衡点	团队和成员被高度授权，一起攻克难关，共享知识和技巧，需要关注激励方法和制度的设计、经验的积累和传承，让团队显示出巨大的能量

（2）团队精神及能力的培养。

团队精神日益成为一个重要的团队文化因素，它要求团队分工合理，将每个成员放在适合的位置上，使其能够最大限度地发挥自己的才能，并通过完善的制度、配套的措施，使所有成员形成一个有机的整体，为实现团队的目标而奋斗。团队精神的养成需要从以下几个方面入手。

①明确提出团队目标及岗位任职能力要求。团队目标是把团队成员凝聚在一起的力量，是鼓舞成员团结奋斗的动力，也是督促团队成员的标尺。要注意用切合实际的目标凝聚、团结、调动团队成员的积极性。而岗位任职能力要求则是对上岗人员的基本从业要求，有利于挑选更加合适的人员加入团队。

②健全团队管理及制定培训制度。团队管理工作可以使人们的行为制度化、规范化。好的团队都应该有健全完善的制度规范，如果缺乏有效的制度，就无法形成纪律严明、作风过硬的团队。而制定团队的培训制度能使成员更加快速地掌握、提升自身的能力，不仅利于成员对工作及时上手，更有利于其自

身的发展。而对于整个团队而言，成员能力在培训后得以强化，也能够使整个团队的效益更好。

③创造良好的沟通环境，增强成员的交流。有效的沟通能及时消除和化解领导与成员之间、各部门之间、成员之间的分歧与矛盾。因此，必须建立良好的沟通环境，以增强团队凝聚力，减少"内耗"。而在良好的沟通环境下，也能促进人员主动表达意见和交流看法，营造良好的工作氛围。

④尊重团队成员，肯定成员能力。尊重团队成员和肯定其能力是调动其积极性的重要前提。尊重团队中的每一个人，让人人都感受到团队的温馨。肯定团队成员的能力，更能调动其发挥工作的主观能动性。关心团队成员的工作与生活，将会极大地激发成员献身事业的决心。

⑤引导成员参与管理，鼓励创新。每个人都是团队的一员，都有参与管理的欲望和要求。正确引导和鼓励这种愿望，就会使团队成员积极为团队发展出谋划策，贡献自己的力量与智慧。而在这个过程中，成员的管理能力得到强化，也认识到其自身的利益与团队融为一体，自然会想方设法地创新工作，提高工作效率。

⑥增强成员全局观念，团队利益优先。团结出战斗力。团队成员不能计较个人利益和局部利益，要将个人、部门的追求融入团队的总体目标中去，这样才能达到团队的最佳整体效益。团队中成员之间一定要风雨同行、同舟共济，没有团队合作的精神，仅凭一个人的力量无论如何也达不到理想的工作效果，只有通过集体的力量，充分发挥团队精神，才能使工作做得更出色。

【探索学习5-6】团队合作能力测试

1. 请按照自己的真实情况，迅速回答以下问题。
2. 评价标准：1=从来没有；2=很少；3=有时；4=经常；5=总是。请在对应的分值上打钩。

序号	题目	分值
1	我倾听团队成员的意见并鼓励他们说出自己的想法	1 2 3 4 5
2	作为团队的领导者，我会根据成员的能力和兴趣分配任务	
3	我鼓励并支持团队其他成员的个人工作方式	
4	我从不告诉队员他们应该如何做自己的工作	
5	如果团队成员做得好，我会对其表示感谢	
6	我接受其他成员的批评，把犯错看成是学习的机会而不是失败	
7	和团队成员之间开放地沟通对我来说是正常的事情	
8	作为团队的成员，我总是尽自己最大的努力工作	
9	如果我需要帮忙时，会求助于团队其他成员	
10	我参加团队的所有会议并参加讨论	
11	我确认自己能在期限内完成任务	
12	当我领导团队时，我指派的任务既刺激又有挑战性	
13	我信任其他的团队成员，并对他们的能力充满信心	
14	我喜欢和团队成员展开讨论，试图发现更好的想法和做事方式	

3. 以上14个题目的得分：_____

4. 分析：40~50分，你擅长团队合作；30~39分，你有些地方需要改进；20~29分，你应该加强团队合作技能；小于19分，你的团队合作能力需要大幅度加强。

（3）团队冲突及应对策略。

团队冲突指的是两个或两个以上的团队在目标、利益、认识等方面互不相容或互相排斥，从而产生心理或行为上的矛盾，导致抵触、争执或攻击事件。

通用汽车的首任CEO斯隆曾说："意见相左甚至发生冲突是必要的，也是非常受欢迎的事。如果没有意见纷争与冲突，大家就无法相互理解，没有理解，组织只会做出错误的决定。"因此，冲突也可以看成是一种特殊的沟通方式，但是需要进行合适的引导和管理，如表 5-8 所示。

表 5-8　团队冲突管理办法

办法	处理方法
交涉与谈判	交涉与谈判是解决问题的较好方法，通过交涉，双方都能了解、体谅对方的问题，交涉也是宣泄各自情感的良好渠道。具体来讲，要将冲突双方召集到一起，让他们把分歧讲出来，辨明是非，找出分歧的原因，提出办法，最终选择一个双方都能接受的解决方案
第三者仲裁	当团队之间通过交涉与谈判仍无法解决问题时，可以邀请局外的第三者或者较高阶层的主管调停处理，也可以建立联络小组促进冲突双方的交流
吸收合并	当冲突双方规模、实力、地位相差悬殊时，实力较强的团队可以接受实力较弱团队的要求并使其失去继续存在为理由，进而与实力较强的团队完全融合为一体
强制	即借助或利用组织的力量，或是利用领导地位的权力，或是利用来自联合阵线的力量，强制解决冲突。这种解决冲突的方法往往只需要花费很少的时间就可以解决长期积累的矛盾
回避	当团队之间的冲突对组织目标的实现影响不大而又难以解决时，组织管理者不妨采取回避的方法。通过冲突造成的不良后果，冲突双方能够意识到冲突只会造成"两败俱伤"，因此自觉由冲突转向合作。现实生活中，警察就经常采取这种方法处理"扯皮"事件
激发冲突	具体方法有：在设计绩效考评和激励制度时，强调团队的利益和团队之间的利益比较；运用沟通的方式，通过模棱两可或具有威胁性的信息来提高冲突水平；引进一些在背景、价值观、态度和管理风格方面均与当前团队成员不同的外人；调整组织结构，提高团队之间的相互依赖性；故意引入与组织中大多数人的观点不一致的"批评家"
预防冲突	具体方法有：加强组织内的信息公开和共享；加强团队之间正式和非正式的沟通；正确选拔团队成员；增强组织资源；建立合理的评价体系，防止本位主义，强调整体观念；进行工作轮换，加强换位思考；明确团队的责任和权利；加强教育，建立崇尚合作的组织文化；设立共同的竞争对象；拟订一个能满足各团队目标的超级目标；避免形成团队之间、成员之间争胜负的情况

当团队出现问题时，需要及时予以处理才不会导致关系恶化，影响到整个团队的发展。可以借助以下6个步骤，对团队问题进行处理，如表5-9所示。

5-9 团队出现问题的解决步骤

步骤	处理方法
分析和界定问题	由于团队成员对问题的看法有时差异很大，所以在进行问题的分析和界定时，需要确定哪些资料是需要收集的、哪些是已具备的、哪些是需要补充掌握的。如果问题很复杂，则可以采用将问题化整为零的方法
设定处理标准	在设定团队问题解决的标准时，需要经过成员的公开讨论，最后选取全部成员或大部分成员都比较能认同的标准。
找出备选方案	不用满足于迅速找出最明显的解决办法，而是尽可能多地集思广益，鼓励成员共同思考，提出其他的解决方案，然后再进行比较筛选
依据标准，决策方案	每种方法都有其优缺点，需要进行对比衡量，像脱离实际或成本太高的方案不利于实施，可先淘汰，剩余的方案再组织成员进行讨论后决定
做出选择，并执行方案	方案设计好后，需要做出最终的选择并高效地彻底执行方可变成具体的结果。在这个过程中可能会遇到非常多的情况，需要成员沟通协调合作，以确保方案的顺利进行
回顾方案，并进行评估	解决问题后，需要跟踪和评估结果。结果虽然重要，但过程总结更加重要，例如问题有没有彻底解决、效果如何、有什么教训经验值得今后借鉴等

【合作学习5-1】群策群力

牛顿	爱因斯坦	玻尔
秦始皇	唐太宗	成吉思汗
亚里士多德	柏拉图	孔子

1.以上这些人中，你最欣赏谁？根据以上人物，先形成个人意见，再进行

小组讨论，形成小组的一致看法，将人物的欣赏程度由高到低排序。

个人意见：_____

小组统一意见：_____

2.在团队中成员扮演的角色，有倡议者、综合者、说明者、总结者、支持者、协调者、协助者或其他。

（1）你认为在刚才的小组讨论中，你充当的是团队的哪一种角色，请写下来：

_____

（2）为什么认为自己适合这一角色？

_____